"双碳"目标下电力绿色低碳关键技术辨识

谷山强　魏　凤　李　涛　编著

"双碳"目标下电力绿色低碳关键支撑技术
评价方法和专利标准化研究项目组

华中科技大学出版社
中国·武汉

内 容 简 介

能源电力行业在实现"双碳"目标中扮演着至关重要的角色,是实现碳达峰、碳中和的重要领域。本书详细阐述了"双碳"目标下国内外能源发展与排放进展,描述了电力行业绿色低碳技术的演进及特征,分析了电力行业"源网荷储"绿色低碳技术的特点,搭建了电力行业绿色低碳技术遴选框架。通过对电力行业五个典型案例的剖析,展现了当前电力绿色低碳技术的优势、发展前景及应用效果。本书可供能源和电力领域的科研和管理人员参考使用。

图书在版编目(CIP)数据

"双碳"目标下电力绿色低碳关键技术辨识 / 谷山强,魏凤,李涛编著. -- 武汉 : 华中科技大学出版社, 2024. 12. -- ISBN 978-7-5772-1463-4

Ⅰ. F426.61

中国国家版本馆 CIP 数据核字第 2025UG2630 号

"双碳"目标下电力绿色低碳关键技术辨识　　　谷山强　魏　凤　李　涛　编著

"Shuang Tan" Mubiao Xia Dianli Lüse Ditan Guanjian Jishu Bianshi

策划编辑：范　莹
责任编辑：陈舒淇
封面设计：原色设计
责任校对：阮　敏
责任监印：曾　婷

出版发行：华中科技大学出版社(中国·武汉)　　电话：(027)81321913
　　　　　武汉市东湖新技术开发区华工科技园　　邮编：430223
录　　排：武汉市洪山区佳年华文印部
印　　刷：武汉科源印刷设计有限公司
开　　本：710mm×1000mm　1/16
印　　张：14
字　　数：264 千字
版　　次：2024 年 12 月第 1 版第 1 次印刷
定　　价：68.00 元

本书若有印装质量问题,请向出版社营销中心调换
全国免费服务热线：400-6679-118　　竭诚为您服务
版权所有　侵权必究

《"双碳"目标下电力绿色低碳关键技术辨识》编写组

组　　长：谷山强　魏　凤
副组长：邓阿妹　李　涛
成　　员：周　洪　曾　瑜　高国庆　郑启斌
　　　　　　付　豪　辛竹琳　窦路遥　赵子岩
　　　　　　王丽君　董　真　姚喜梅　杨金峰
　　　　　　曹　伟　陈秀敏　赵　倩　李惟蔚
　　　　　　高艳玲　刘瑾娟

前　言

在全球气候变化的大背景下,"双碳"目标已成为引领全球经济社会绿色低碳转型的关键驱动力,我国也将其视作一场广泛而深刻的经济社会系统性变革。电力行业作为能源转型的核心领域,其绿色低碳发展不仅是我国实现"双碳"目标的关键路径,也是推动能源革命、保障能源安全的重要支撑。

当前我国以化石能源为主的电力结构面临诸多挑战,如高碳排放、能源安全等问题,绿色低碳转型势在必行。绿色低碳技术的突破与应用是实现电力绿色转型的关键推动力。当前涉及"源网荷储"电网全流程绿色低碳技术研发应用力度不断加大,电网技术分散化、扁平化、去中心化的趋势特征日益明显,分布式能源快速发展,能源生产集中式与分散式并重转变,电网逐步从大网络向微电网、智能微网并行转变,能源调峰、稳燃等电力安全保障技术不断涌现,都有利于推动电力系统向节能、增效、低碳方向发展。因此,面对新形势、新挑战,建立一个绿色、低碳、系统的电力绿色低碳技术遴选方法迫在眉睫。

本书通过对美国、欧盟及主要成员国、英国、日本、我国等主要经济体的"双碳"目标、能源低碳发展的政策规划以及能源领域碳排放现状的调研和分析,以宏观视角呈现了当前国内外能源发展的进展与碳排放格局。系统阐述了国内外电力行业绿色低碳技术的发展及演进过程,并通过对电力行业典型绿色低碳技术的分析,总结了电力行业绿色低碳技术应具备的基本特征。围绕电力行业"源网荷储"探讨了各环节绿色低碳技术的特点。在此基础上,建立了电力行业"源网荷储"绿色低碳技术遴选框架。最后,对应电力行业"源网荷储"各环节,选取钒液流电池、海上风电、电力气象防灾减灾、电动汽车可控负荷、氢能储能等五个典型的电力行业绿色低碳技术,分析了这些技术的特点、优势及发展趋势,并探究了这些技术在实际应用中表现的减碳效果。

本书旨在深入研究"双碳"目标下电力行业绿色低碳关键支撑技术,为电力行业的转型发展提供理论指导和实践参考。通过对绿色低碳技术的辨识和分析,为电力企业、科研机构和政府部门提供决策依据,推动我国电力行业实现绿色低碳发展,为实现"双碳"目标做出贡献。在本书的编写过程中,笔者力求客观、准确,但由于时间较紧、水平有限,书中内容难免存在疏漏之处,欢迎各位读者批评、指正,我们将在下一步工作中加以改进。

  本书的顺利出版得到了国家电网有限公司总部科技项目"双碳目标下电力绿色低碳关键支撑技术评价方法和专利标准化研究"(No. 1400-202340338A-1-1-ZN)的支持,在此表示诚挚的感谢。

目 录

第1章 "双碳"目标下国内外能源发展与排放进展 (1)
  1.1 "双碳"目标的国际形势分析 (1)
    1.1.1 美国"双碳"目标形势分析 (5)
    1.1.2 欧盟及主要成员国"双碳"目标形势分析 (6)
    1.1.3 英国"双碳"目标形势分析 (9)
    1.1.4 日本"双碳"目标形势分析 (10)
    1.1.5 澳大利亚"双碳"目标形势分析 (11)
  1.2 国内外能源发展格局与趋势分析 (13)
    1.2.1 美国能源发展格局与趋势分析 (13)
    1.2.2 欧盟及主要成员国能源发展格局与趋势分析 (23)
    1.2.3 英国能源发展格局与趋势分析 (33)
    1.2.4 日本能源发展格局与趋势分析 (38)
    1.2.5 我国能源发展格局与趋势分析 (42)
  1.3 全球能源电力碳排放形势分析 (45)
    1.3.1 全球能源领域碳排现状和未来碳排预判 (45)
    1.3.2 全球电力行业碳排现状和未来碳排预判 (47)
  1.4 我国电力行业实现"双碳"目标的形势分析 (50)
    1.4.1 我国在"双碳"目标实现上做出不懈努力 (50)
    1.4.2 我国电力行业碳排现状与减排需求分析 (52)
  1.5 小结 (53)

第2章 电力行业绿色低碳技术演进及特征分析 (55)
  2.1 国内外电力行业绿色低碳技术发展现状 (56)
    2.1.1 绿色技术的发展 (56)
    2.1.2 绿色低碳技术评估指标体系与方法 (64)
    2.1.3 国内外电力行业绿色低碳技术的发展 (110)
  2.2 电力行业"源网荷储"典型绿色低碳技术 (116)

2.2.1 化石能源发电绿色低碳技术 …………………………………(117)
  2.2.2 可再生能源发电绿色低碳技术 ……………………………(121)
  2.2.3 其他新型能源发电绿色低碳技术 …………………………(130)
  2.2.4 输电绿色低碳技术 …………………………………………(132)
  2.2.5 储能绿色低碳技术 …………………………………………(133)
 2.3 电力行业绿色低碳技术特征分析 …………………………………(134)
  2.3.1 绿色技术特征分析 …………………………………………(134)
  2.3.2 电力行业绿色低碳技术特征分析 …………………………(137)
 2.4 小结 …………………………………………………………………(138)
第3章 电力行业"源网荷储"绿色低碳技术遴选框架研究 …………(139)
 3.1 电力行业"源网荷储"绿色低碳技术的特点分析 ………………(139)
  3.1.1 电力行业"源"领域绿色低碳技术的特点 ………………(139)
  3.1.2 电力行业"网"领域绿色低碳技术的特点 ………………(149)
  3.1.3 电力行业"荷"领域绿色低碳技术的特点 ………………(151)
  3.1.4 电力行业"储"领域绿色低碳技术的特点 ………………(152)
 3.2 电力行业"源网荷储"绿色低碳技术遴选框架构建 ……………(154)
  3.2.1 电力行业"源网荷储"绿色低碳技术遴选的意义和目标
     ……………………………………………………………………(156)
  3.2.2 电力行业"源网荷储"绿色低碳技术遴选的原则 ………(156)
  3.2.3 电力行业"源网荷储"绿色低碳技术遴选的对象 ………(157)
  3.2.4 电力行业"源网荷储"绿色低碳技术遴选指标体系构建
     ……………………………………………………………………(158)
  3.2.5 电力行业"源网荷储"绿色低碳技术遴选的流程 ………(168)
  3.2.6 电力行业"源网荷储"绿色低碳技术遴选的结果 ………(169)
 3.3 小结 …………………………………………………………………(170)
第4章 电力行业绿色低碳关键技术典型案例分析 ……………………(171)
 4.1 不同能源技术的特点、优势及发展趋势 …………………………(171)
  4.1.1 钒液流电池的特点、优势及发展趋势 ……………………(171)
  4.1.2 海上风电的特点、优势及发展趋势 ………………………(174)
  4.1.3 电力气象防灾减灾的特点、优势及发展趋势 ……………(177)
  4.1.4 电动汽车可控负荷的特点、优势及发展趋势 ……………(179)
  4.1.5 氢能储能的特点、优势及发展趋势 ………………………(182)

 4.2 对比不同典型技术在零碳-低碳-负碳方面的应用效果 ………… (185)
  4.2.1 钒液流电池应用效果 ………………………………………… (185)
  4.2.2 海上风电应用效果 …………………………………………… (186)
  4.2.3 电力气象防灾减灾应用效果 ………………………………… (188)
  4.2.4 电动汽车可控负荷应用效果 ………………………………… (189)
  4.2.5 氢能储能应用效果 …………………………………………… (191)
 4.3 小结 ……………………………………………………………………… (193)
第 5 章 总结与建议 …………………………………………………………… (194)
 5.1 总结 ……………………………………………………………………… (194)
 5.2 建议 ……………………………………………………………………… (195)
参考文献 ………………………………………………………………………………… (196)

第1章 "双碳"目标下国内外能源发展与排放进展

共同应对气候变化已经成为全球共识,以碳中和为目标的降低碳排放活动已经成为未来30年国际社会发展的主流趋势。目前,全球超过2/3经济体做出碳中和目标的承诺,由此引发的新一轮全球科技革命、产业变革、社会变革正在悄然发生。在当前的国际经济社会发展趋势和政治格局背景下,实现碳达峰、碳中和是我国向世界作出的庄严承诺,是以习近平同志为核心的党中央统筹国内国际两个大局和经济社会发展全局,推动生态文明建设和经济高质量发展,建设社会主义现代化强国作出的重大战略决策。碳达峰、碳中和目标彰显了大国责任和担当,也为我国应对气候变化和绿色低碳发展明确了目标与方向。欧盟、日本、美国等发达国家(地区)也制定了明确的碳中和实施路线图,部署发展清洁能源、绿色低碳工业等领域。

1.1 "双碳"目标的国际形势分析

实现碳中和是一场广泛而深远的经济社会系统性变革,已成为未来30年大国博弈的新焦点。碳中和即二氧化碳净零排放,是指在特定时期内,人为CO_2排放量与人为CO_2去除量在全球范围内取得平衡。目前,含碳气体的净排放导致了全球持续变暖,气候变化的威胁不断升级,极端气候灾害更趋严峻,给人类的生存发展拉响了"红色警告"。在2050年前后实现碳中和,将温升控制在1.5 ℃以内,是全球应对气候变化的共识。

近年来,全球面临着化石能源日益稀缺、气候变化日趋极端化、温室效应加剧等严峻挑战,能源清洁化和去碳化的热潮正在全球兴起。早在1992年,联合国大会就通过了《联合国气候变化框架公约》(UNFCCC),各缔约方致力于全面控制温室气体排放,应对全球气候变暖等问题,达成了重要共识。2015年,近200个缔约方在巴黎气候变化大会上达成了《巴黎协定》,自主确定减排目标参与全球应对气候变化行动,并要求各缔约方在2020年前提交21世纪中叶长期温室气体减排战略。《巴黎协定》的签订开启了全球气候治理的新阶段,碳中和逐渐成为全球应对气候变化行动的重要方向,越来越多的国家也以不同的方式提出了碳中和目标或愿景。全球主要国家碳中和目标与进展如表 1.1 所示。

表 1.1 全球主要国家碳中和目标与进展

目标时间	国家/地区	政策/法规内容	目标约束力
2030 年	乌拉圭	乌拉圭承诺在 2030 年成为净碳汇国,计划减少牛肉养殖、废弃物和能源排放	政策宣示
2035 年	芬兰	2020 年 10 月,芬兰发布《长期低温室气体排放发展战略》,设立 2035 年碳中和目标。2020 年 11 月,芬兰发布《芬兰氢能路线图》,通过低碳或完全无碳的方式生产氢	政策宣示
2040 年	奥地利	2020 年 1 月,奥地利联合政府在宣誓就职中承诺 2040 年实现气候中和,在 2030 年实现 100% 清洁电力,并以约束性碳排放目标为基础。2020 年发布的《奥地利 2050 年长期战》中提出 2050 年前实现碳中和,在自然碳汇(森林、土壤)中捕集碳,并通过产品或技术储存中实现永久封存	政策宣示
2040 年	冰岛	冰岛承诺到 2030 年实现比 1990 年净减少 55% 的温室气体排放的目标,在 2040 年前实现碳中和。战略重点是逐步淘汰运输业的化石燃料、植树和恢复湿地	政策宣示
2045 年	瑞典	2017 年,瑞典公布新的气候法律,在 2045 年达到温室气体零排放,并在 2030 年前实现交通运输部门减排 70% 的目标	立法
2050 年	英国	2019 年 6 月,英国修订《气候变化法案》,将 2050 年净零碳排放目标纳入本国法律。2020 年 12 月英国政府再次宣布最新减排目标,预计至 2030 年温室气体排放量较 1990 年下降至少 68%。2021 年 3 月,英国发布《工业脱碳战略》,资助低碳加热系统、CCUS(碳捕集、利用与封存)、氢气技术项目发展	立法
2050 年	法国	2015 年,法国政府首次提出《国家低碳战略》,2018—2019 年将原来的 2050 年温室气体减排目标改为碳中和目标。2020 年 4 月,法国颁布法令通过《国家低碳战略》,设定 2050 年实现碳中和的目标	立法
2050 年	德国	2019 年 11 月,通过的《联邦气候保护法》首次以法律形式确定德国中长期温室气体减排目标,包括到 2030 年时应实现温室气体排放总量较 1990 年至少减少 55%。制定了未来十年特定行业的年度排放预算及运输、建筑、电力等系列配套政策计划	立法

续表

目标时间	国家/地区	政策/法规内容	目标约束力
2050年	新西兰	2019年11月,通过《零碳排放法案》,2050年实现温室气体(除农业等产生的生物源甲烷外)零排放,并计划到2050年,生物源甲烷将在2017年的基础上减少24%~47%	立法
	丹麦	2018年,制定"气候中和社会"的计划,2050年实现摆脱化石能源目标,包括从2030年起禁止销售新的汽油和柴油汽车,并支持电动汽车。2019年,丹麦发布《气候变化法案》,目标是2050年实现碳中和,承诺持续履行国际协议义务、向发展中国家提供气候资金。承诺2030年温室气体排放量较1990年下降70%	
	匈牙利	2020年6月,通过《气候法》,承诺到2050年实现气候中和,计划在2028年之前退出煤电	
	西班牙	2020年,向议会提交《气候框架法案》草案,承诺2050年实现净零排放,成立气候委员会以监督实施进度,禁止发放新的化石能源勘探许可证。2020年,发布《西班牙长期低温室气体排放发展战略》,2050年实现气候中和,与1990年相比,排放量将减少90%,其余10%将被碳汇吸收	
	加拿大	2019年10月,特鲁多总理连任,其政纲是以气候行动为中心,承诺净零排放目标,并制定具有法律约束力的五年一次的碳预算。2020年11月,加拿大政府发布法律草案,明确在2050年实现碳中和。到2035年,加拿大销售的新轻型汽车和客运卡车100%实现零排放	
	美国	在美国总统拜登入主白宫前,提出"到2035年实现电力行业脱碳,到2050年实现碳中和"的减排目标。2021年2月,拜登就任总统后美国重新加入《巴黎协定》,承诺2050年实现碳中和。州层面,目前加利福尼亚等六个州通过立法设定了到2045年或2050年实现100%清洁能源的目标	
	挪威	早在2009年,挪威政府就设定了2030年实现碳中和的目标。之后,挪威宣布在2030年通过国际抵消实现碳中和,2050年在国内实现碳中和。2020年,挪威国家石油公司发布《碳中和路线图》,大规模使用和发展可再生电力,建立CCUS产业链。2025年计划完全禁售新的燃油车型	政策宣示

续表

目标时间	国家/地区	政策/法规内容	目标约束力
2050年	瑞士	2017年,承诺到2030年实现排放量减半(与1990年的水平相比),到2050年实现气候中和。长期战略目标是交通、建筑和工业排放量减少近90%。部分减排将通过投资国外气候项目实现。2021年6月,投票否决了新修订《二氧化碳减排法》,拒绝了联邦政府为落实《巴黎协定》框架下许诺的目标而制定的减排措施	政策宣示
	葡萄牙	2018年12月,葡萄牙制定了包含能源、运输、废弃物、农业和森林等部门在内的净零排放路线图。2019年,葡萄牙发布《国家长期温室气体发展战略》,2050年实现碳中和	
	日本	2020年10月,日本宣布2050年实现碳中和目标。日本政府在2020年12月发布《绿色增长战略》,在2021年6月更新为《2050碳中和绿色增长战略》,在海上风电、太阳能、地热产业、氢能、氨燃料、新一代热能等重点领域推进减排	
	智利	2019年6月,皮涅拉总统宣布智利努力实现碳中和。2020年4月,政府向联合国提交了一份强化的中期承诺,重申长期目标。计划在2024年前关闭28座燃煤电厂中的8座,2040年前逐步淘汰煤电	
	哥斯达黎加	2019年2月发布2050年国家脱碳计划,提出到2030年实现100%可再生能源发电,到2050年实现温室气体零排放的目标。在运输、能源、废弃物、土地使用等领域设定十大目标	
	南非	2020年9月,公布《低排放发展战略》(LEDS),概述南非到2050年成为净零经济体的目标。南非2030年国家自主贡献的减缓目标将比当前进一步减排28%	
	韩国	2020年7月,韩国发布《绿色新政》,制定了实现碳中和、经济增长、提升生活质量三大目标。2020年10月,韩国总统文在寅在提交2021年预算案的国会施政演讲中宣布,韩国将实现"2050年碳中和"目标	
2060年	中国	2020年9月22日,习近平主席向联合国大会宣布,努力在2060实现碳中和,并采取更有力的政策和措施,在2030年之前达到排放峰值	政策宣示
	新加坡	未承诺明确脱碳时间。计划到2040年,逐步淘汰内燃机	

表1.1所示的国家的二氧化碳排放总和占全球总量的70%以上。从这些国家"双碳"目标约束力来看,立法具有最强的约束力,部分具有完善气候变化立法的发达国家已将碳中和目标以法律形式确立下来。2017年,瑞典成为首个将碳中和(2045)目标写进法律的国家,随后英国、丹麦、法国、德国、西班牙、新西兰、美国等纷纷将碳中和目标纳入法律或行政命令。政策宣示是指领导人在公开场合宣布或者发布国家战略规划等形式承诺碳中和,代表政府强烈的政策意向,但不具有法律约束力,如中国、日本、韩国等亚洲国家,智利、哥斯达黎加、乌拉圭等南美洲国家,以及奥地利、冰岛、挪威等部分欧洲国家以政策宣示提出碳中和目标。

从"双碳"目标内容来看,大多数承诺国家制定了长期发展战略规划和阶段性政策措施,主要涉及能源、电力、交通部门。欧盟、日本、美国等发达国家或地区已经制定了明确的碳中和实施路线。中国、韩国等亚洲国家碳中和目标提出时间较晚,碳中和实施路径仍在制定阶段。

1.1.1 美国"双碳"目标形势分析

美国是全球历史累积温室气体排放量最大的国家,负有重要的减排责任。美国于2007年实现碳达峰,目前力争到2050年实现净零排放。自20世纪以来,美国的减碳目标在各阶段表现出截然不同的态度,美国的碳减排政策及目标受到两党制博弈的影响,气候变化方面态度不明、表现反复。

奥巴马政府时期,美国在减排降碳方面呈积极的态度。2009年,美国在哥本哈根气候变化大会上承诺2020年温室气体排放量在2005年的基础上减少约17%,到2025年减少30%,到2030年和2050年分别减少42%和83%。还与其他发达国家及发展中国家构建合作关系,推动全球碳减排。2014年,美国在《中美气候变化联合声明》中宣布,于2025年实现在2005年基础上减排26%~28%的减排目标,并将努力减排28%。2015年9月,美国在《中美元首气候变化联合声明》中宣布,到2030年,将较2005年减少电力行业二氧化碳排放32%,并承诺继续采取新行动减少氢氟碳化物的使用和排放。2015年,巴黎气候变化大会终于达成《巴黎协定》,共同促进全球范围内应对气候变化工作的推进,美国也积极参与其中。

2017年6月,特朗普政府宣布美国退出《巴黎协定》,停止实施"国家自主贡献",2020年11月正式退出《巴黎协定》,美国减排行动进入消极阶段。

2021年,拜登政府上台后,美国在减碳政策方面重新表现出较为积极的态度,试图构建以美国为核心的全球气候治理体系。2021年,美国宣布重返《巴黎协定》,将气候变化确立为"美国外交政策和国家安全的基本要素",并提出"3550"目标,即到2035年通过可再生能源实现无碳发电,2030年实现温室气体排放量比2005年减少50%～52%,到2050年实现碳中和。

可以看出,美国将碳税、碳交易等手段与市场机制结合,积极发展风能、氢能、海上风电等新能源,形成了政府引导、法案支持、市场调节的国家减排模式。

1.1.2 欧盟及主要成员国"双碳"目标形势分析

1. 欧盟"双碳"目标形势分析

欧盟作为世界主要经济体,长期以来积极应对全球气候问题。从二十世纪八九十年代至今,欧盟出台一系列相关政策推动节能减排。欧盟减碳政策以能源政策和节能减排创新技术为主导,充分利用市场机制与财政手段推进碳减排,碳排放权交易体系与"污染者付费"原则是欧洲气候政策的核心,也是实现欧盟气候中和目标的关键。

2002年,欧盟签署《京都议定书》,承诺碳减排目标是第一承诺期(2008—2012年)在1990年基础上实现8%的碳减排;2007年,欧盟在《2020年气候和能源一揽子计划》中提出著名的"20-20-20"一揽子目标,承诺到2020年欧盟温室气体排放量在1990年的基础上降低20%,将可再生能源在终端能源消费中的比重增至20%,将能源效率提高20%;2011年,欧盟进一步提出2050年实现在1990年基础上减少温室气体排放量80%～95%的目标;2014年,欧盟建立了新的目标取代"20-20-20"一揽子目标,新目标承诺,到2030年,欧盟将实现温室气体排放量比1990年至少减少40%,可再生能源将占欧盟能源使用总量的至少27%,能效至少提高27%;2018年,欧盟提出于2050年实现净碳排放量为零、能耗水平达到2005年的一半、电力在终端能源需求中的占比增加一倍的目标,其中,可再生能源电力将超过80%;2019年,欧盟重申2050年实现净零排放的碳中和目标,并提高欧盟2030和2050年气候目标,即2030年温室气体排放量在1990年基础上减少50%～55%;2021年,欧盟发布《欧洲气候法案》,除了重申2050年实现净零排放的碳中和目标,还指出到2050年之后实现负排放,确定将欧盟的碳排放目标设定为,到2030年将温室气体净排放量在1990年水平上减少至少55%,提出了包括能源、工业、交通、建筑等在内的12项减碳目标,例如,2030年,使可再生能源占比需达40%,建筑行业的能源应用中可再生能源的比例至少达到49%且每年比例持续提升,交通领域温室气体排放强度降低13%,工业领域的可再生能源应用每年增加1.1%等。从法律层面推动欧盟实现碳中和,确保欧盟的所有政策围绕减排、绿色技术投资和保护自然环境开展,以确保欧盟国家整体实现温室气体净零排放这一目标。

经过几十年的发展,欧盟建立了成熟的碳排放交易体系,形成了完善的气候政策网络,一系列气候政策涵盖能源、工业、交通、建筑、农业等所有经济领域,以能源结构调整推动各部门碳减排,促进负排放技术创新,共同推动碳中和的实现。体现了欧盟实现减排的雄心,为全球主要经济体制定减排政策提供参考。

2. 欧盟主要成员国"双碳"目标形势分析

欧盟各成员国也积极应对气候变化,助力温室气体减排。欧盟采用自上而下与自下而上相结合的政策方式制定减排目标,首先由欧盟委员会制定温室气体减排与能源系统转型方案,将减排目标通过自上而下的方式分配给各成员国,再由各成员国根据欧盟的整体方案自下而上地制定适应本国的减排与转型路径,分别颁布各成员国低碳发展战略以及减排政策。

1)德国"双碳"目标形势分析

在各国制定碳中和目标之前,德国就开始制定减排目标,并早在 1990 年实现碳达峰。德国的减排目标源自欧盟的温室气体减排计划,欧盟分配给德国的减排目标为 2020 年减少 14%,到 2030 年减少 38%。欧盟的《责任分担条例》按照线性减排原则制定了 2021—2030 年的年度排放预算。德国的气候目标和部门排放预算基本也是基于线性减排原则制定的。

2019 年 11 月,德国联邦议院通过《联邦气候保护法》,首次以法律形式确定了德国中长期温室气体减排目标。德国设定的减排目标是到 2030 年温室气体排放总量比 1990 年减少 55%,到 2050 年实现净零排放,且目标"只能提高,不能降低"。该法案明确了能源、工业、建筑、交通、农林等不同领域所允许的碳排放量,并规定德国联邦政府部门有义务监督有关领域遵守每年的减排目标。法律规定的各主要部门与 1990 年相比的减排中期目标分别为:到 2030 年,能源部门减排 61%~62%;建筑部门减排 66%~67%;交通部门减排 40%~42%;工业部门减排 49%~51%;农业部门减排 31%~34%;废物管理及其他领域减排 87%。但该法律没有对 2030 年之后的减排目标进行细节化阐明,对于采取何种措施实现 2030 年减排目标、完成 2050 年碳中和目标也过于含糊。

2021 年 6 月,德国修订了《气候保护法》(2030),将减排目标修改为 2030 年温室气体排放总量较 1990 年减少 65%,2040 年温室气体排放总量较 1990 年减少 88%,2045 年实现碳中和为目标,比 2019 年的计划提前 5 年,2050 年之后实现负排放。德国修订后的《气候保护法》(2030)提出更为细化的气候行动任务,2020 年减少 25% 的排放量,2030 年再减少 23%,2040 年进一步减少 12%。修订法案更加重视土地利用、土地利用变化和林业领域对德国的气候贡献,设定 2030 年、2040 年和 2045 年碳汇目标分别为 2500 万吨、3500 万吨和 4000 万吨二氧化碳当量。

同时德国支持经济绿色复苏,2020年,德国通过了规模达1300亿欧元的一揽子经济复苏计划,计划将500亿欧元投入气候变化的应对措施,包括电动交通、氢能、铁路交通和建筑等领域,是对德国2045年"碳中和"目标导向下经济绿色低碳转型行动框架的延续、优化和加速推进。

2)法国"双碳"目标形势分析

法国是最早提出可持续发展和绿色经济理念的国家之一,也是全球气候公约《巴黎协定》的缔约主办方和主要推动者之一。为落实《巴黎协定》中到2050年实现碳中和的目标要求,法国制定了相关法律框架和部署方案,然而受到俄乌冲突影响、能源结构的限制、社会发展的要求与政党竞争的不确定性,法国碳中和战略的前景充满不确定性。

2015年,法国颁布《绿色增长能源转型法》,以法律形式确定了中长期减排目标,即2030年温室气体排放量较1990年减少40%,2050年温室气体排放量较1990年减少75%。

2017年,法国提出气候计划,计划2050年实现净零温室气体排放,即碳中和的目标。法国和瑞典、哥斯达黎加成为全球最早宣布碳中和目标的国家。该计划是推进《巴黎协定》在法国、欧洲乃至国际上的落实,法国作为《巴黎协定》的带头国,其领先作用非常关键。法国气候计划包含六大主题与23个方向。此外,法国在2017年到2018年发布的一系列战略、计划与路线图进一步推进2050年碳中和目标,并对《国家低碳战略》进行修订,形成了新的版本,两个版本的《国家低碳战略》的战略目标如表1.2所示。

表1.2 法国《国家低碳战略》第一版和第二版的领域战略目标

领域	第一版战略目标(以2013年为基准)	第二版战略目标(以2015年为基准)
交通	2024—2028年减排29%,2050年减少至少2/3温室气体排放	2030年减排28%,2050年减排100%
建筑	2024—2028年减排54%,2050年减少87%;较2010年,到2030年减少28%的能源消耗	2030年减排49%,2050年减排100%
农林业	2024—2028年减排12%以上,2050年减排50%	2030年减排19%,2050年减排46%
工业	2024—2028年减排24%,2050年减排至少75%	2030年减排35%,2050年减排81%
能源	2015—2018年保持排放低于2013年;较之1990年,2050年减排96%	2030年减排33%,2050年减排100%
废弃物	2024—2028年减排33%	2030年减排35%,2050年减排66%

2021年,法国颁布了《气候与韧性法》,是由法国公民直接参与和制定的法律,从社会和日常生活维度为2050年碳中和战略进行更细致的补充。

综合来看,法国全面规划了国家低碳战略,建设了国家碳预算体系,制定多年度跨度的能源规划等政策,从交通、建筑、能源、工业和农业等多个经济领域为实现碳中和制定了具体减排路径,并定期对长期和中短期战略及规划进行评估和修订,以"双碳"目标与国内经济社会发展相协调为目标,积极维护《巴黎协定》的国际商定成果。尽管俄乌冲突在短期内会对法国和欧盟实现"双碳"目标有部分负面影响。

1.1.3 英国"双碳"目标形势分析

英国在气候变化领域内一直扮演着积极的角色,是西方最早实现碳达峰的国家。英国虽于2020年脱欧,但减碳政策与目标与欧盟相似。2008年,英国确定了中长期减排目标,即与1990年温室气体排放相比,2020年减少34%、2050年减少80%。2019年,英国修订了2008年的减排目标,2050年温室气体排放量将原定减少80%的目标修订为至少减少100%,被称为英国的净零碳排放目标。2020年,英国进一步对海上风电、低碳氢发展、核电、航空和绿色金融等十个领域的具体减排措施和预计效益进行规划。2020年后,英国密集颁布减排政策及路线图,2021年制定了全面的计划以降低所有经济部门的碳排放,旨在支持英国2050年前实现温室气体"净零排放"目标。

英国在双碳行动的实践中,建立法律以实现净零排放目标,提前规划未来数十年净零行动路径,管理部门相继发布减排脱碳战略、行动计划、技术路线图等一系列政策,形成以一份立法文件(《气候变化法案》)为约束、一份顶层规划(《绿色工业革命十点计划》)为纲领和以多个行动计划、战略咨询为行动指南的碳减排政策规划体系。英国减排代表性政策包括《我们的能源未来:创造低碳经济》(2003)、《气候变化法案》(2008)、《2008年气候变化法案(2050年目标修正案)》(2019)、《绿色工业革命十点计划》(2020)和《净零战略》(2021)等。

2008年,英国颁布了全球首个确立净零排放目标的法律《气候变化法案》,发布了全球首个碳中和规范,以法律形式明确中长期减排目标,即与1990年温室气体排放水平相比,2020年减少34%、2050年减少80%。该法案核心是依法强制实行碳预算,碳预算对政府政策具有强制性制约,规定每5年的阶段碳排放容量,以保证碳减排目标实现。碳预算必须最晚在实施的12年前制定好,为政策制定和企业行动留出准备时间。英国政府新设立了气候变化委员会,以保证排放目标的客观性及独立核算。气候变化委员会是独立公共机构,负责制定减排方案并监督实施,向政府建议排放目标、碳预算、评估最新的排放数据,并就政策实施提出建议。

2019年6月,英国政府发布了《2008年气候变化法案(2050年目标修正案)》,最核心的修订内容是英国到2050年温室气体排放量将原定减少80%的目标修订为至少减少100%,这也被称为净零碳排放目标。《气候变化法案》及《2008年气候变化法案(2050目标修订案)》作为英国向低碳领域转型的基本法律,全面规定了英国各领域的气候变化策略,使英国逐渐成为全球应对气候变化的主要推动者和国际气候政治领域的主导者之一。

英国作为全球应对气候变化领域的先行者和领导者,持续进行政策设计和社会行动,使英国成为世界上碳减排最成功的国家之一,"双碳"目标深入社会各个领域、覆盖全部经济部门,碳排放大幅度降低。英国以法制为框架,自上而下的碳中和政策推动了社会及企业各领域迅速转型,气候法律的制定、修订和实施保证了国家政策实施的连续性,确保减碳目标的实现。

1.1.4 日本"双碳"目标形势分析

日本减碳政策与目标受到应对气候变化、促进经济发展、提高国际影响力、获取政治利益等因素的影响,政策导向呈现整体积极、阶段性波动的状态。

2010年,日本的中长期减排目标是到2020年,在1990年温室气体排放的基础上削减25%;到2050年,在1990年的基础上削减80%。

1997年12月11日,《京都议定书》规定2008—2012年期间,主要工业发达国家的温室气体排放量要在1990年的基础上平均减少5%,其中欧盟削减8%,美国削减7%,日本削减6%。为实现该目标,日本发布了《地球温暖化对策推进法》(1997)和《京都议定书目标达成计划》(2005),为实现《京都议定书》规定的削减6%的目标进行细分并提出具体的削减手段,计划包括通过森林等碳汇吸收完成3.8%的削减任务,通过清洁发展机制项目等完成1.6%的削减任务,本土工业生产活动将承担0.6%的减排任务。

对《京都议定书》中规定的日本削减6%的目标,日本舆论认为该目标对日本不利。该阶段日本相关政策显现出政治主导趋势,多位首相都提出一些关于中长期目标的建议。2007年9月,安倍晋三在"美丽星球50"计划中指出日本的目标是2050年前实现减排50%;2008年6月,福田康夫提出了2050年比2005年减排60%至80%的长期目标,但未对2020年的中期目标表态;2009年6月,麻生太郎宣布中期减排目标,到2020年,相比于2005年削减15%;2009年9月,鸠山由纪夫提出日本的中期目标是到2020年使温室气体排放量与1990年相比削减25%,并表示日本将积极参与制定长期减排目标。

2011—2017年,日本受到地震和核泄漏的影响,实现碳中和目标压力较大。同为伞形集团的美国不仅未批准《京都议定书》,2017年又计划退出《巴黎协定》。2011年,东日本大地震影响了日本参与气候治理的态度和能力,使日本对能源安全、碳减排以及经济发展之间的关系重新进行思考,在气候变化问题上也采取了保守乃至后退的立场。2011年的气候变化大会上,通过了关于《京都议定书》第二承诺期的决定,包括欧盟在内的35个发达国家承担《京都议定书》第二承诺期的减排指标,但是美国、日本、俄罗斯和加拿大不参加。

2012年12月,安倍晋三第二次成为日本首相,表示将重新考虑2020年的碳排放目标。2013年11月,日本提出到2020年将比2005年减少3.8%的减排目标,2005年3.8%的减排目标相当于比1990年增加3%,表示日本打算在《京都议定书》第一个承诺期结束时增加其温室气体排放量。

2016年5月,日本公布承诺争取在2050年之前使温室气体减少80%。2016年11月,日本通过了批准2020年以后的气候变暖对策国际框架,即《巴黎协定》的议案。日本向联合国提出的温室气体减排目标到2030年度比2013年度减排26%。

2020年10月,日本菅义伟首相宣布2050年实现碳中和的目标。2021年4月,日本进一步提出在2030年前比2013年减排46%的中期目标,并努力挑战削减50%的目标,标志着2011年福岛核事故后日本应对气候变化政策从消极转向积极。

可以看出,日本的减碳政策具有明显的阶段性和过程性,行政机构主导政策制定,国际政治地位的要求和能源转型需求使日本继续推进"双碳"目标的实现,政策实施效果和政策主导走向仍有待观察。

1.1.5 澳大利亚"双碳"目标形势分析

相对于欧盟,澳大利亚对脱碳活动并不积极,没有全方位开展节能减排工作。2015年年底,澳大利亚正式成为《巴黎协定》成员国,2016年正式参与《京都议定书》,时任澳大利亚总理的马尔科姆·特恩布尔承诺在2030年年底澳大利亚温室气体整体排放量相比2005年减少26%左右。2017年美国退出《巴黎协定》后,澳大利亚也不再积极响应《巴黎协定》,澳大利亚保守派开始公开反对马尔科姆·特恩布尔的减排政策。2018年8月,莫里森成为澳大利亚新任总理,澳大利亚开始实施消极的减碳政策。2019年9月,受到森林大火的影响,澳大利亚极端气候频发,因此澳大利亚政府开始调整气候政策。2021年10月,第26届联合国气候变化大会前夕,莫里森政府公布了新的气候计划"零碳计划:澳大利亚方式",承诺澳大利亚到2050年实现"净零碳排"目标,但该计划被指细节严重缺失、目标模糊不清,受到国际舆论的严厉批评。2022年,阿尔巴内塞继任澳大利亚总理,对可再生能源态度积极,正式签署了联合国《巴黎协定》下的最新气候承诺,即到2030年,实现碳排放量在2005年的基础上降低43%,并到2050年实现净零排放,提出新政府会将这些目标写入立法。澳大利亚不同时期的主要减排政策包括《国家能源保障》和《气候解决方案》等。

2017年,马尔科姆·特恩布尔政府发布的《国家能源保障》是澳大利亚的重要能源政策之一,旨在确保能源供给的可靠性,降低消费者使用能源的成本,实现减排目标和《巴黎协议》的承诺。政策指出,澳大利亚政府需在传统能源利用的同时,不断提升新能源利用比重,以此来保持电力系统稳定;政府主管部门需投入资源完善能源产业所在的上、下游产业链,使得发电公司、零售机构、客户之间能够形成长期合作关系。该政策被认为是解决澳大利亚能源问题的有效措施。

2018年,莫里森宣布停止《国家能源保障》,2019年颁布《气候解决方案》,旨在启动35亿澳元的投资帮助澳大利亚兑现2030年温室气体减排的承诺,主要包括:① 提供20亿澳元的气候解决方案基金,减少整个经济领域的温室气体排放;② 扩大能源项目,包括Snowy 2.0和国家电池项目等,为全国电力市场提供更便宜可靠的电力,降低电价的同时满足电力供应;③ 提高能源效率,降低能源成本。政府将能源评级标准扩大到包括燃气加热器和电加热器等加热设备,帮助减少建筑能源消耗、提高建筑能效标准;④ 制定《国家电动汽车战略》,向新汽车技术和基础设施过渡;⑤ 实施降低排放、改善政策运行的其他措施,包括改善制冷和空调设备的能源性能以减少氢氟碳化物的排放,提高澳大利亚的燃料质量标准,为车辆驾驶者节省燃油。但该方案的配套政策中明确指出,减排有效性基于企业自愿原则,企业自愿性较低,因此该政策在实施过程中的作用有限。

2022年,阿尔巴内塞继任澳大利亚总理后,承诺2030年将碳排放量在2005年的水平上降低43%,2030年实现净零排放目标。澳大利亚政府向电网投资200亿美元加速电网脱碳;额外增加3亿美元用于增加社区太阳能设施;投资30亿美元用于支持可再生能源制造和低排放技术的升级;投资一亿美元培训新能源技术人员;推动电动汽车的普及和充电设施建设。

澳大利亚是世界上人均碳排放量最高的国家之一,近年来澳大利亚的内部环境和国际形势使政府逐步推动气候变化治理工作,出台针对性政策实现减碳目标。澳大利亚新政府的承诺是实现减排的有力助推,为可再生能源行业发展提供了政策窗口,但澳大利亚实现2030年"减排"和2050年"净零"的目标仍具有一定的挑战性。

1.2 国内外能源发展格局与趋势分析

面对有限的化石能源及其利用带来的环境风险、温室效应加剧等重大挑战,全球掀起能源清洁化、去碳化的热潮,可再生能源电力占比逐渐增大。国际可再生能源署(IRENA)2019 年发布的《全球能源转型:2050 年路线图》报告预计,电力在全球最终能源中的占比将从当前的 20% 增加到 2050 年的近 45%,可再生能源在全球发电量中的占比将从当前的 26% 攀升至 2050 年的 85%,其中高达 60% 来自太阳能、风能等间歇性电源。国际能源署(IEA)2022 年发布《世界能源展望 2022》,指出 2050 年电力使用量将达到全球终端能源消费量的 50%,可再生能源发电量达到 65 吉瓦,占比超过 60%。欧美发达国家把发展清洁能源作为解决能源危机、环境问题的战略手段,高度重视清洁能源及新一代电力系统的布局。早在 1975 年,丹麦物理学家 B. Sørensen 就建议丹麦构建以风能和太阳能为主的 100% 可再生能源供电形态,2050 年的年平均能源消耗量为 19 千兆瓦。但是相关进展较为缓慢,直到 2006 年 10 月,丹麦政府才在议会中正式提出构建全面利用可再生能源、核能的长期目标,并承诺 2035 年实现电力 100% 来自可再生能源。丹麦、意大利、德国等国家的政府或机构纷纷提出在 2050 年或之前完成以可再生能源为主的电力布局构想,推动能源结构清洁转型。

1.2.1 美国能源发展格局与趋势分析

美国能源及相关政策随着科技创新、油气产能、产业发展、政治局势的变化而调整,在能源生产、消费、进出口方面发挥着重要的指挥棒作用。2001—2009 年,美国石油较为依赖进口,能源政策重点是通过加强国内油气供应和探索核能、风能和太阳能等替代能源实现能源独立。2009—2017 年,重点转向加强能源安全、发展化石燃料低碳化技术、开发新能源和减少温室气体排放。随着"页岩气革命"的成功,美国传统化石能源产业又逐渐受到重视。2017—2021 年,重点是开发和利用本国丰富的化石燃料资源,以推动经济增长和增加就业。拜登总统上台以后,美国推出了一系列气候能源新政,推动可再生能源、核能和其他低碳能源的发展,以减少对化石燃料的依赖,但仍不影响化石能源在能源结构中的地位,重点关注化石能源应用端、节能增效、减少碳排放等。

1. 美国能源低碳发展

美国能源结构特征对世界能源结构具有指导性。2000—2021 年美国能源供应分布变化趋势如图 1.1 所示,整体来看,美国的能源结构以"石油-煤炭-天然气"转变为"石油-天然气-核能",其中石油的供应量显著下降,天然气的供应大幅度提升。2009 年美国"页岩气革命"加速了可再生能源的快速发展,加速了对煤炭的替代,其中天然气对煤炭替代的贡献最大,2009 年后,天然气能源供应迅速上升,煤炭能源供应显著下降。2000—2020 年间,美国国内石油和煤炭供应量逐步减少,2020 年美国石油供应量较 2000 年下降约 19.4%,煤炭供应量于 2005 年达峰,结束了长达 34 年的持续增长,此后 15 年以平均 −4.17% 的速度振荡下行;2021 年,美国经济活动逐步复苏,美国国内能源消费量增加,美国加大了对能源的供应,石油和煤炭的供应量相较于 2020 年有所增加。2000—2021 年天然气供应量大幅度增加,2021 年天然气供应量较 2000 年增加约 29.2%,核能、生物燃料和废弃物及水电供应量小幅度增长,风能和太阳能等较核能、生物燃料和废弃物及水电增长量较大,2021 年风能和太阳能等较 2000 年增长 1809673 万亿焦耳,增长幅度约为 2.85%。

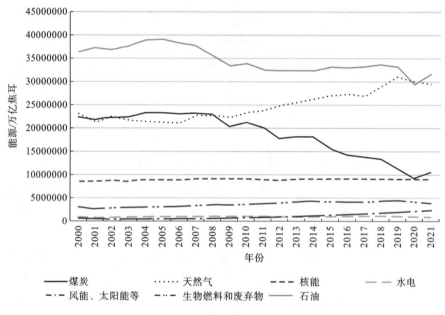

图 1.1 2000—2021 年美国能源供应分布变化趋势

2021 年美国一次能源消费占比,如图 1.2 所示,煤炭、核能和可再生能源也是一次能源消费的重要组成部分。从图 1.3 2021 年美国发电占比可以看出,石油基本退出发电,美国以天然气、煤炭与核能发电为主,可再生能源发电也成为重要组成部分。

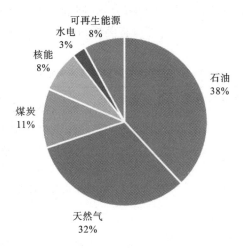

图 1.2　2021 年美国一次能源消费占比

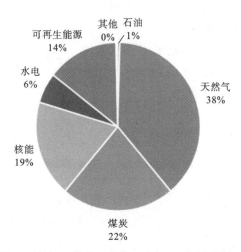

图 1.3　2021 年美国发电占比

2. 美国能源低碳政策规划

美国早期较为依赖石油进口,随着"页岩气革命"的发展,美国传统化石能源产业又逐渐受到重视。近年来,拜登政府发展风能、地热能和生物能源等新能源,调整能源结构,规划碳减排路线,推动各部门进行低碳转型,通过税收、财政补贴、碳交易等手段推动行政管制与市场机制相结合,共同推进减碳政策的执行。根据执政党的变化及对待减排问题的态度,可以将美国的能源政策规划分为四个阶段,如表1.3所示。

表1.3 21世纪以来美国能源政策框架

时期	能源政策特点	代表政策	主要内容
2001—2009年	"能源独立"作为目标,增强能源供给,实现能源供给多元化。一方面减少对进口石油的依赖,增加本土油气产量和战略储备,扩大能源自给;另一方面寻找替代能源(核能、风能、太阳能等),促进能源消费结构多元化	《国家能源政策》(2001)	指出美国的能源安全取决于海外供应,强调要通过国际合作提高全球石油产量,因此美国把中亚里海地区作为21世纪重要的能源供应来源地
		《能源政策法》(2005)	该法的根本立法宗旨:加强能源保护和研究与开发,为美国人民提供能源供应安全和能源供应多样性。提供120亿美元的减税、贷款保障、清洁煤技术和勘探补助,规定向开发太阳能和风能等新型能源的公司提供补贴、批准更多核电项目、鼓励使用醇类燃料,大力发展低碳技术
		《能源独立与安全法》(2007)	指出美国将提高能源独立性与安全性,增加清洁的可再生燃料的产量,保护消费者,提高产品、建筑和汽车的能效,推动温室气体捕集与封存方面的研究,提高联邦政府的能源管理水平
2009—2017年	加强"能源安全",发展新能源,致力于减少美国的温室气体排放,推动清洁能源发展以减少对化石燃料的依赖	《美国复苏与再投资法案》(2009)	投资580亿美元到气候、能源领域,推动清洁能源开发、能源效率提高、化石燃料低碳化技术开发等,希望通过培育新能源产业促进美国经济增长
2017—2021年	倡导"能源主导",向化石能源倾斜,积极开发利用美国丰富的化石能源资源,推动经济增长,增加就业,实现能源独立	《美国优先能源计划》(2017)	能源尽量自给自足、取消"气候行动计划",推动"页岩气革命",创造就业及致富机会,支持并振兴清洁煤炭工业、能源发展以保护环境为优先,摆脱对欧佩克产油国及任何对美国利益持敌意态度国家的能源依赖

续表

时期	能源政策特点	代表政策	主要内容
2021年至今	将气候变化视为重要挑战，促进可再生能源、核能和其他低碳能源发展，减少对化石燃料的依赖	《迈向2050年净零排放长期战略》（2021）	提出实现2050年净零排放的中长期目标，以及节能与提高能效、减少甲烷和其他非二氧化碳温室气体排放等五大关键转型路径
		《通胀削减法案》（2022）	未来10年投入约3700亿美元用于气候和清洁能源领域，提高对CCUS项目的政策支持力度

1）2001—2009年

20世纪的美国政府将"能源独立"作为目标，增强能源供给。一方面减少对进口石油的依赖，增加本土油气产量和战略储备，扩大能源自给，另一方面减少对石油的依赖，寻找替代能源（核能、风能、太阳能等），促进能源消费结构多元化。

2001年，布什总统执政后，3月单方面退出《京都议定书》。由于低碳经济具有巨大的发展潜力，为维护源安全，保持技术优势，美国以积极的态度制定国内减碳政策。在布什总统执政初期，美国"页岩气革命"还未取得良好成果，导致美国能源自给率仍较低。因此美国在这一阶段较为注重国内新能源的发展，通过了一系列低碳经济发展的法律规定。

2001年，美国发布《国家能源政策》报告，指出美国的能源安全取决于海外供应，强调要通过国际合作提高全球石油产量，因此美国把中亚里海地区作为21世纪重要的能源供应来源地。

2005年发布的《能源政策法》提供120亿美元的减税、贷款保障、清洁煤技术和勘探补助，规定向开发太阳能和风能等新型能源的公司提供补贴，批准更多核电项目，鼓励使用醇类燃料，大力发展低碳技术。

2007年美国参议院通过《低碳经济法案》，提出到2020年美国碳排放量减至2006年水平、2030年减至1990年水平的碳排放总量控制目标；2007年《能源独立与安全法》指出美国将提高美国的能源独立性与安全性，增加清洁的可再生燃料的产量，保护消费者，提高产品、建筑和汽车的能效，推动温室气体捕捉与存储方面的研究，提高联邦政府的能源管理水平。此外，美国政府还提出了《安全、负责任的、灵活的、有效率的交通平等法案2005》《2007低碳经济法案》等一系列政策法规，以此推动美国新能源的发展。

2）2009—2017年

奥巴马政府时期，美国在减排问题上表现出积极的态度，致力于减少美国的温室气体排放，并推动实施清洁能源政策以减少对化石燃料的依赖；发展可再生能源,包括风能和太阳能等清洁能源形式;支持发展核能,并提供经济支持和监管改革以促进核能行业的发展。该时期美国致力于加强能源安全,减少对石油和天然气等能源的进口依赖。

奥巴马政府强调美国必须重回联合国气候谈判的轨道并积极参加国际会议,促成美国与发展中国家签订一系列的合作,如北美领导人峰会、美洲国家能源与气候合作伙伴关系计划、美加清洁能源对话行动计划、中美能源效率行动计划等,推进新能源技术、碳捕集技术创新与应用,发展新能源汽车等绿色产业。

2009 年,奥巴马政府提出以"绿色经济复兴计划"作为从经济危机中恢复的首要任务,将风能、太阳能等清洁能源与减排技术的开发视为美国经济新的增长点。同年,美国政府出台了《美国复苏与再投资法案》提出投资 580 亿美元到气候、能源领域,推动清洁能源开发、能源效率提高、化石燃料低碳化技术开发等,希望通过培育新能源产业促进美国经济增长。

2015 年,美国发布《清洁电力计划》,要求美国的电力行业到 2030 年在 2005 年的基础上减少 32%的温室气体排放,并从 2022 年开始强制减排,比之前草案中规定的要晚两年。

3) 2017—2021 年

特朗普政府时期,美国消极应对全球气候变化问题,对碳减排同样呈消极态度,导致全球碳减排受到影响。特朗普不认同人类活动造成全球变暖,其能源政策倾向于支持传统能源行业。

在国际方面,2017 年,特朗普上任就宣布退出《巴黎协定》,签署"能源独立"的行政令,撤销了部分气候相关的减碳政策法案,废止了《清洁电力计划》,并且在政策上向化石能源倾斜,限制了清洁能源的发展。一系列措施促进了美国传统能源产业的发展,也影响了美国碳减排的效果。

在此期间,美国的新能源技术仍得到了能源部、部分州政府、企业层面的支持,形成了"自下而上"的低碳发展模式。美国能源部宣布了一系列的低碳与零碳能源技术资助计划,并且制定《恢复美国核能竞争优势:确保美国国家安全的战略》,旨在推动核能技术发展与出口,对碳捕集、利用与封存技术(CCUS)研发项目进行资助。《美国能源部研究与创新法案》授权美国能源部开展基础研究、应用能源技术开发和市场转化全链条集成创新,包括太阳能燃料和电力储存的研究计划,奠定了奥巴马政府任期内成功建立的三类能源创新机构的法律地位,使其不因总统的更迭而遭到撤销。

4) 2021 年至今

拜登政府积极引导美国能源领域的发展,将气候变化视为重要挑战,促进可再生能源、核能和其他低碳能源减少对化石燃料的依赖,提出到2035年实现100%清洁电力的目标,并计划到2050年使美国成为净零排放国家。

拜登政府制定了一系列行政命令和能源战略,例如《能源攻关计划》《到2050年实现温室气体净零排放的途径》《国家清洁氢战略与路线图》等,通过推动新能源技术创新、实施绿色清洁能源解决方案、加大清洁能源投资、利用绿色金融优化市场资源配置等途径促进能源转型。拜登政府短期内使用联邦政府的采购系统(每年花费5000亿美元)实现100%的清洁能源和零排放车辆,制定严格的新燃油经济性标准,确保100%新销售的轻型/中型车辆实现电动化;长期计划投资4000亿美元对能源、气候技术进行创新与应用,降低清洁能源、碳捕集、燃料替代等技术的应用成本。

2021年,美国发布《迈向2050年净零排放长期战略》,是美国实现碳中和的重点政策,提出能源五大关键转型路径。① 在2035年完成电力完全脱碳,实现100%清洁电力。近年来,太阳能和风电成本的快速下降、联邦和地方的支持政策以及消费需求增长共同推动了清洁电力加速实施。② 终端电气化与清洁能源替代,推动汽车、建筑和工业过程电气化;在一些电气化具有挑战的领域,例如航空、船运和一些工业过程,优先使用非碳的氢能源和可持续生物燃料。③ 节能增效,促使各行业更快、更廉价和更容易地向清洁能源转变,这需要通过更高效的设备、新老建筑的综合节能和可持续制造过程等实现。④ 减少甲烷和其他非二氧化碳温室气体排放,发起全球甲烷决心计划,到2030年,美国与参与国一起将全球甲烷排放减少至少30%。⑤ 规模化移除二氧化,通过严格评估与核证的过程和技术从大气中移除二氧化碳,以实现净零排放,这要求实施大规模土壤碳汇和工程除碳策略。

拜登政府时期美国部分能源政策内容与举措如表1.4所示,包括气候变化问题纳入外交政策和国家安全战略、确定中长期净零排放目标并持续大力投资、积极发布清洁能源相关政策等。可以看出,美国将碳税、碳交易等手段与市场机制结合,积极发展风能、氢能、海上风电等新能源,形成了政府引导、法案支持、市场调节的国家能源转型模式。

表1.4 拜登政府时期美国部分能源政策内容与举措

政策	政策名称	发布时间	主要内容和举措
《能源攻关计划》	Energy Earthshots Initiative	2021年6月	在十年内寻找清洁能源方案,解决气候危机,实现2050年净零碳目标,创造新的清洁能源经济的就业机会
《氢能攻关计划》	Hydrogen Shot	2021年6月	通过降低80%的成本加速创新和刺激清洁氢气的需求

续表

政策	政策名称	发布时间	主要内容和举措
《长时存能计划》	Long Duration Storage Shot	2021年7月	实现清洁电力的可负担电网存储,在十年内将提供10小时以上持续时间的电网规模能源,储存成本降低90%
《负碳攻关计划》	Carbon Negative Shot	2021年11月	创新去除二氧化碳清除技术,并以低于100美元/净公吨二氧化碳当量持久储存二氧化碳
《增强型地热计划》	Enhanced Geothermal Shot	2022年9月	2035年将增强型地热系统的成本大幅降低90%（每兆瓦时45美元）
《浮动式海上风电》	Floating Offshore Wind Shot	2022年9月	2035年将成本降至每兆瓦时45美元,使美国在海上浮式风力发电技术方面保持领先地位
工业供热	Industrial Heat Shot	2022年9月	开发工业热脱碳技术,到2035年温室气体排放量至少降低85%
《建设更好电网倡议》	Building a Better Grid Initiative	2022年1月	促进在全国范围内开发升级高容量输电线路,提高配电系统的灵活性和弹性,以创建一个更具弹性的电网,支持远距离、高压输电设施和配电系统的建设
《甲烷减排行动计划》	Methane Emissions Reduction Action Plan	2021年11月	覆盖了油气、废弃煤矿、垃圾填埋、农业以及工业和建筑等其他领域;甲烷减排的各种工具,包括法规、财政激励手段,详述了推进甲烷减排计划的效益,包括产生的气候效益、增加高收入岗位、同步减少污染物排放等
《迈向2050年净零排放长期战略》	The Long-Term Strategy of the United States-Pathways to Net-Zero Greenhouse Gas Emissions by 2050	2021年11月	提出实现2050年净零排放的中长期目标,以及电力完全脱碳、终端电气化与清洁能源替代、节能与提高能效、减少甲烷和其他非二氧化碳温室气体排放、规模化移除二氧化碳五大关键转型路径

续表

政策	政策名称	发布时间	主要内容和举措
《清洁未来法案》	Clean Future Act	2021年3月	要求美国在2050年之前实现温室气体净零排放,针对整个经济领域及电力、建筑、交通等重点部门提出系列政策建议
《重建更好未来法案》	Build Back Better	2021年11月	将1.75万亿美元中5550亿美元用于应对气候变化,以延期税收减免和提高税收抵免额为主要手段,大力推动风电、光伏、储能、新能源汽车等行业的发展
《通胀削减法案》	Inflation Reduction Act	2022年8月	未来10年投入约3700亿美元用于气候和清洁能源领域,提高对CCUS、太阳能制造等项目的政策支持力度
《清洁能源革命和环境正义计划》	Plan for Clean Energy Revolution and Environmental Justice	2020年7月	提出基础设施、电力行业、建筑、交通、清洁能源等领域具体计划措施;重视清洁能源、电池等新兴技术领域创新
《恢复美国核能全球领导地位战略》	Restoring America's Competitive Nuclear Advantage	2020年4月	提出了美国应采取的行动建议,以提升美国核电竞争力,恢复铀矿开采、选冶和转化的工业能力,增强美国技术优势并推动出口,确保与美国防核扩散目标保持一致并支持国家安全
《建设现代化的、可持续的基础设施与公平清洁能源未来计划》	Plan to Build a Modern, Sustainable Infrastructure and an Eqitable Clean Energy Future	2020年7月	更新原气候计划,提出到2035年实现电力行业的零碳排放;计划增加投资至2万亿美元
《储能大挑战路线图》	Energy Storage Grand Challenge Roadmap	2020年12月	创建并维持美国在储能领域的领导地位,提出到2030年开发并在国内制造能够满足美国所有市场需求的储能技术
《氢能计划发展规划》	Energy Department Hydrogen Program Plan	2020年11月	提出未来10年及更长时期氢能研究、开发和示范的总体战略框架

续表

政策	政策名称	发布时间	主要内容和举措
《国家清洁氢能战略和路线图（草案）》	National Clean Hydrogen Strategy and Roadmap(Draft)	2022年11月	指出2050年清洁氢能将贡献约10%的碳减排量，到2030、2040和2050年美国清洁氢需求将分别达到1000万吨/年、2000万吨/年和5000万吨/年
《推进美国海上风能：实现并超越30吉瓦目标的战略》	New 30GW Offshore Wind Deployment Target by 2030	2023年3月	实现美国到2030年海上风电部署达到30吉瓦、到2050年超过110吉瓦的目标。近期发展固定式海上风电，中期发展漂浮式海上风电，推动海上风电与电网集成，推进储能和海上风电联产

推进化石能源低碳减排是美国政府持续关注的重要领域之一。2022年4月，美国能源部化石能源和碳管理办公室（FECM）发布《化石能源和碳管理在实现温室气体净零排放中的作用》战略愿景报告，重点针对7项化石能源技术主题提出了未来研发方向，包括：点源碳捕集，涉及天然气发电厂点源碳捕集和工业应用点源碳捕集技术；甲烷减排等。自2023年以来，美国陆续发布了有关能源的战略部署与规划，主要包括以下内容。

（1）2023年2月，美国政府发布美国电动汽车（EV）充电网络建设规则，旨在创建一个方便、可靠和美国制造的EV充电网络，计划在高速公路和社区建造50万个充电桩/站，力争到2030年电动汽车销量至少占新车销量的50%。

（2）2023年3月，美国能源部发布《推进美国海上风能：实现并超越30吉瓦目标的战略》，旨在实现美国到2030年海上风电部署达到30吉瓦、到2050年超过110吉瓦的目标。该战略分为四个部分：① 近期发展固定式海上风电，到2030年将其发电成本从73美元/兆瓦·时降至51美元/兆瓦·时，发展国内供应链以支持30吉瓦的部署规模；② 中期发展漂浮式海上风电，到2035年将深海漂浮式海上风电发电成本降低70%以上，至45美元/兆瓦·时，建立在漂浮式海上风电设计和制造方面的领导地位，以促进到2035年部署15吉瓦的漂浮式海上风电；③ 输电系统，协调规划将海上风电与电网集成，通过技术创新提高海上电网的可靠性、弹性和互操作性，支持扩展可靠且弹性的电网基础设施；④ 转型发展，推进储能和海上风电联产（风电制燃料）技术，支持部署海上风能中心。

（3）2023年4月，拜登在主要经济体能源和气候论坛领导人会议上表示，将加快四大关键领域的行动部署，包括：① 能源脱碳，宣布降低电力和交通部门碳排放的相应措施，包括扩大清洁能源规模、制定2030年汽车净零排放目标、推进国际航运脱碳；② 停止砍伐亚马逊和其他重要森林,利用森林与气候领导人伙伴关系取得公共、私人和慈善机构的支持；③ 积极应对非二氧化碳气候污染物,启动甲烷融资冲刺以减少甲烷排放,并根据《基加利修正案》规定加速氢氟碳化合物的淘汰速度；④ 推进碳管理,加强与各国的合作,加速碳捕集、清除、利用和封存技术,以应对无法避免的排放。

1.2.2 欧盟及主要成员国能源发展格局与趋势分析

为应对气候危机及其在《巴黎协定》下的承诺,2019年欧盟通过了《欧洲绿色协议》,作为实现绿色转型、经济脱碳并将其转变为现代、资源节约型和有竞争力的体系的综合战略。2020年,新冠疫情凸显了全球供应链的脆弱性,芯片、医药原料和镁等原材料的供应链被中断或面临严重压力。2022年,俄乌战争加剧了欧洲能源及原材料的供应风险,迫使欧盟评估供应链的防御能力,并逐渐摆脱对俄罗斯石油、天然气及其他材料的依赖。

1. 欧盟及主要成员国能源低碳化发展

1) 欧盟能源低碳化发展

欧盟作为全球主要经济体和能源消费地,能源发展和能源结构对全球能源格局起到重要影响。欧盟不断根据成员国经济、地缘政治、能源安全调整能源发展策略,推进绿色低碳化和去化石能源化的能源转型。受到地缘政治的冲击,欧盟仍面临能源安全的挑战,较高的对外依赖度制约着欧盟能源转型。

图1.4为2011—2021年欧盟一次能源消费变化趋势,从整体来看,欧盟能源结构仍以化石能源为主导,但石油和煤炭的消费量持续下降,清洁能源的消费量稳

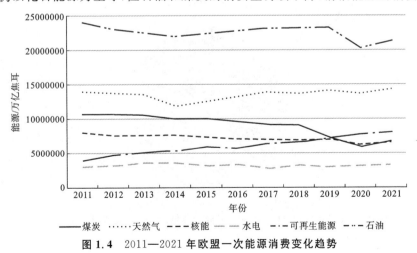

图1.4 2011—2021年欧盟一次能源消费变化趋势

定上升。2020年到2021年，欧盟地区的能源需求增加，石油和煤炭消费量略有反弹。尽管欧盟的化石能源仍占据主导地位，但其他低碳能源逐渐发展为能源结构中的重要组成部分。天然气和水电消费量在2011—2021年内呈小幅度增长趋势，可再生能源（风能和太阳能等）消费量大幅增加，2021年可再生能源消费量较2011年增长95.5%。受到2011年福岛核电站事故的影响，欧盟各国，尤其是德国，在政策层面的弃核动力不断增大，欧盟的核能消费量整体呈下降趋势，2021年核能消费量较2011年下降17.15%，表明核能在欧洲的发展潜力有限。

从图1.5和图1.6可以看出，尽管石油在欧盟地区的消费量占有一定地位，但

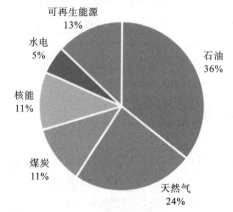

图1.5　2021年欧盟一次能源消费占比

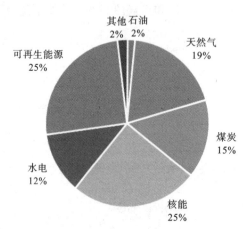

图1.6　2021年欧盟发电占比

石油基本已退出发电。在政策支持、产业发展和技术创新的驱动下，2011—2021年欧盟形成以可再生能源与核能发电为主的格局。欧盟将天然气视为电力领域代替煤炭的较清洁能源，以及可再生能源发电增长背景下调峰、稳定电网的"桥梁能源"，因此天然气在欧盟电力领域发挥重要作用，天然气发电在2021年欧盟发电量中占比达到19%，超过了煤炭发电。

2) 欧盟主要成员国家能源低碳化发展

(1) 德国能源低碳化发展。

德国是电力市场改革的先驱者，也是激进的能源转型国家。从图1.7可以看出，进入21世纪以来，可再生能源供应不断上升，化石能源供应持续下降。从能源供应来看，2000年以来，德国的石油和煤炭的供应量持续下降，化石能源产能下降带来的空缺主要由天然气、风能、太阳能和生物质能等替代，天然气和可再生能源的供应量自2000年以来呈增长趋势。

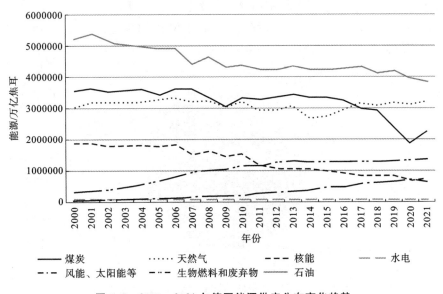

图1.7　2000—2021年德国能源供应分布变化趋势

2011年，日本福岛核事故对德国的能源结构产生了显著影响，德国关停了近四分之一的核电机组。2011年3月，德国宣布关停5吉瓦的核电机组，使德国核产能在短期内呈断崖式下滑。核产能的下滑使煤炭能源在短时间内增加。受到欧盟能源法规和政策的影响，德国在2010年前就已经大力发展风能、太阳能和生物质能等可再生能源，能源转型的政策惯性使德国在2010年后持续推动能源转型，核能的供应量在2010—2020年间迅速下降，2020年德国核能供应量较2000年降低59.2%。

天然气是德国重要的能源供应源,自2000年以来天然气供应呈波动上升趋势,2009—2014年,受到全球天然气价格上涨的影响,该时期内德国天然气能源供应量在波动中呈下降趋势,2014年后天然气供应量持续上升。

自2000年以来德国生物燃料能源供应量持续增加,2021年德国生物燃料能源供应量约为2000年的4倍。2005年欧盟就在《生物质能行动计划》中提出成员国发展生物质能的要求,2009年德国政府发布《德国国家生物质能行动计划》,提出2020年德国生物质能占一次能源消费量的比例必须显著提高,在战略支持下,德国生物质能在发电、供热、燃料生产领域得到重点利用,生物燃料供应量保持稳定增长。

2021年,由于全年风力较小,风力发电量相较于往年大幅下降,风能等可再生能源供应量下降,煤炭和天然气的能源消费量略有增长。由于风能和太阳能受制于季节和环境的影响,存在能源运输和储存等技术问题,暂时无法取代稳定的化石能源和核能。从图1.8中2021年德国一次能源消费占比来看,石油、天然气、煤炭与可再生能源构成了主要消费,但石油基本退出发电。根据图1.9,可再生能源和煤炭是德国的主要发电能源,尽管德国计划退出核电,能源危机和实现能源转型的目标使核能仍是德国重要的发电能源之一。

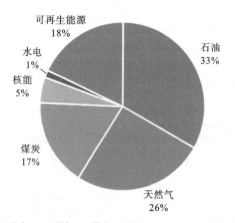

图1.8　2021年德国一次能源消费占比

(2) 法国。

法国煤炭、石油和天然气等能源资源匮乏,20世纪70年代法国启动大规模核能开发计划,成为全球范围内核电占比最高的国家。自21世纪以来,法国的能源结构从核电为主向以核电为主、同时注重可再生能源发展转变,为降低对核能过度依赖、响应欧盟能源战略、争夺应对气候变化领导力等,2010年法国发布《可再生

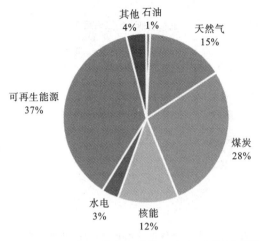

图 1.9 2021 年德国发电占比

能源全国行动计划》,在保持核能基础性地位的同时,积极推进向可再生能源方向转型。从图 1.10 和图 1.11 可以看出,核能在法国能源供应中占有领导地位,是主要电力能源,尽管自 21 世纪以来法国核能在波动中呈下降趋势,核能供应量仍远高于排名第二的石油能源供应量。

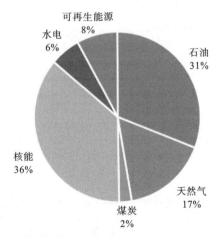

图 1.10 2021 年法国一次能源消费占比

2018 年底,法国总统马克龙宣布,力求在 2030 年前,将风力发电扩增 2 倍,将太阳能发电扩增 5 倍,在 2035 年前将核电占总发电量的比重降至 50%。2021 年,

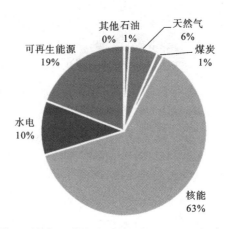

图 1.11　2021 年法国发电占比

法国核电占总发电量的 63%,发展可再生能源发电是降低核电比重的重要途径。在中短期内(2030—2035 年),法国核能的发展趋势将取决于政治因素,发展核能与可再生资源是实现零碳排放的两种途径。2021 年,可再生能源供应的不稳定性和欧洲能源供应危机使法国提出新建核电站的计划,计划从 2028 年开始新建 6 个核电机组,实行复兴核能计划。根据图 1.12,2021 年法国核能供应量较 2020 年

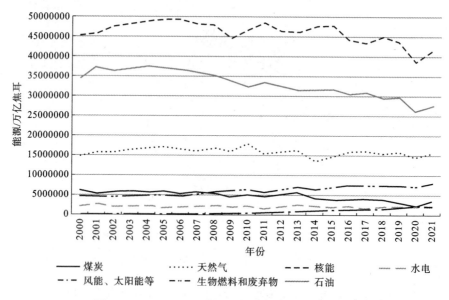

图 1.12　2000—2021 年法国能源供应分布变化趋势

增加,增长率约为 7.2%。自 21 世纪以来,石油和煤炭的消费量呈下降趋势,其能源减少的使用量由生物燃料和废弃物、风能、太阳能等清洁能源代替。

2. 欧盟及主要成员国家能源政策规划

1) 欧盟能源政策规划

自 20 世纪以来,欧盟为解决能源依赖问题、建立技术优势、促进经济发展和加强欧盟内部一体化,发布一系列能源政策持续推动能源转型。欧盟能源政策的发展历程可以分为以下三个阶段。

(1) 起步阶段(2000 年以前)。

2000 年前,欧盟重视落实污染排放责任制,以节能减污政策目标为主、调整能源结构为辅,减少碳排放及空气污染物排放。

欧洲早期开展环境运动及绿色政治运动,欧洲共同体(以下简称"欧共体")较早地意识到环境保护的重要性,并推进污染排放责任制的实施。1973 年,欧洲共同体发布第一个《环境行动计划》,将环境政策的目标明确为"阻止、减少、并尽早消除污染和有害物,维持生态平衡,重视城市规划与土地利用"。同时,欧盟逐渐重视能源转型的作用,促进可再生能源发展,例如欧盟提出《能源政策》(1986 年)和《能源内部市场》(1988 年)报告。1992 年,《欧洲联盟条约》签署后,欧盟正式成立,政策重点包括能源、土地整治与利用、水资源管理等领域。

(2) 发展阶段(2000—2014 年)。

2000—2014 年,欧盟积极发展太阳能、风能、生物能源、地热和海洋能源等可再生能源,以能源改革推动节能减排,并建立碳排放交易市场,发展碳排放交易体系,优化市场资源配置。

2000 年欧盟制定了"欧盟气候变化计划","欧盟气候变化计划"分两个阶段实施,第一阶段(2000—2004 年)的重点任务是借助《京都议定书》提供的排放权交易机制、联合履约机制、清洁发展机制三种有效机制,实现发达国家与发展中国家在温室气体减排上的互动,同时在能源供求、能源效率、工业能源消费、运输能源消费、气候变化与能源技术研发、农业土壤和森林碳汇等领域开展节能减排活动。第二阶段(2005 年后)的任务是回顾和加速实现第一阶计划的目标,同时提出加强欧盟排放交易体系建设,推广生物能源技术。

《2020 年气候和能源一揽子计划》首次将气候与能源结合形成战略规划,成为一整套具有法律约束力的可持续能源发展目标,使减碳政策呈现出以应对气候变化为目标,以能源改革为重点推动各部门节能减排,同时发展负排放技术促进减排,提高欧盟经济竞争力的政策发展趋势。

2014 年,欧盟通过了《2030 年气候与能源政策框架》,该框架是欧盟在 2050 年实现低碳经济转型的重要转折点,具有承上启下的作用,并将取代欧盟现有的"20-20-20"计划。《2030年气候与能源政策框架》除了吸取"20-20-20"计划实施过程中的经验教训外,还考虑了欧盟《2050能源路线图》和《运输白皮书》中设定得更长远目标,明确了欧盟地区2030年前的气候和能源行动目标,制定了有关管理措施。主要内容包括:① 2030年温室气体排放量至少比1990年减少40%;② 到2030年可再生能源将占欧盟能源使用总量的至少27%;③ 到2030年能效将至少提高27%;④ 改革欧盟排放交易体系。

(3) 近期阶段(2015年至今)。

经过发展阶段的减排探索,欧盟在2000—2014年间的水能、风能和生物质能的使用量剧增,电力与供热部门的碳排放显著降低。2015年,欧盟面临难民危机和债务危机,使保持经济发展与推进减碳政策的目标难以兼顾,化石能源使用量重新增长,碳排放呈小幅度反弹。2015年后,欧盟将重心放在发展可持续能源技术和碳交易体系等方面,建立了较为成熟的能源体系,推动欧盟实现能源转型。

2019年,欧盟正式发布《欧洲绿色协议》,阐明欧洲迈向气候中性循环经济体的行动路线,提出提高欧盟2030和2050年气候目标,主要内容包括:① 促进能源系统脱碳,提供清洁、安全可负担得起的能源;② 支持工业部门向可持续性增长模式转型,发展清洁循环经济;③ 鼓励建筑部门以高能效的方式进行建设和翻新;④ 加快交通领域向可持续和智能化转变;⑤ 推动农业领域建立公平、健康和环境友好型产业链;⑥ 在环境保护方面恢复生态系统和生物多样性,努力构建零污染的无害环境。

2021年,欧盟公布了《Fit for 55》的一揽子气候计划,提出了包括能源、工业、交通、建筑等在内的12项更为积极的系列举措,承诺实现在2030年底温室气体排放量较1990年减少55%的目标。这也成为欧盟目前最新、最关键的低碳发展政策。该法案是对《欧洲气候法案》的补充,通过一揽子计划旨在使欧盟立法同2030年目标保持一致,主要包括12个具体内容:① 修订欧盟碳排放权交易体系;② 修订《减排分担条例》,使其与欧盟碳排放交易体系更好融合,创建更好的年度排放分配市场;③ 公布碳边境关税政策立法提案,实施碳边境调节机制和全球首个碳边境税政策;④ 修订《土地利用、土地利用变化和农林业战略条例》,提议将农业纳入土地利用、土地利用变化和林业战略条例;⑤ 修订可再生能源指令,使2030年可再生能源占比达40%,建筑行业的能源应用中可再生能源的比例至少达到49%,且每年比例持续提升,交通领域温室气体排放强度降低13%,工业领域的可再生能源应用每年增加1.1%;⑥ 通过新的能源效率指令,要求2024—2030年所有成员国每年的节能达到1.5%(目前为0.8%),公共部门每年节能达到1.7%;⑦ 修改能源税收指令,在课税范围、税率结构、减免税政策等多个方面进行了修正;⑧ 修改汽车 CO_2 排放标准条例,计划到 2030 年,汽车和货车碳排放量较 2021 年将分别下降 55% 和 50%,到 2035 年,汽车和货车碳排放量较 2021 年下降 100%,仅销售零碳排放汽车和货车,实现"零碳运输";⑨ 修订替代燃料基础设施指令,要求欧盟成员国扩大充电站设点;⑩ 启动 ReFuelEU 航空计划,要求燃料供应商在欧盟机场机载航空燃料中不断提高可持续航空燃油使用比例,力争在 2025 年将其占航空燃料比重提升至 2% 以上,到 2050 年提升至 63% 以上;⑪ 对船舶使用燃料的温室气体含量设定最大限制,从 2025 年开始,欧盟将对海运燃料使用的温室气体强度进行越来越严格的限制,并设定了温室气体减排具体目标;⑫ 设立 1444 亿欧元的"社会气候基金"。《Fit for 55》进一步对欧盟碳中和路径进行了阶段性规划,并将能源税作为主要政策举措。

2022 年,欧盟通过《REPowerEU》计划,旨在加速能源系统变革以应对俄乌冲突造成的全球能源市场混乱和欧洲能源安全问题。该计划认为,欧洲能源系统变革具有双重紧迫性,一方面结束对俄罗斯化石能源的依赖,另一方面应对气候危机。因此,欧盟将在《Fit for 55》一揽子计划基础上,到 2027 年额外投资 2100 亿欧元,从节能、能源供应多样化、加速推广可再生能源三方面减少终端部门化石燃料消费,快速推动欧洲清洁能源转型,构建更具弹性的能源系统,以实现化石能源"脱俄"。关键点如下。

(1) 节能:欧盟通过中长期能效措施加强结构变革以及行为改变实现即时节能。中长期内,欧盟建议将《Fit for 55》一揽子计划中约束性能效目标由 9% 提高至 13%,并快速部署包括建筑等一系列产品能效指令以实现额外的节能增效。

(2) 能源供应多样化:欧盟一直与国际伙伴保持密切合作,利用能源供应多样化缓解能源价格上涨造成的影响。2022 年 3 月,欧盟新设能源平台,通过汇集需求、优化基础设施使用、协调与供应商联系等方式,帮助各成员国联合购买天然气、液化天然气和氢气。下一步,欧盟将考虑建立一个自愿行动的"联合购买机制",代表成员国谈判和签订天然气采购合同。

(3) 加速推进可再生能源替代化石能源:可再生能源在发电、工业、建筑和交通领域的大规模应用将加速实现能源独立,推动欧洲绿色转型。欧盟建议根据《Fit for 55》将 2030 年可再生能源在能源结构中占比目标从 40% 提高到 45%,可再生能源装机容量从 1067 吉瓦提高到 1236 吉瓦。

2023 年,欧盟大幅提高 2030 年可再生能源目标。3 月,欧盟出台《净零工业法案》,提出到 2030 年欧盟战略性净零技术的本土制造能力将接近或达到年度部署需求的 40%。法案将太阳能光伏和光热、陆上风能和海上可再生能源、电池和储能、热泵和地热能、电解槽和燃料电池、沼气/生物甲烷、碳捕集和封存、电网技术、可持续的替代燃料和先进核能列为战略性净零技术。同时该法案还提出了改善净零技术投资条件的七项关键行动，包括：① 简化行政和许可授予流程，改善净零技术投资的条件；② 加速二氧化碳捕集进程，到2030年实现欧洲碳封存年注入量达5000万吨；③ 促进净零技术市场准入，要求政府部门在公共采购和拍卖中考虑净零技术的可持续性和弹性；④ 技能提升，设立净零排放工业学院以确保净零行业所需的熟练劳动力的可用性；⑤ 促进创新，允许成员国设立监管沙盒，开展净零技术的测试和激励；⑥ 建立净零欧洲平台，统筹欧盟委员会和成员国及相关净零工业伙伴关系的协调行动与交流信息。

3月，欧盟就《可再生能源指令》修订达成临时协议，该协议将欧盟2030年具有约束力的可再生能源占比目标从目前的32%提高到至少42.5%，指导性目标将提高到45%，对工业电力、交通、工业、建筑以及供暖制冷等领域制定了具体的目标，与工业和电力相关的内容包括：① 在工业领域，目标是每年增加1.6%的可再生能源占比，到2030年工业氢消费总量中可再生能源制氢的占比应达到42%；② 该临时协议还通过了电气化和废热吸收支持能源系统整合的条款，给予了核电有限认可。

2）欧盟主要成员国家能源政策规划

(1) 德国能源政策规划。

德国是全球最积极实施能源转型的国家。德国国内能源匮乏，优化能源结构和能源领域减排是德国实现"碳中和"的关键。德国积极推动能源转型，开发推广陆上风电、海上风电和氢能等可再生能源。2019年5月，德国总理默克尔提出，德国将在2038年前逐步淘汰燃煤发电。2020年，德国通过《可再生能源法案（修正案）》，计划到2030年德国可再生能源发电比例提高到65%；到2050年之前，所有电力生产和消费都实现碳中和。近年来，德国积极推行以可再生能源为主导的"能源转型"战略，把提高可再生能源使用率和增加能效作为战略的两大支柱。2020年，德国联邦议院通过《煤炭逐步淘汰法案》，制定了燃煤电厂退出方案，并提供高达400亿欧元的补偿金以应对能源转型冲击，还发布了《国家氢能战略》(2020)、《建筑物能源法》(2020)、《可再生能源法》(2021)和新版《海上风电法》(2022)等，推动工业、交通业、建筑业等经济领域进行绿色转型。

(2) 法国能源政策规划。

长久以来，能源转型和开发可再生能源是法国能源政策的关键。能源转型的关键是减少能源消耗，尤其是减少化石能源的消耗；可再生能源包括氢能、太阳能、陆上风能、海上风电和生物能源等。

2015年，法国发布《绿色增长能源转型法》，构建了法国国内绿色增长与能源转型的时间表，并加强对各金融投资机构发展战略中应对气候变化贡献的监管，如要求保险公司、养老基金、可变资本投资等金融领域各投资机构在年度报告中说明其投资战略中"应对气候变化的努力及面临的风险"。

2016 年，法国根据《绿色增长能源转型法》制定了《国家低碳战略》，设立了碳预算的中短期目标，提出了交通、建筑、农林业、工业、能源和废弃物等领域的发展战略目标及主要措施。

2019 年，法国颁行《能源与气候法》，将 2050 年碳中和确立为法律强制约束。法案内容共八章 69 条，主要包括以下四个部分：① 逐步淘汰化石燃料，支持发展可再生能源；② 通过规范引导，对高能耗住房建筑（法国住房按照"房屋耗能指数标准"分 A 至 G 七个等级，法案中的高能耗住房建筑特指 F 级和 G 级）进行渐进式强制性的温室气体减排改造；③ 通过引入国家低碳战略和"绿色预算"制度，监督和评估气候政策的具体落实；④ 降低天然气的销售关税，减少对核电的依赖，实现电力结构多元化。《能源与气候法》规定每五年对国家低碳战略与能源规划进行一次全面审查，审查前需要通过一项为期五年的法律，称之为《能源与气候规划法》，以确定每个周期的国家气候与能源政策目标和优先事项。第一部《能源与气候规划法》需在 2023 年 7 月开始之前通过，此次将重点考虑是否将法国 2030 年温室气体排放量比 1990 年减少 40% 的减排目标提升至 55%，向欧盟绿色《Fit for 55》中的减排目标看齐。

1.2.3 英国能源发展格局与趋势分析

1. 英国能源结构

英国作为最早的资本主义工业化国家，其能源结构经过多次转型。大气污染治理、应对气候变化、城镇化与工业化、提高能效、降低能耗等都是英国能源转型的主要驱动因素。英国从 20 世纪 50 年代起迫于空气污染进行能源改革，将"减煤"作为其核心原则，20 世纪 80 年代转向油气时代，21 世纪又由化石能源转向非化石能源。从图 1.13 可以看出，石油和天然气取代煤炭，占据英国能源结构的主导地位。2021 年，英国能源消费三大品种依次为：天然气（40.4%）、石油（34.8%）、生物质（9.5%），煤炭占比仅为 3.5%。

天然气在英国"去煤化"中起到重要作用，在非化石能源转型中起到"强力调节器"的作用。从 20 世纪 90 年代开始，英国天然气消费经历了两波快速增长时期，1970—1990 年，随着北海油气田的发现与开发，以及政府实行"去煤化"，天然气进入第一次消费增长期；1990—2004 年，英国进入"以油气代煤"时代，天然气年消费量快速增长并于 2004 年达到峰值（见图 1.13）。2005 年天然气消费开始下滑，到

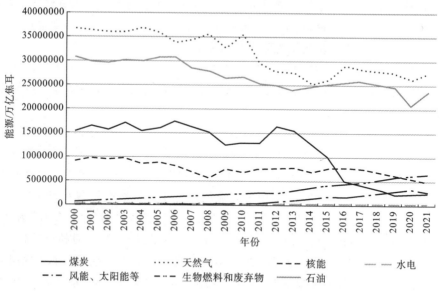

图 1.13　2000—2021 年英国一次能源供应变化趋势

2014 年降至最低值；2010—2014 年，天然气供应量骤降，降幅达到 29.33%，因为 2010 年英国发布《能源法案》，支持低碳电力发展导致气电迅速下滑；2015 年，英国关闭所有燃煤电厂，导致 2015—2016 年天然气消费量稍有回升，随后逐渐趋于平稳。

英国石油供应量自 2000 年以来稳定下降，2020 年"减油"是英国的重点，石油供应量较 2019 年降幅 15.8%，但 2021 年供应量重回 2019 年的水平。国际能源市场震动使英国能源转型和安全受到挑战。英国对俄罗斯进口天然气的依赖度高于欧盟，目前能源供应更为紧缺。

2019 年英国通过《气候变化法案》指出 2050 年实现碳中和的目标，放弃石油、天然气等化石燃料，大力开发核能、风能和太阳能等清洁能源，但 2022 年英国为增加长期能源供给，正式解除页岩气生产禁令，并确认支持新一轮石油和天然气许可，增加石油和天然气产量，同时核能重新成为英国应对能源危机的新政策侧重点。由图 1.13 可以看出，2000—2021 年，英国核能在波动中呈下降趋势，2022 年英国将核能作为绿色转型的关键组成部分，预计英国的核能供应在未来将得到提升。

根据图 1.14，可再生能源和天然气是英国主要发电能源，英国是最早即将实现零煤发电的国家之一，也是唯一实现大型燃煤电厂生物质耦合发电到大型燃煤电厂 100% 纯烧生物质燃料改造的国家。2000—2021 年，英国生物燃料供应量稳定增加，2021 年生物燃料供应量约是 2000 年的 8 倍。自 2004 年起，英国开始鼓励大型燃煤电厂进行生物质耦合发电；2012年,英国的生物质耦合发电转向大型燃煤电厂100%纯烧生物质燃料。例如,英国的生物质能电厂Drax在2017—2020年向英国电网供应超过130亿度清洁可再生的生物质电能,自2020年3月起,Drax电厂彻底告别煤电。2020年,英国在《为零碳未来提供动力》白皮书中指出生物质能是实现净零排放最有价值的工具之一。

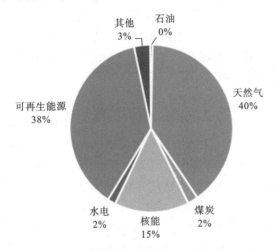

图1.14 2021年英国发电占比

2. 英国能源政策规划

英国曾因工业革命造成严重的环境污染,从20世纪90年代起,英国逐步降低对煤炭的使用,不断提高天然气及新能源的应用比例,并成为首个通过《气候变化法案》的国家。英国能源政策目标是建立保障能源安全的高效能源体系,注重提升能源效率、促进低碳技术发展、能源自有与能源多元化,同时实现碳减排的目标。

2009年7月,英国根据《气候变化法》制定了《英国低碳转换计划》,从电力行业、家庭社区、工作场所和交通系统四个方面规定了碳排放规划和减排举措。其中,英国计划在电力行业调整电力结构：① 可再生能源：总能源需求包括电力、取暖和交通,预计其中15%来自可再生能源。计划到2020年,40%的电力来自低碳能源,其中30%来自可再生能源；② 核能：新建核电计划并计划2025年投运；③ 碳捕获及埋存技术：通过碳捕获及埋存技术,应用于燃煤电站减少碳排放；同时,英国还提出了《可再生能源战略》《低碳工业战略》及《低碳交通计划》作为配套计划。《可再生能源战略》中指出,到2020年可再生能源在总能源供应中的比例达到15%,其中可再生能源占电力供应的30%、占取暖供应的12%、占交通能源供应的10%。

2011年7月,为满足电力需求、应对气候变化、降低能源价格,英国发布《电力市场化改革白皮书》,制定以下目标:① 通过多样化的能源分配,确保电力安全供应,防止电力短缺;② 满足减排目标,确保针对低碳技术的有效投资;③ 消费者的利益最大化和支出最小化。具体实施措施包括:① 碳底价。碳底价被视为是确保新核电站长期经济性的基础,欧盟碳排放贸易体制的碳价不足以驱使市场转向发展低碳电力;② 排放绩效标准。为有效遏制新化石燃料电站设立的碳排放标准;③ 降低电力需求;④ 建立机制。支持电力容量市场流动性及独立发电厂接入市场;⑤ 实施有效的过渡计划。

2010年,英国燃煤与燃气发电的比例高达75%。为实现减碳目标,明确化石燃料电厂的二氧化碳排放水平约为2010年燃煤电厂排放水平的40%。

2017年,英国政府发布《清洁增长战略》,制定了一系列减碳政策,旨在同时实现环境目标与经济目标。随着煤电厂的关闭,可再生能源发电大规模应用,英国电力供应呈现出间歇性及缺乏弹性的特点,影响了电力供应的安全性及稳定性。

2020年,英国政府发布《绿色工业革命十点计划》,提出了十个实现净零排放的计划要点,预计将投入约210亿英镑的政府经费推动该计划执行,包括:① 发展海上风电;② 推动低碳氢发展;③ 提供先进核电;④ 加速向零排放车辆过渡;⑤ 推广绿色公共交通、骑行和步行;⑥ "净零航空"和绿色航海;⑦ 建设"绿色建筑";⑧ 投资于碳捕集、利用与封存;⑨ 保护自然环境;⑩ 绿色金融与创新。

在《绿色工业革命十点计划》发布后,英国密集发布《工业脱碳战略》《交通脱碳计划》《氢能战略》《净零研究创新框架》等一揽子能源体系化政策。此外,英国成立由首相主持的内阁级国家科学与技术委员会,设立由科学家领导、多个部委参与的科技战略办公室,将净零排放战略与生命健康、国家安全、数字经济列为国家四大关键科技领域。

2021年,英国政府发布"净零战略",该战略以《绿色工业革命十点计划》为基础,制定了全面计划以降低所有经济部门的碳排放,同时利用温室气体去除技术减少剩余的碳排放,支持英国向清洁能源和绿色技术转型,逐步实现英国净零排放目标。根据该战略,英国到2030年将释放900亿英镑的投资,创造44万个绿色产业岗位。战略涉及英国所有的经济部门的脱碳政策建议,包括电力部门、燃料供应及氢能部门、工业部门、供热及建筑部门、交通部门、自然资源部门等。

由于俄乌局势的影响,英国加速推进能源政策转向。2022年5月,英国发布《能源安全战略》,系统阐述了加快风能、先进核能、太阳能和氢能等清洁能源部署的相关举措,旨在到2030年实现95%的电力来自低碳能源,到2035年实现电力系统的完全脱碳。同时,英国提出未来将减少对俄罗斯进口石油和天然气的依赖,减少对化石燃料的依赖,重振英国北海的海上油气生产,降低家庭能源费用。具体措施包括:① 能源账单援助:能源账单援助针对家庭援助,将启动91亿英镑的一揽子援助计划;② 能效:加快提高能源效率部署并逐步淘汰化石燃料的使用;③ 石油和天然气:充分利用英国北海储量,并利用氢能作为天然气的替代品,实现到2030年天然气消耗量减少40%以上,碳捕集、利用与封存量达到2000—3000万吨,到2050年石油和天然气行业实现净零排放,到2022年底逐步摆脱俄罗斯石油、煤炭和液化天然气进口;④ 海上风电:设立全球海上风电领导者的目标,到2030年需达到50吉瓦的海上风电装机规模,其中包括5吉瓦的漂浮式海上风电,到2050年通过风能和太阳能组合发电,实现低成本电力系统净零排放;⑤ 陆上风电:2022年底会为支持少数社区发展与合作伙伴进行协商,建设新的陆上风电基础设施,降低用能费用;⑥ 太阳能和其他技术:推进太阳能发展,英国拥有14吉瓦的太阳能发电装机规模,预计到2035年太阳能发电装机规模将增加四倍,达到70吉瓦。到2050年通过风能和太阳能组合发电,实现低成本电力系统净零排放;⑦ 核能:实现到2050年民用核电的装机规模达到24吉瓦(是目前的3倍)、占电力需求25%的目标;⑧ 氢能:氢能可再生能源的发展使得绿氢对于电网灵活性和作为储能解决方案具有重要意义。到2030年,英国计划将氢气产量翻一番,达到10吉瓦,其中至少一半来自电解制氢;到2050年低碳氢供应量将达到240~500太瓦时;⑨ 电网现代化:将构建现代化电网基础架构所需的时间减半;⑩ 国际行动:未来将与国际伙伴合作,以维持稳定的能源市场和价格,同时减少对俄罗斯化石燃料的依赖。

2023年3月,英国宣布促进能源安全和净零增长新战略,能源安全和净零排放部发布《为英国提供动力》,整合了能源安全计划和净零增长计划,作为国家未来能源发展蓝图提出以下措施:① 发展清洁能源,将在产业集群推出第一批碳捕集集群,推动新建核电项目交付并开发先进小型模块化反应堆,投入2.4亿英镑资助20个氢能项目,通过差价合同计划进行2.05亿英镑的第五轮可再生能源项目招标,并投入1.6亿英镑启动漂浮式海上风电港口基础设施项目;② 提高能效以减少能源需求,将推出"英国隔热计划"改善家庭能效,投入3000万英镑促进热泵制造和供应;③ 加快规划进程、发展绿色经济、吸引资金,将加快能源基础设施规划审批,投入近4亿英镑支持电动汽车充电基础设施建设,1.65亿英镑支持可持续航空燃料,发布新版绿色金融战略,调动数十亿英镑私人投资,提供100亿英镑促进绿色技术出口等。

英国能源安全和净零排放部还发布《2022—2025年净零研究和创新框架实施

计划》，投入超过40亿英镑支持下一代净零技术，包括14.3亿英镑支持低碳电力技术，5.11亿英镑促进工业转型和发展低碳氢，2.17亿英镑支持建筑与供热，17.24亿英镑发展清洁交通技术和设施，1.47亿英镑用于自然资源、废弃物和含氟气体的管理，1.7亿英镑建立跨部门全系统方法。

1.2.4 日本能源发展格局与趋势分析

1. 日本能源结构

日本是全球资源最匮乏的国家之一，也是全球最大的能源消费国和最大的能源进口国之一。日本的一次能源对外依赖度在80%以上，其中石油资源几乎全部进口，煤炭资源的开采成本较高。20世纪日本的能源结构由煤炭转为石油，又继续开发核能和天然气以降低对石油的依赖。从图1.15可以看出，2010年日本形成了"石油-煤炭-天然气-核能"为主的能源结构，可再生能源处于开发阶段。2011年，福岛核事故发生后，日本关闭了全部核反应堆，进行强制安全检查和升级，核能供应量骤降，2013—2015年核能在日本一次能源供应中所占的比重几乎为零，日本以煤炭、石油和天然气等化石能源替代核能，2011—2015年日本的煤炭和天然气在能源供应中呈增长趋势。2015年日本核反应堆重启，重启后的核反应堆需要近4年时间才能达到满负荷运营的状态，2015—2021年，日本核能供应量不断上升，石油、煤炭和天然气供应量也随之下降。2021年，日

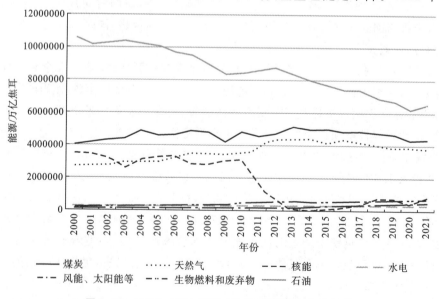

图1.15　2000—2021年日本一次能源供应变化趋势

本以石油、煤炭和天然气为主要能源供应,占能源消费总量的85%,可再生能源消费占比较低,仅为8%。

在电力方面,日本去核化的能源战略对日本电力供应产生巨大冲击,电力缺口巨大,为了缓解供电压力,日本提高了天然气和煤炭的发电比例,二者在2021年的发电占比达到61%,(见图1.16)。日本同时寻找核能的最优替代能源,包括太阳能、风能、生物质和生物燃料等可再生能源,2021年可再生能源的发电比例增加达到13%。

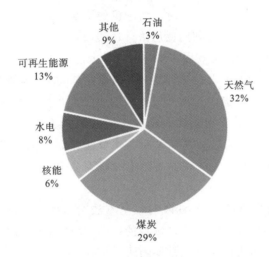

图1.16　2021年日本发电占比

2021年,日本发布《2050年碳中和绿色增长战略》,计划推动能源结构转型,制定了到2050年日本可再生能源发电量达到50%~60%的目标。能源重点包括海上风电和氢能源,日本将扩大海上风力发电,2040年预计海上风力年发电量达到最高4500万千瓦·时,到2030年将氢能源使用提高到300万吨,2050年提高到2000万吨,推动氢能源的普及应用。为确保日本中长期电力供应,2022年日本宣布计划从2023年夏季开始重启17座核电站,将核电站的运行时间从目前的60年延长至更长年限。

2. 日本能源政策规划

日本是能源消耗和碳排放大国。作为山地多、资源稀少、地震海啸频发的岛国,日本能源供给率仅为6%,因此日本十分重视能源节约与供给,其减碳政策与能源密切相关。有限的自然资源和逐步变化的国际形势使日本对绿色低碳社会转型充满动力。日本的能源政策规划可以分为三个阶段。

1) 起步阶段(1970—2010年)

这一阶段日本的政策重心是解决环境污染与能源危机问题,控制因化石能源消耗产生的温室气体排放。21世纪后减碳政策重点转至应对气候变化,通过产业结构与能源结构调整,降低对进口能源的依赖,形成碳减排关键核心技术发展体系,并连续发布15项政策,聚焦绿色能源、绿色技术,推动交通能源、建筑碳汇、环保汽车、海上风能发电等行业的发展。

自20世纪70年代起,日本就开始针对环境污染制定相应的政策,例如1972年的《自然环境保全法》;1973年受到石油危机的影响,日本的环境政策倾向于发展可再生能源,发布《再生资源利用促进法》(1979)。

2005年,《京都议定书》生效后,日本提出《国家能源新战略》《21世纪环境立国战略》《清凉地球——能源创新技术计划》和《美丽星球50》等能源政策。2008年发布的《低碳社会行动计划》提出建设低碳社会的中长期目标和行动计划,提出未来3~5年内将家庭用太阳能发电系统的成本减少一半、大力推进碳捕集及封存技术的开发,2020年前大幅提高电动汽车等新一代节能环保汽车的普及程度,并在日本建立半小时即可完成汽车充电的快速充电设施等多项关于减少温室气体排放的具体措施。

2010年5月,日本通过《气候变暖对策基本法案》,列举了核电、可再生能源、交通运输、技术开发、国际合作等诸多领域的措施,其中创建国内温室气体排放权交易制度和全球变暖对策税制度是重要的两项制度。

2010年,日本发布《到2020年实现减排目标的路线图》,规划了实现减排目标的战略愿景,包括2020年可再生能源的比例占10%以上、到2030年智能电网的普及率100%、固定价格买入制度的导入以及加大原子能的利用等。

2) 探索阶段(2011—2017年)

东日本大地震以后,核电的安全性和环保性受到了巨大的打击,日本将发展可再生能源定位为国家能源战略的重要组成部分,2011年8月,日本通过《可再生能源法》,规定了新的"固定价格收购可再生能源的制度"(FIT制度),旨在促进可再生能源多样化并且降低购买价格以减轻国民压力。民主党政权提出明确的脱核目标,即"40年堆龄"的核电机组就要报废,且不再批准新建核电站,到2030年实现无核化,增加火力发电和可再生能源发电作为核能的替代能源。

3) 提升阶段(2018年至今)

2018年后,日本全面提升前沿碳排放技术水平,发布多项重要政策,深入推广应用可再生能源、氢能、核能、碳捕集、利用与封存、储能、智能电网等重点绿色技术,确定海上风电、燃料电池、氢能、核能、交通物流和建筑等重点领域深度减排技术路线图和发展目标,并持续加大新能源开发利用的财政补贴力度,支撑技术创新。

2021年6月,日本经济产业省发布新版《2050年碳中和绿色增长战略》,指出能源、运输与制造、家庭与办公三大类共14个推动碳中和重点产业领域,包括海上风电、燃料氨、氢能、核电、汽车及蓄电池、半导体及信息通信、造船、物流交通及基建、食品及农林水产、航空、碳回收、建筑及太阳能、资源循环利用、生活方式相关产业。战略首先扩大脱碳能源发电,然后在生产、民生、运输等部门推广绿色电能,逐步改变发电、生产部门等对化石能源的依赖。同时促进氢能、沼气及合成燃料的开发利用,并通过植树造林碳捕集、利用与封存等吸收能源转换中排出的二氧化碳。作为中期目标,到2030年使二氧化碳排放总量由2019年的10.3亿吨降至6.7亿吨(力争降至6.2亿吨),各部门占比依次为电力占38.8%、生产占35.8%、运输占16.4%、民生占9%。战略还设立绿色创新专项预算,改革税制、金融和产业政策,推动国际合作。

2022年,日本政府在最新修订的《全球变暖对策推进法》中指出,力争到2030年使来自能源的二氧化碳排放量较2013年减少45%(约6.8亿吨)。在能源转型方面,2019年日本开始实施《可再生能源海域利用法》,开展海况和风速调查确保项目实施,开展临海地带输送电及港湾设施,提高海上风电保障能力;日本发布《氢与燃料电池战略技术发展路线图》和《氢/氨的现状和未来的研究方向》,发展氨燃料及氢能,推广零碳排放氨燃料,扩大煤炭混入20%氨燃料应用,提高氢能应用能力;加速重启东日本大地震后关停的核电机组,将核电占比恢复到20%~22%,接近福岛核事故前约28%的水平;压缩化石燃料电源比例,将液化天然气发电占比从27%降至20%,煤炭发电由26%降至19%;石油发电由3%降至2%。

2023年2月,日本内阁批准"以实现绿色转型为目标的基本方针",未来十年日本政府和私营部门投资将超过150万亿日元(约1.1万亿美元)实现绿色转型并同步脱碳、稳定能源供应和促进经济增长。主要方针包括:① 确保能源稳定供应,重点推进节能减排和发展可再生能源,安全利用核电,促进氢和氨使用,发展储能电池产业,促进交通绿色转型和扩大以脱碳为目的的数字投资等;② 发行债券投资企业绿色转型,日本政府将发行20万亿日元(约1.5千亿美元)的"绿色经济转型债券"进行前期投资,鼓励企业采用可再生能源、核电等非化石能源以及研发节能减排、资源循环利用和固碳技术等;③ 碳定价和碳税,通过以增长为导向的碳定价来激励投资,包括全面运行"排污权交易体系"、分阶段引入发电企业"有偿拍卖"、引入"碳税"作为碳排放的统一碳定价、成立"绿色转型推进机构"负责碳定价的实施;④ 新金融手段,通过债券、商业担保等作为风险补充投资。此外,文件还详细阐述了未来十年重点行业发展方向,如钢铁行业电气化、化工行业开发二氧化碳制化学品技术、交通领域加快引入电动汽车等。

2023年3月,日本经济产业省发布《碳足迹报告》,指出各个行业的碳足迹差异明显,需按行业划分近期碳足迹实施计划。报告分别针对供应链上游企业(如钢铁和化工等)、拥有B2B和B2C业务的终端产品制造商(如汽车和电子产品)以及终端产品制造商(如服装、食品等)提出了碳足迹计算规则和使用方法,并提出未来政策建议:① 制定碳足迹行动指南,鼓励主要使用原始数据计算,数据库数据(二手数据)作为辅助;② 以国家和地方政府的公共采购为示范,带头促进私营企业使用碳足迹;③ 制定可广泛使用的碳排放因子;④ 为每个产品制定碳足迹计算规则,保证公平性;⑤ 培养碳足迹专门人才;⑥ 以激励政策鼓励中小型企业的参与;⑦ 设立第三方验证机构。同期发布的《碳足迹指南》为从事碳足迹计算的人员提供计算指南和工作流程。

2023年4月,日本内阁通过了首个国家核聚变战略,反映了日本国内建立聚变工业的需求。该战略呼吁私营企业更广泛地参与聚变能研发,争取在2050年左右实现核聚变发电。根据该战略,日本政府将在2024年3月之前成立聚变工业委员会,以发展相关产业,并制定确保聚变技术安全的指导方针。日本政府还将优先考虑国内大学的聚变能教育,以培养该领域的专家,并寻求吸引海外机构和其他学科的人才。

1.2.5　我国能源发展格局与趋势分析

1. 我国能源结构

我国是煤炭主导型的能源结构,多种资源共同发展。由于我国"富煤缺油少气"的资源禀赋,我国化石能源以煤炭为主,以石油和天然气为辅。2021年煤炭消费占一次能源消费总量的57%,石油和天然气消费量占一次能源消费总量的32%(见图1.17)。清洁能源包括核能、水电、可再生能源和生物燃料等,中国的清洁能源以水电为主,2021年水电份额为8%,高于英国、美国、日本、欧盟(分别为1%、3%、4%、5%);2021年,中国的核能份额为2%,大幅低于美国和欧盟(分别为8%、11%);2021年,中国的可再生能源消费占比仅为1%,低于欧盟(13%)、日本(8%)和美国(8%)。

根据图1.18,中国能源消费量持续增加,不同种类一次能源供应量存在较大差异性,煤炭和石油的供应量比例较大,天然气和其他能源虽然增长速度明显,但占总能源供应量比例较小。2000—2020年煤炭供应量增长了约6099万亿焦耳,年均增长速率约为6.3%;石油供应量增长了约1843万亿焦耳,年均增长速率约为5.9%;

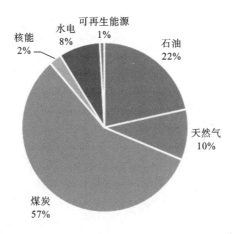

图 1.17　2021 年中国一次能源消费占比

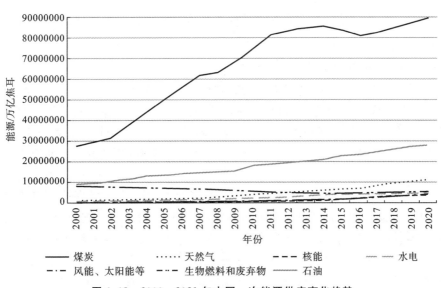

图 1.18　2000—2021 年中国一次能源供应变化趋势

天然气供应量增加约 1023 万亿焦耳,年均增长速率为 14.4%;水电供应量增加约 395 万亿焦耳,年均增长速率约为 9.8%;风能、太阳能等供应量增加约 436 万亿焦耳,年均增长率约为 21.5%。可以看出,天然气和水电能源供应量增长速度高于煤炭,但由于煤炭消费总量远大于其他能源消费量,导致中国以煤炭和石油为主的能源结构并未得到改变。2021 年中国发电占比如图 1.19 所示。

未来中国将大力发展风电和光伏发电,促进可再生能源重大工程建设,例如,

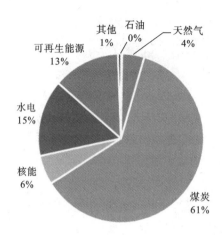

图 1.19　2021 年中国发电占比

以沙漠、戈壁、荒漠地区为重点的大型风电光伏基地建设和水电建设等,积极推进碳达峰碳中和。

2. 我国能源政策规划

改革开放以来,我国从能源工业基础薄弱发展为能源生产大国,能源规划在不同经济发展阶段各有侧重,能源政策重心从提升能源供应总量到提高能源效率,再到优化能源结构,能源规划不断优化。党的十八大以来,能源转型变革步伐明显加快,中国能源发展也进入新时代,以"四个革命、一个合作"为能源安全新战略,进入高质量发展新阶段。

2020 年 9 月,我国正式提出"实现 2030 年前碳达峰、2060 年前碳中和"的"双碳"目标,标志着"十四五"时期我国能源战略重心需要锚定"双碳"目标,加速能源绿色低碳转型。习近平总书记在党的二十大报告中提出要深入推进能源革命,加强煤炭清洁高效利用,加大油气资源勘探开发和增储上产力度,加快规划建设新型能源体系。因此,我国能源行业未来政策的落脚点就是在维护国家能源安全的同时,树立能源绿色低碳发展的政策导向。

2021 年,中国开始全面贯彻实施"双碳"目标。在"1+N"政策体系中,《关于完整准确全面贯彻新发展理念做好碳达峰碳中和工作的意见》是"1+N"政策体系中的"1",将发挥统领作用,该政策提出了构建绿色低碳循环发展经济体系、提高重点耗能行业能源利用效率、提高非化石能源消费比重、二氧化碳排放量达到峰值并实现稳中有降等目标,明确了"双碳"目标实现的路线图,提出了 10 方面 31 项重点任务。国务院印发《2030 年前碳达峰行动方案》的通知,落实了《关于完整准确全面贯彻新发展理念做好碳达峰碳中和工作的意见》中关于实现碳达峰目标的具体行动措施,聚焦2030年前碳达峰的相关指标和任务,将碳达峰贯穿于经济社会发展全过程和各方面,重点实施能源绿色低碳转型行动、节能降碳增效行动、工业领域碳达峰行动、城乡建设碳达峰行动、交通运输绿色低碳行动、循环经济助力降碳行动、绿色低碳科技创新行动、碳汇能力巩固提升行动、绿色低碳全民行动、各地区梯次有序碳达峰行动等"碳达峰十大行动"。

2022年,中国能源行业在供给和需求两方面的运行都受到了一定程度的干扰。2022年初,《"十四五"现代能源体系规划》提出了能源保障更加安全有力、能源低碳转型成效显著、能源系统效率大幅提高、创新发展能力显著增强和普遍服务水平持续提升五个现代能源体系建设的主要目标。

中国在《2022年能源工作指导意见》指出"以保障能源安全稳定供应为首要任务",提出要加强煤炭托底保障能力、持续提升油气勘探开发力度、积极推进输电通道规划建设、大力发展风电光伏、有序推进水电核电重大工程建设、积极发展能源新产业新模式。

此外,为提高电力可靠性水平,《电力可靠性管理办法(暂行)》对包括电力系统、发电、输变电、供电、用户可靠性管理做出明确要求。

在能源价格方面,中国促进完善能源价格运行机制,《关于进一步完善煤炭市场价格形成机制的通知》提出加强煤炭市场价格调控监管,引导煤炭价格在合理区间运行;《关于完善进口液化天然气接收站气化服务定价机制的指导意见》将气化服务由政府定价转为政府指导价,实行最高上限价格管理,激发接收站活力和积极性,更好发挥价格杠杆调节供需的作用。

同时,中国加快油气勘探开发与新能源融合发展,《加快油气勘探开发与新能源融合发展行动方案(2023—2025年)》指出大力推进陆上油气矿区及周边地区风电和光伏发电,统筹推进海上风电与油气勘探开发,加快提升油气上游新能源开发利用和储存能力,积极推进绿色油气田示范建设,优先规划太阳能、风能、氢能、地热等新能源。

1.3 全球能源电力碳排放形势分析

1.3.1 全球能源领域碳排现状和未来碳排预判

2022年全球能源领域二氧化碳排放量再创新高,达到368亿吨以上,比2021年增加3.21亿吨,增幅为0.9%(见图1.20和图1.21)。2020—2021年,全球能源使用和碳排放出现异常波动，2022年碳排放量增长速度远低于2021超过6%的反弹速度。据国际能源署统计，2022年能源燃烧的二氧化碳排放量增长了约4.23亿吨（约1.3%），工业产生的二氧化碳排放量下降了1.02亿吨（1.7%），能源燃烧产生的碳排放量超出工业碳排放量，因此2022全年碳排放量净增长约3.21亿吨，其中增长量主要原因为极端天气下的制冷供暖以及核电站停机。

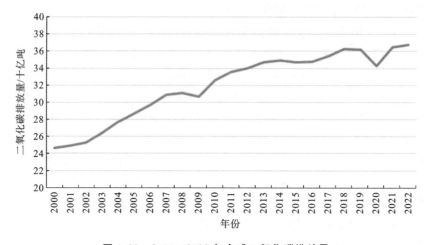

图1.20　2000—2022年全球二氧化碳排放量

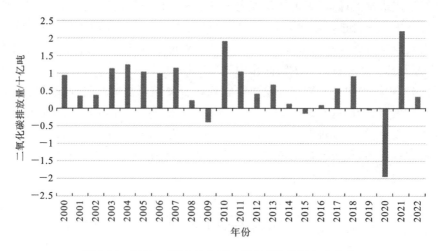

图1.21　2000—2022年全球二氧化碳排放量年度变化

2022年全球经历了能源价格振荡、通胀上升和传统燃料贸易中断等问题，多数国家的能源使用由天然气转变为煤炭，尽管2022年全球碳排放量增长，但增长幅度仍低于国际能源署的预期。其中可再生能源、电动汽车和热泵等清洁能源技术的发展减缓了碳排放速度。国际能源署指出中国和欧洲在工业生产过程中实现了碳削减,使全球碳排放减缓。

根据图1.22,从燃料种类的角度分析,2022年受到俄乌冲突的影响,全球出现煤炭替代天然气的趋势,天然气碳排放量降低了1.6%(1.18亿吨),煤炭碳排放量增长了1.6%(2.43亿吨)。2022年煤炭燃料的碳排放增长率高于过去十年的平均增长率,煤炭达到155亿吨的碳排放量,达到历史新高。煤炭燃料碳排放量的增加,一方面是由于煤炭部分替代天然气作为发电及供热燃料,另一方面是由于极端天气引发供热及制冷需求,引起煤炭需求量增加。石油的碳排放量达112亿吨,增长量达2.68亿吨,增长率超过煤炭,较2021年同期增长2.5%。石油碳排放量增长的主要原因是新冠疫情后航空业复苏,据国际能源署统计约一半的石油碳排放增长量来自航空业。

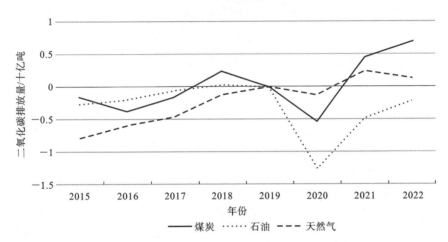

图1.22 以2019年碳排放量为基准全球主要燃料碳排放量变化情况(2015—2022年)

未来各国将继续刺激经济增长,俄乌战争和极端气候频发等因素正加速全球能源转型,结合国际能源署预测,未来全球碳排放量将继续增加,2023年碳排放量将达到历史新高,并持续上升,上升速度或将减缓。

英国石油公司指出,提高能源效率和优化能源结构是能源减碳的关键。工业、建筑业和运输业是碳排放量较高的部门,预计到2030年电力部门去碳化将极大促进这三个部门的碳减排,尤其有利于工业和建筑业的碳减排。

1.3.2 全球电力行业碳排现状和未来碳排预判

电气化对碳减排具有重要的推动作用,全球电力行业是首先需要脱碳的行业。国际能源署的《净零排放方案》指出,电力行业须在2040年实现净零排放,比2050

年实现净零经济的目标提前10年。全球电力行业脱碳正持续推进。

如图1.23所示,2021年全球清洁能源发电量占世界电力的38%,超过煤炭发电占比(36%)。为实现全球温控1.5℃的目标,到2030年,风能和太阳能发电需要保持年均20%的增长速度。风能和太阳能以成本优势成为全球主要发展的电力来源,越来越多的国家进行大规模并网。

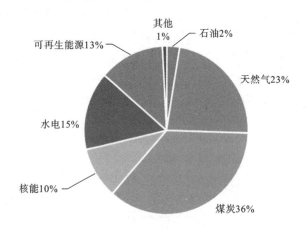

图1.23 2021年全球分燃料发电量

2021年是电力需求快速复苏的一年,全球电力需求增长了5.4%。化石燃料,尤其是煤炭发电量,2021年出现了大幅反弹。天然气和能源市场因素等(尤其是天然气价格的飙升)加剧了2021年能源需求复苏。尽管可再生能源发电在2021年实现有史以来最大增幅,但煤炭使用量仍居高,2021年燃煤发电量增长9%,创下1985年以来的最大增幅。

据英国能源智库Ember在《2023年全球电力评论》中的统计,2022年全球电力需求增长了2.7%,发电的整体碳强度下降了2.0%。2022年电力行业的碳排放量上升了1.3%,达到历史最高水平。2022年,全球发电的碳强度降至436 g CO_2/kW·h,电力清洁程度创造纪录,亚洲、南美洲和澳洲是全球电力高碳强度地区。

国际能源署指出,2022年电力和热力部门的排放量增加了1.8%(2.61亿吨),达到1460亿吨的历史新高,气代煤成为主要原因。2022年清洁电力(可再生能源和核电)占全球电力的39%,超越2021年的占比38%,其中太阳能发电量比2021年增长24%,风力发电量增长了17%,但新核电和水电站投产数量减少导致其他清洁能源发电量下降。

Ember 预计 2022 年全球电力行业碳排放量达到峰值。英国石油公司对未来电力行业进行展望（见图 1.24），预测到 2050 年，风能和太阳能发电将占全球发电量的三分之二左右，在部分地区将接近 75%；其他低碳发电能源（核能、水能、生物能和地热能）将继续发挥重要作用，预计到 2050 年占全球发电量的 25% 左右；到 2050 年，核能发电量约增长 80%，主要集中在中国等发展中国家，氢能将作为可调度的低碳电力在未来发挥重要作用。全球电力行业碳减排将由发达国家和中国主导，其他国家在后半期实现，生物能源将与碳捕集、利用与封存技术结合，使电力行业到 2050 年实现负排放（见图 1.25）。

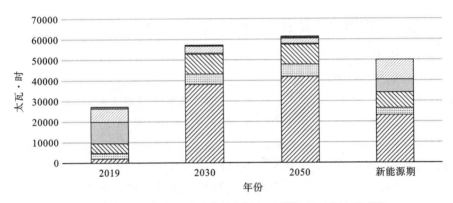

图 1.24　英国石油公司预测未来全球电力转型及发电情况

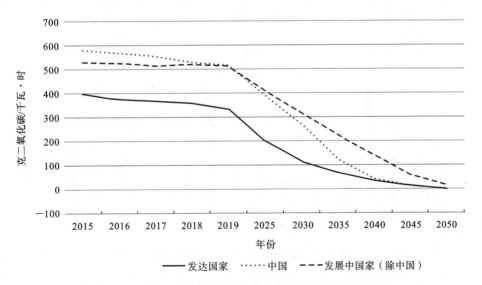

图 1.25　英国石油公司预测未来全球电力行业碳强度变化

1.4 我国电力行业实现"双碳"目标的形势分析

我国高度重视应对气候变化与"双碳"目标的工作,积极建设参与国际谈判和国际交流合作,实施《中国应对气候变化国家方案》《"十三五"控制温室气体排放工作方案》和《国家适应气候变化战略 2035》等一系列政策行动,推进产业结构和能源结构调整、开展节能减排和生态建设、加强应对气候变化能力建设、实施气候技术研发示范和推广应用,取得积极进展。

1.4.1 我国在"双碳"目标实现上做出不懈努力

随着经济持续高速增长,产业大规模发展、城市化、人口生活模式的现代化以及依赖传统化石能源的能源结构,导致我国碳排放量增大。2007 年,我国的二氧化碳排放量为 60.3 亿吨,超过美国 2.6 亿吨,成为全球最大的碳排放国。如图 1.26 所示,从人均碳排放来看,我国人均累计碳排放远低于全球平均水平,生产端人均碳排放高于全球水平,消费端人均碳排放低于英、法、美等发达国家。我国人均碳排放量在 2000—2010 年期间快速增长,但从 2012 年、2013 年开始进入了碳排放的"平台期"。2019 年,我国生产端人均二氧化碳排放量为 7.28 吨/年,高于全球 4.75 吨/年,但远低于美国;消费端人均二氧化碳排放量为 6.41 吨/年,低于英、法、美。气候变暖的程度主要取决于二氧化碳的累积排放量,从人均累积碳排放量来看,我国是 157.39 吨,低于全球平均水平 209.62 吨,远低于英、法、美。

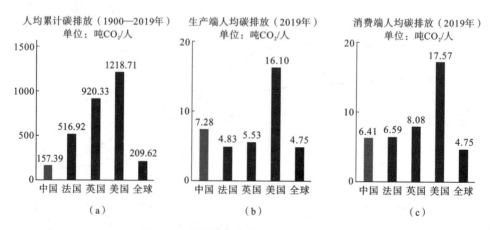

图 1.26 主要国家人均二氧化碳排放比较

我国作为全球碳排放量最多的国家之一,积极承担保障气候安全方面的责任,并正从应对全球气候变化的积极参与者转变为引领者和主导者。走绿色低碳之路,是我国权衡国内和国际形势、短期和长期发展模式之后作出的必然选择,也是我国坚持绿色发展、实现高质量发展的内在要求。1992年我国签署《联合国气候变化框架公约》,成为最早的十个缔约方之一,承担发展中国家"共同但有区别的责任"。之后,我国签署了《京都议定书》《巴黎协定》等一系列应对气候变化的国际协定,以发展中国家身份履行义务。2009年,我国在哥本哈根气候变化会议上首次向国际社会确立并公布碳减排目标,2020年单位GDP二氧化碳排放量较2005年下降40%~45%。2017年底,我国单位GDP二氧化碳的排放比2005年下降了45%,提前三年完成2020年碳排放下降的目标;2020年底,我国单位GDP二氧化碳的排放比2005年下降了约48.4%。

2015年12月,全球近200个国家签署《巴黎协定》,为应对气候变化达成共识,旨在控制全球平均气温较工业化前上升幅度在2 ℃以内,并努力控制在1.5 ℃以内。

2020年9月22日,在第七十五届联合国大会一般性辩论上,习近平总书记承诺,中国将提高国家自主贡献力度,力争于2030年前达到二氧化碳排放峰值,努力争取2060年实现碳中和。此后,在联合国生物多样性峰会、第三届巴黎和平论坛、金砖国家领导人第十二次会晤、二十国集团领导人利雅得峰会、领导人气候峰会等国际会议中多次强调中国将加强生态文明建设,加快调整优化产业结构、能源结构,倡导绿色低碳的生产生活方式,如期实现碳中和目标。

我国也积极朝着实现该目标的方向努力,2020年中国煤炭消费量占能源消费总量的56.8%,比2015年下降了7.2个百分点,清洁能源占能源消费的比重达到了24.3%。光伏、风能装机容量、发电量均居世界首位,截至2020年底,全国可再生能源发电装机达到9.34亿千瓦,占总装机的比重达到42.4%,同比增长约17.5%。

2021年3月15日,习总书记在中央财经委员会第九次会议中指出构建以新能源为主体的新型电力系统,成为"双碳"目标实现的基本思路与主要举措。

2021年4月22日,我国政府表示坚持走生态优先、绿色低碳的发展道路,并且正在制定碳达峰行动计划,广泛、深入开展碳达峰行动,支持有条件的地方和重点行业、重点企业率先达峰。

2021年7月30日,中共中央政治局要求要统筹有序做好碳达峰、碳中和工作,尽快出台2030年前碳达峰行动方案,坚持全国一盘棋,纠正运动式"减碳",先立后破,坚决遏制"两高"项目盲目发展。

碳达峰、碳中和是一场广泛而深刻的经济社会系统性变革,实现目标需要全社会经济体系、能源体系、技术体系等方方面面的巨大转变,充满挑战。我国碳排放体量巨大,年排放达到约 100 亿吨,远高于美国、欧盟,现有承诺力度还远不能实现碳中和目标,还需要采取更有力的措施;我国从碳达峰到碳中和仅有 30 年时间,远低于欧盟等发达经济体的 50—80 年过渡期;我国经济增长与碳排放仍存在强耦合关系,要实现经济稳定增长,又能实现碳中和,亟需探索新的经济发展路径;我国当前的能源结构呈现出以高碳能源为主的特征,化石能源占比高达 85%,煤炭发电量占到发电总量的 60%。在能源需求呈刚性增长态势,且需确保能源电力安全稳定供应的背景下,借助新能源对传统能源的逐步替代,进而推动能源结构朝着无碳低碳方向转型,无疑是一项极为艰巨且充满挑战的任务。

我国实现碳中和虽难,做则必成,其过程蕴含巨大发展机遇。碳达峰碳中和将带来一场由科技革命引起的经济社会环境的重大变革,催生一系列创新成果和关键核心技术,引领产业高质量发展;我国向绿色发展和能源低碳转型升级,非化石能源比例从目前的 15% 提高到 2060 年的 85% 以上,将带来大量科技创新和产业发展机会;我国光伏、风电等产业规模和装机量位于全球第一,具有产业链优势,可以促进新能源装备出口。

1.4.2 我国电力行业碳排现状与减排需求分析

电力行业是全球最大的碳排放源,也是我国最大的碳排放源。2020 年中国能源消费产生的二氧化碳排放约占总排放量的 88%,电力行业约占能源行业二氧化碳排放总量的 42.5%。

中国用电需求从 2010 年的 $4.2×10^{12}$ 千瓦·时增至 2020 年的 $7.5×10^{12}$ 千瓦·时,年均增长率为 6.0%。电力需求量大和以火电为主的电力结构是导致电力行业成为最大碳排放部门的主要原因,近年来火力发电的地位有所下降,水电、核电、风电和太阳能发电的比率有所上升,但火力发电仍占主导地位,2022 年火力发电占中国总发电量的比率较 2010 年约下降 19.8%。因此,电力行业碳达峰是决定中国碳达峰的关键。研究表明,只有电力消费占据终端消费的比重在 70% 以上,非化石能源提供的电力在电力供应比例提升到 90% 以上,才能实现 2060 年碳中和目标。

火力发电厂使用寿命通常超过 20 年,火电机组将在未来产生"碳锁定"效应,因此,发展低碳发电技术、开发清洁能源发电是减少电力碳排放的重要选择。在低碳技术方面,包括高效率发电(HEG)技术和碳捕集、利用与封存技术。在清洁能源发电方面,主要发电技术包括太阳能发电(包括光伏发电、光热发电)、风电、核电、水电、地热发电、海洋能源发电和生物质发电替代技术。

从我国电力消费需求来看,2022年全社会用电量保持平稳增长的同时,电力消费结构日益优化。2022年,全国全社会用电量8.64万亿千瓦·时,同比增长3.6%。第一产业(传统农业生产)用电量1146亿千瓦·时,同比增长10.4%。乡村振兴战略全面推进以及近年来乡村用电条件明显改善、电气化水平持续提升,拉动第一产业(传统农业生产)用电量保持快速增长;第二产业(农产品加工)用电量5.70万亿千瓦·时,同比增长1.2%;第三产业(农村服务业)用电量1.49万亿千瓦·时,同比增长4.4%。随着乡村用电条件持续改善,高新技术及装备制造业、充换电服务业、新兴服务业等进一步快速发展和城乡居民生活水平的提高,用电结构将进一步向第一产业和第三产业倾斜。

近年来我国积极增加非化石能源发电装机量,2022年新投产的总发电装机规模以及非化石能源发电装机规模均创历史新高。据国家能源局统计,截至2022年12月底,全国累计发电装机容量约25.6亿千瓦,同比增长7.8%。其中,风电装机容量约3.7亿千瓦,同比增长11.2%;太阳能发电装机容量约3.9亿千瓦,同比增长28.1%(见表1.5)。

表1.5 2022年全国发电装机容量统计数据

指标	全年累计/万千瓦	同比增长/(%)
水电	41350	5.8
火电	133239	2.7
核电	5553	4.3
风电	36544	11.2
太阳能发电	39261	28.1
全国发电装机容量	256405	7.8

2021年3月15日,习近平总书记在中央财经委员会第九次会议上对能源电力发展作出了系统阐述,首次提出构建新型电力系统,党的二十大报告强调加快规划建设新型能源体系,为新时代能源电力发展提供了根本遵循。新型电力系统作为新型能源体系的重要组成部分,是推动能源低碳转型、助力"双碳"目标实现的关键载体。

1.5 小 结

减少温室气体排放,缓解全球变暖,是国际社会关注的焦点议题。2016年《巴黎协定》在纽约签署,形成 2020 年后的全球气候治理格局。《巴黎协定》签署后,全球超过 2/3 的经济体做出净零排放的承诺,将二氧化碳减排作为经济转型发展的重要方向、作为抢占国际发展新秩序话语权的重要手段,国际竞争发展新格局正在形成。我国从应对全球气候变化的积极参与者向引领者和主导者转变,并在 2020 年提出碳中和目标,采取了强有力的政策和措施。2020 年 9 月,习近平主席宣布中国将力争 2030 年前二氧化碳排放达到峰值,努力争取 2060 年前实现碳中和。习近平主席在 12 月气候雄心峰会上进一步宣布了我国国家自主贡献的一系列新举措。围绕实现"碳达峰、碳中和"目标,多部门出台产业结构和能源结构优化、碳交易市场建设、气候投融资等多项政策,并抓紧制定碳达峰碳中和行动方案、技术发展路线图,推动碳达峰碳中和这场广泛而深远的经济社会系统性变革。

第 2 章　电力行业绿色低碳技术演进及特征分析

绿色低碳技术是实现电力行业转型发展的重要工具。要实现"双碳"目标，从长期看，主要依靠技术进步，推动环境友好、节能、资源化节约利用和减少污染的绿色技术的应用发展。根据联合国《2030 年可持续发展议程》和联合国气候变化《巴黎协定》倡导的推广使用先进绿色技术，绿色技术及创新日益成为绿色发展的重要动力，成为打好污染防治攻坚战、推进生态文明建设、推动高质量发展的重要支撑。在创新驱动发展时代，绿色技术创新不仅是全球绿色发展的焦点，也是我国产业转型升级、可持续发展的内在要求和重点突破方向，起着不可替代的关键支撑作用。从 1972 年联合国人类环境会议开始，美、日、韩和欧盟等纷纷推出绿色新政，致力于提升绿色技术创新能力。

绿色低碳技术是基于绿色技术的更加细化的分支，是一种新兴的环境保护技术，它旨在减少碳排放，减少环境污染，并促进可持续发展。它涉及节能技术、再生能源技术、节水技术、污染控制技术等多个方面。绿色低碳技术主要是降低消耗、减少污染、改善生态，促进生态文明建设、实现人与自然和谐共生，具有服务绿色低碳发展的鲜明特征，其主要的任务是聚焦绿色低碳前沿技术和关键核心技术攻关，抢占绿色低碳科技创新和产业竞争制高点，推动绿色低碳技术取得重大突破，加快先进适用技术研发和推广应用，既是实现"双碳"目标的基础和关键，也是推动经济社会高质量发展，实现人与自然和谐共生的现代化的必然要求。

在电力行业，构建新能源占比逐渐提高的新型电力系统，是推动实现"双碳"目标的重要手段。新型电力系统稳定运行需要多项绿色低碳技术及其系统集成的强力支撑，以提升电力系统优化配置资源能力，提高可再生能源供给保障能力。同时，鉴于电力的生产与消耗模式正逐步从集中式主导转变为集中式与分布式并重，可再生能源发电及综合利用技术、适配大规模高比例可再生能源友好并网的新一代电网技术、新型大容量储能技术、智能微电网技术及低碳与零碳工业流程再造技术等一系列绿色低碳关键核心技术的推广应用显得尤为紧迫。

2.1 国内外电力行业绿色低碳技术发展现状

电力绿色低碳技术的应用是实现国家高质量发展的重要方式之一。自20世纪以来,现代科学技术的高速发展给人类带来了日益增长的物质财富和社会发展,但是同时也带来了生态破坏、环境污染、资源浪费、过度消费等一系列问题,已严重威胁到人类的自身生存。人们不得不反思以技术理性为基础、以片面追求经济效益为导向的传统技术发展范式,以及所带来的技术异化现象,重新审视人本身的自然属性。自20世纪70年代以来,人们对绿色技术的认识逐步深化,推进工业技术范式向绿色技术范式转型发展,在价值观上强调人与自然的和谐关系、自然的内在价值;在发展观上强调可持续发展;在技术观上强调从征服自然向和谐发展转变;在消费观上强调力主生态消费,从而在尊重自然与保护环境基础上继续实现人与自然和谐共生发展。

2.1.1 绿色技术的发展

现代绿色技术思想可以追溯到20世纪60年代末期,在西方工业化国家兴起的社会生态运动。在这场运动中,"绿色观念"正式成为独立并具有重要意义的概念,环境保护问题被视为工业革命以来社会发展中急需解决的重要问题。1968年,美国加利福尼亚大学的学生发起生态运动,强调通过变革生产、消费、生活的方式调整生态系统,在保护生态系统平衡的前提下谋求社会发展。随后,生态运动作为一种思潮迅速向欧美各国扩展,绿色政党和绿色运动迅速兴起,主张以绿色价值观取代传统价值观,让绿色泛化到人们生活的每一个角落,包括经济行为过程中的绿色生产、绿色消费,政治行为过程中的绿色发展和绿色决策,社会文化过程中的绿色文化和绿色教育等。绿色发展观引导绿色技术创新,要求传统工业技术向"绿色"转变,摒弃资源消耗多、生产成本高、安全系数低、环境污染重的技术和产品。

1. 绿色技术的定义与内涵

学术界对绿色技术的研究起源于1990年,Braun等人将"绿色技术"定义为能够降低生态破坏、提高资源利用率的技术、工艺或产品。杨发明等人将该定义引入国内,依据绿色技术进化程度,将其分为三类,即末端治理技术、清洁工艺与绿色产品。区别于绿色技术"三分法",基于绿色技术的内涵,有的学者延伸提出"绿色技术创新"的概念。

我国为推动绿色技术的开发应用,同时也为了进一步汇聚国内外创新要素资源,统筹推进"五位一体"总体布局和协调推进"四个全面"战略布局,推进绿色技术银行建设,实现经济社会的可持续发展。我国绿色发展起步于20世纪70年代、奠基于20世纪80年代、成长于20世纪90年代,并于21世纪发展壮大。在经历"经济增长奇迹"之后,资源耗竭、能源短缺、环境恶化与生态破坏等问题加剧,绿色技术及创新成为我国新常态下调结构和转换动能的关键抓手,受到国家高度重视。早在20世纪80年代,国家出台了系列节能减排和环境保护等条例与法规。此后,绿色发展政策框架不断完善,党的十八大将生态文明建设置于国家"五位一体"战略,"十三五"规划进一步将"创新"与"绿色"提升至五大发展理念,创新驱动与绿色发展上升为国家重点战略。

1) 绿色技术思想的产生

现代绿色技术思想的形成经历了"浅绿""深绿""绿色"三个发展阶段,对技术发展和环境发展的辩证关系认知逐步深入。"浅绿"发展阶段的核心体现为"浅绿"环境观,该观点认为,环境与经济难以实现正相关发展,造成环境问题的根源在于多方面因素共同作用:经济层面上,人口的过度膨胀以及不合理的生产消费行为模式;政治层面上,狭隘的价值观与短视的利益关注;还有传统的"不增长就是死亡"这种单向评价标准以及资本主义社会意识形态的综合影响。罗马俱乐部于1972年发布的研究报告《增长的极限》中指出,单纯依靠技术手段无法构建一个可持续的社会,因为增长所引发的各类问题相互交织、相互影响,处于一种复杂的相互作用体系之中。"深绿"发展阶段以生态中心为理论基础,坚持对人类中心主义进行全方位解构,认为生态利益高于人类利益和经济增长,但是它又走向无技术主义的极端,视技术为环境问题的罪魁祸首,主张消解技术以回归自然。随着人们逐渐融合技术的科技理性和价值理性,辩证性地看待绿色环保和技术发展,绿色技术思想进入"绿色"发展阶段,主张技术"无极限而有条件的发展",提倡从社会的整体维度出发去探讨技术与环境的问题,强调通过技术的改进解决环境问题。

近年来,全球对绿色观念的理解和认同逐步深化,有了技术发展的绿色意识,并开始转向绿色行动的实施。绿色行动是绿色生态理念的重要实践,最明显的标志就是绿色技术正在兴起和发展。从时间维度看,绿色技术本身历经了三个明显发展阶段:第一阶段是20世纪60年代至70年代,从末端技术到无废工艺;第二阶段是1984年至1989年,从废弃物最少化技术到清洁生产技术;第三阶段是从1990年开始对污染预防技术的关注。绿色技术不断演进,不断向前渗透,目标和关注点历经了污染的去除与资源化、资源的合理利用、零排放、节能减排与源头消减,更加强调全过程的绿色技术创新。绿色技术思想的产生过程如图2.1所示。

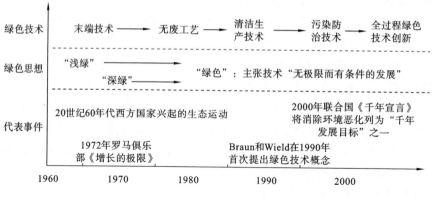

图 2.1 绿色技术思想的产生过程

2) 绿色技术的内涵

绿色技术的内涵十分丰富,它是以实现人类利益和环境利益共同发展为核心理念的技术,它的产生和兴起是人类历史发展和技术自身进步的必然结果。从本质上来看,绿色技术是为了更好地实现人类长远利益发展的技术,是对只注重眼前物质利益、不注重生活文化价值的现代技术的摒弃和批判。从哲学视角来看,绿色技术重申了人与自然的关系,强调绿色技术要具有生态思想、生态观念以及生态思维方式。从技术演化进程来看,绿色技术经历了末端治理技术、无废排放技术、清洁无污染技术、预防污染技术等阶段,涉及污染去除、废弃物资源化、资源合理利用、无废弃物排放、资源节约、源头把控等不同具体技术类别。从学术界的角度来说,绿色技术应该考虑环境友好,即绿色技术是指能减少污染、降低消耗、治理污染或改善生态的技术体系。绿色技术内涵十分丰富,包括以下诸多方面。

(1) 绿色技术的发展具有相对动态性。伴随人类科学技术的不断发展进步,绿色技术本身也在不断变化和发展。从传统的单一污染治理走向了减少污染、节约资源、保护环境、实现生态平衡等一系列综合性目标的动态发展。

(2) 绿色技术具有高度的战略性,它与可持续发展战略关系紧密。21 世纪是一个物质相对丰富的时代,同时又是一个资源面临枯竭危机的时代。如何在有限的资源条件下寻求长期可持续发展是绿色技术的一个重要内容。

(3) 绿色技术不是单一的某一技术,而是一套完备的技术体系。绿色技术不是针对某一特定群体,而是面向所有群体的一个三维式技术;不是局限于某一地域,而是从简单的海陆空到所有地球资源甚至到整个宇宙发展利用的一个立体技术。

(4) 绿色技术体现人性化。绿色技术的主体对象是人,那么在绿色技术的发展过程中,"以人为本"的思想就应得到深入贯彻。如何利用绿色技术的人文关怀,减少在绿色技术发展过程中技术异化现象是绿色技术发展一个重要的方向。

(5) 绿色技术与高技术有很好的容纳度。绿色技术往往与高技术结合,关系紧密。例如,利用太阳能制氢可以获得最清洁的燃料,从而有效地防止燃烧化石燃料所造成的大气污染。

3) 国际组织或国际区域机构的绿色技术定义

国际组织对绿色技术的定义主要从环境友好的角度来考虑,源于早期西方工业化国家的社会生态运动,是指对减少环境污染,减少原材料、自然资源和能源使用的技术、工艺或产品的总称。这一概念的产生源自对现代技术破坏生态环境、威胁人类生存的状况的反思,可认为是生态哲学、生态文化乃至生态文明产生的标志之一。

Braun 和 Wield 在 1990 年最早提出绿色技术的概念。他们认为绿色技术是指,遵循生态原理和生态经济规律,节约资源,降低能源及原材料消耗,避免、消除和减轻生态环境污染和破坏,生态负效应最小的"无公害化"或"少公害化"的技术、工艺和产品的总称,对改进环境质量有着不可替代的作用,它是一种借鉴并利用现代科学技术力量的技术。

联合国环境规划署(UNEP)认为,Braun 和 Wield 的绿色技术定义仅限于污染预防层次的清洁生产技术,覆盖面过窄,不能从总体上把握环境友好技术的全部内涵。世界知识产权组织(WIPO)、联合国环境规划署等国际组织的官方文件中对绿色技术的表述是:绿色技术,又称环保技术、环境友好型技术、环境可持续技术或清洁技术,是为了保护自然生态和资源而对环境的科学应用,以消除人类参与导致的负面影响,其目标是确保环境的可持续发展。该表述揭示了绿色技术环保、生态、可持续的主要特点。绿色技术的主要类别包括回收、水净化、污水处理、环境治理、固体废物管理、节能技术、可再生能源及减排技术等。

2010 年,世界知识产权局基于《联合国气候变化框架公约》(UNFCCC)准则制定了国际专利分类绿色清单(IPC Green Inventory)。该清单与现行的 IPC 分类体系挂钩,将绿色技术分为交通运输类、废弃物管理类、能源节约类、替代能源生产类、行政监管与设计类、农林类和核电类 7 大领域。之后,世界知识产权组织进一步优化调整绿色技术的范围,认为绿色技术主要包括绿色建筑和建设,绿色产品,材料与加工,绿色能源,绿色种植养殖,污染与废物利用,绿色交通,饮水等 7 大类别,每个类别包含技术和需求两部分。其中,绿色能源技术包括太阳能、生物质能、储能技术、提高能效技术、发电技术、能源转换与分布、供热技术、燃料电池、能源与能源管理中的信息技术、风能、废热再利用、电力工程、废物转换为能源、波浪能/海洋能/潮汐能、水能、地热等16类。从上述可看出,从世界知识产权组织的角度来看,绿色技术包括与工业、农业、环境、人类生活等一切相关的所有技术,覆盖范围非常广泛。

2015年,经济合作与发展组织(OECD)根据环境政策目标,制定了环境有关技术(Environmental Technologies,ENV-TECH)专利检索策略,根据环境污染对人类健康的影响、水资源短缺、生态系统健康和减缓气候变化等环境政策目标,将绿色技术分为一般环境管理(空气和水污染、废弃物处理等)、适应水资源短缺、应对生物多样性威胁和缓解气候变化等。

4) 欧美国家或地区的绿色技术定义

美国绿色技术包括避害技术、监测评价技术、污染控制技术和补救恢复技术4大类。避害技术旨在避免生产对环境有害的物质,或改变人的活动方式以减少对环境的破坏,该技术的典型代表即新能源汽车;监测评价技术,即监测评价环境状况(污染物和其他在自然过程和人工过程中产生的有害物质释放)的技术;污染控制技术能够在有害物质进入环境之前,将其转变为无害物质,这些技术包括对污染物或其他天然及人造材料的处理,以消除或减少对环境和人体健康的危害,减少污染物的含量或流动性;补救技术可使进入环境后的有害物质转化为无害物质,而恢复技术可使已经遭到破坏的生态系统得到更新和再生。目前采用的补救恢复技术包括热解吸、土壤洗涤和原地清洗等。

欧盟绿色技术包括治理技术、终端减排技术、污染防治技术、可持续性技术等4大类。治理技术用以补救已遭受污染的土地、河流等;终端减排技术是在能源利用过程的末端,用于减少污染物和温室气体排放的一系列技术手段,新能源是其中最具代表性的技术;污染防治技术包括重金属污染防治等;可持续性技术即无污染,具有替代、高效、节省等特点的技术,是其中最主要的领域。

5) 我国绿色技术的定义

我国对绿色技术的定义更多地考虑工业生产全过程的节能、环保、增效等方面,覆盖面更为广泛。党的二十大报告指出,完善支持绿色发展的财税、金融、投资、价格政策和标准体系,发展绿色低碳产业,健全资源环境要素市场化配置体系,加快节能降碳先进技术研发和推广应用,倡导绿色消费,推动形成绿色低碳的生产方式和生活方式。为了全面贯彻落实党的二十大要求,根据中央全面深化改革领导小组的要求,2023年8月,我国国家发展改革委等多部门联合发布《绿色低碳先进技术示范工程实施方案》,指出绿色低碳先进技术分为源头减碳、过程降碳、末端固碳3大类。源头减碳类提出非化石能源先进示范、化石能源清洁高效开发利用示范、先进电网和储能示范、绿氢减碳示范等4个重点方向,并提出将布局一批技术水平领先、减排效果突出、减污降碳协同、示范效应明显的项目。

此外,我国国家发展改革委和科技主管部门将绿色技术界定为:降低消耗、减少污染、改善生态、促进生态文明建设、实现人与自然和谐共生的新兴技术,包括节能环保、清洁生产、清洁能源、生态保护与修复、城乡绿色基础设施、生态农业等领域,涵盖产品设计、生产、消费、回收利用等环节的技术。

2. 国内外绿色技术的发展现状

绿色技术是人类未来发展的重要驱动力,加大绿色技术应用势在必行。联合国在2000年发布的《千年宣言》中提出,"我们必须不遗余力,使全人类,尤其是我们的子孙后代不致生活在一个被人类活动造成不可挽回的破坏、资源已不足以满足他们的需要的地球",将消除环境恶化列为"千年发展目标"之一。2008年,联合国环境规划署提出全球绿色新政概念,并在2009年呼吁实施绿色新政,在两年内将全球国内生产总值的1%(约7500亿美元)投入发展风能、太阳能、地热能、生物质能等可再生能源。2011年,联合国报告《2011年世界经济和社会概览》呼吁人类必须进行一场绿色技术革命,应对未来发展问题。2015年,联合国《2030年可持续发展议程》扩充经济增长及环境与气候变化等可持续发展问题,将水、能源、基础设施、城市与人类居住区、可持续的经济增长、可持续消费和生产模型、国家内部和国家之间的平等、全球气候变化、海洋和陆地的生态平衡等一系列可持续发展问题融入可持续发展目标之中,为人类的未来发展指出了方向和确定了任务。

美国较早意识到发展绿色技术,通过完善法律制度、制定绿色产业发展政策、促进科技创新、加强生态环境保护、推进能源改革,推动绿色技术和相关产业的发展。在绿色新能源产业上,美国先后出台《美国复苏与再投资法案》《美国绿色能源与安全保障法》《美国清洁能源与安全法案》等一系列政策法规,并通过财政刺激、绿色新政等推动技术发展。2009年为应对全球经济危机,美国经济刺激计划中约800亿美元投资清洁能源,用于提高能源使用效率、智能电网、碳捕获与封存、电动汽车等。奥巴马政府期间,美国提出"再工业化"政策,大力发展新能源、信息技术、生物、航空航天、高端制造等产业以扭转金融危机对美国经济的影响。特朗普政府期间,美国在新能源和气候政策上出现了波折,退出《巴黎协定》、废除《清洁电力计划》。尽管如此,美国仍然高度重视绿色技术及其创新,将推进重大科技创新活动作为经济计划的重要部分,持续加大政府对绿色技术研发的资助和补贴。

欧盟高度重视绿色技术的发展,推动经济绿色增长。早在1973年,欧盟的前身欧共体就制定实施了欧洲首个环境行动规划,实施欧洲大陆共同环境战略,英国、法国、德国等国家也出台一系列法规政策促进相关技术和产业的发展。例如,2009年全球经济危机,欧盟投资1050亿欧元支持发展绿色经济,进行产业结构绿色转型，解决环境变化和能源安全双重威胁。在推动绿色技术方面，欧盟在"地平线欧洲"项目中加大对气候变化、可持续能源等领域的支持力度，重点支持氢能、燃料电池等突破性技术的研发商用。欧洲标准化机构 CEN 和 CENELEC 已制定或正在制定一系列标准，支撑欧洲绿色交易承诺，涉及碳量化、生物能源和碳足迹、水足迹、可持续金融、能源产品、能源审计、能源效率管理、塑料制品、建筑业、生物制品、材料核算、纺织品、可持续和智能移动等多个方面，并积极推动相关标准成为国际标准。

日本是较早开展绿色技术行动、发展绿色产业的国家，以调整能源、制造业等产业结构向低碳转型为契机，带动经济持续复苏，并高度重视绿色技术发展。早在1975年，日本就制定《产业结构的长期展望》，提出发展具有低污染、低能耗、高附加值的知识密集型产业，在促进日本产业结构升级的同时加强资源和能源节约、推进生态环境保护。随后，日本发布了《80年代通商产业政策展望》《节约能源法》《合理用能及再生资源利用法》《国家能源新战略》《绿色经济与社会变革》等一系列政策法规，推动日本产业结构调整和绿色产业发展。2020年，日本发布了《绿色增长战略》，明确了以"2050年温室气体零排放"为目标的时间规划表，以及海上风能、氢燃料、电动车等14个领域的具体行动安排，预计到2030年，通过绿色投资和销售实现每年90万亿日元额外经济增长，到2050年达到190万亿日元。日本以"技术立国"作为基本国策，高度重视绿色技术发展，在创新目标方面将科技创新与改善居民生活、节能环保融为一体，在成果转化方面通过"官产学研"一体化促进创新和需求对接。日本大力促进太阳能、海上风力、地热、生物质、海洋（波浪、潮汐）等新能源技术研发，并通过"阳光计划"、"月光计划"、新能源汽车发展等推进新能源市场商业化。

我国重视绿色技术创新和绿色产业发展，已成为全球绿色技术发展的重要力量。我国强调科技创新在经济发展和环境保护中的作用，出台了《国家中长期科学和技术发展规划纲要（2006—2020年）》《国务院关于加快培育和发展战略性新兴产业的决定》《国家重点节能低碳技术推广目录》等一系列政策规划，既有针对绿色技术发展的创新政策，也有一般性创新政策，多种渠道激励科技创新。2017年，党的十九大报告中提出"加快生态文明体制改革，建设美丽中国"，明确要求"构建市场导向的绿色技术创新体系"。随后，我国出台了《国家发展改革委、科技部关于构建市场导向的绿色技术创新体系的指导意见》《绿色技术推广目录（2020年）》等，强化了科技创新对绿色发展的引领作用，指明了绿色技术创新体系的基本要求，突出了绿色技术创新的市场导向，有助于推动绿色技术创新与产业发展、生态文明建设现实需求相结合。根据2018年麦肯锡全球研究院的数据，我国的绿色技术开发投资已经位居全球首位,每年投资超过 1000 亿美元,超过欧洲和美国的总和。我国已成为全球最强的绿色能源开发国之一,2018 年光伏新增与累计装机容量、风电新增与累计装机容量、可再生能源投资总额等均居全球首位,拥有全球 29% 的绿色能源专利数量。

针对绿色概念宏观抽象、产业政策无法聚焦、绿色产业发展存在"泛绿化"现象等问题,我国国家发展改革委联合多部委在 2019 年发布《绿色产业指导目录(2019 年版)》,充分考虑国民经济各个领域的绿色化升级,内容涵盖节能环保产业、清洁生产产业、清洁能源产业、生态环境产业、基础设施绿色升级和绿色服务等 6 大类,并细化出 30 个二级分类和 210 个三级分类,是目前我国关于界定绿色产业和项目最全面最详细的指引。

2023 年,我国国家发展改革委联合多部委出台《绿色产业指导目录(2023 年版)》,如表 2.1 所示。该指导目录分为节能降碳产业、环境保护产业、资源循环利用产业、清洁能源产业、生态保护修复和利用、基础设施绿色升级及绿色服务 7 大类别,涉及新能源汽车、氢能、储能等领域。

表 2.1　我国绿色产业指导目录(2023 年版)

产业	内容
1. 节能降碳产业	1.1　高效节能装备制造
	1.2　先进交通装备制造
	1.3　节能降碳改造
	1.4　温室气体控制
2. 环境保护产业	2.1　先进环保装备和原料材料制造
	2.2　大气污染治理
	2.3　水污染治理
	2.4　土壤污染治理
	2.5　其他污染治理和环境综合整治
3. 资源循环利用产业	3.1　资源循环利用装备制造
	3.2　资源循环利用
4. 清洁能源产业	4.1　新能源与清洁能源装备制造
	4.2　清洁能源设施建设和运营
	4.3　传统能源清洁高效开发利用
	4.4　能源系统高效运行

续表

产业	内容
5. 生态保护修复和利用	5.1 生态农林牧渔业
	5.2 生态保育
	5.3 国土综合整治与生态修复
6. 基础设施绿色升级	6.1 建筑节能与绿色建筑
	6.2 绿色交通
	6.3 环境基础设施
	6.4 城乡能源基础设施
	6.5 信息基础设施
7. 绿色服务	7.1 咨询监理
	7.2 运营管理
	7.3 监测检测
	7.4 评估审查核查
	7.5 绿色技术产品研发认证推广
	7.6 资源环境权益交易

综上所述，绿色技术定义在环境友好的技术本质上是一致的，通过发展环境友好技术来推动社会的可持续发展。在对绿色技术的界定上，尽管各国都会按照本国的产业政策和发展重点有不同的侧重，但对绿色技术发展的目标方向是一致的。

2.1.2 绿色低碳技术评估指标体系与方法

根据绿色技术的概念、内涵和特征，绿色技术应是在全生命周期或应用周期内具有环境友好，且兼具节能降耗、节约耗材、生态修复、废弃物资源化利用等特点。根据绿色技术具有的上述特征，从环境、能效、耗材、回收循环、生态修复等五个方面，构建绿色技术指标体系。其中在绿色技术的前提下满足二氧化碳、甲烷等温室气体的排放量指标，即可视为绿色低碳技术指标体系，碳排放指标一般归为环境指标类别。

建立绿色低碳技术评估指标体系是开展绿色低碳技术评估和遴选的基础。根据绿色低碳技术的五大特征，构建绿色低碳技术五级指标体系，如图2.2所示。一级指标包含环境、能效、耗材、资源回收、生态修复等五个技术类别；再根据每个一级指标的特点,下设不同的二级指标,如环境指标下的二级指标包括采用新能源/可再生能源技术、传统能源技术的升级改造、建筑物环境污染、交通环境、农业、环保行业等;三级指标是领域下的技术大类,如采用新能源/可再生能源技术下设太阳能利用、风能利用、氢能利用等;四级指标是技术大类下的具体技术,如太阳能利用下设太阳能光电利用、太阳能光热利用;五级指标是根据技术特点和一级指标,提出具有针对性的指标,如太阳能光电利用在环境方面需要考虑光污染、噪声污染、生物多样性、电磁辐射。绿色低碳技术五级指标体系还包含五级指标的评分说明。

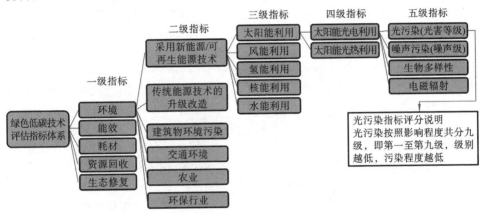

图 2.2　绿色低碳技术五级指标体系

1. 绿色低碳技术环境指标体系

绿色低碳技术环境指标体系考虑了采用新能源/可再生能源技术、传统能源技术的升级改造、建筑物环境污染、交通环境、农业、环保行业等领域的环境指标,如表2.2所示。

表 2.2　绿色低碳技术环境指标体系

一级指标	序号	二级指标	三级指标	四级指标	五级指标	评分说明
环境	1	采用新能源/可再生能源技术	太阳能利用①	太阳能光电利用②	光污染（光害等级）	光污染按照影响程度共分九级,即第一至第九级,级别越低,污染程度越低

---

① 指太阳能利用阶段。
② 光伏系统和太阳能电池。

续表

一级指标	序号	二级指标	三级指标	四级指标	五级指标	评分说明
					噪声污染（噪声级）	噪声在 0～120 dB 的范围内分为三级：①Ⅰ级（30～59 dB）：可以忍受，但已有不舒适感，达到 40 dB 时开始困扰睡眠；②Ⅱ级（60～89 dB）：对植物性神经系统的干扰增加，听话困难，85 dB 是保护听力的一般要求；③Ⅲ级（90～120 dB）：显著损害神经系统，造成不可逆的听觉器官损伤
					生物多样性	评价指标：①对生物群落（栖息地）的影响；②对种群/物种的影响；③对生物安全的影响；④对种群规模的影响。评价方法：对评价指标进行权重赋值，确定生物多样性影响程度分级
					电磁辐射	《电磁环境控制限值》（GB 8702—2014），规定了电磁环境中控制公众曝露的电场、磁场、电磁场（1 Hz～300 GHz）的场量限值、评价方法和相关设施（设备）的豁免范围
			太阳能光热利用①	光污染	光污染按照影响程度共分九级，即第一至第九级，级别越低，污染程度越低
					生物多样性	评价指标：①对生物群落（栖息地）的影响；②对种群/物种的影响；③对生物安全的影响；④对种群规模的影响。评价方法：对评价指标进行权重赋值，确定生物多样性影响程度分级

① 太阳能热水器、太阳房、太阳灶、太阳能温室、太阳能干燥系统、太阳能土壤消毒杀菌技术等。

续表

一级指标	序号	二级指标	三级指标	四级指标	五级指标	评分说明
			风能利用①	风力发电	噪声污染（噪声级）	噪声在0~120 dB的范围内分为三级：①Ⅰ级(30~59 dB)：可以忍受，但已有不舒适感，达到40 dB时开始困扰睡眠；②Ⅱ级(60~89 dB)：对植物性神经系统的干扰增加，听话困难，85 dB是保护听力的一般要求；③Ⅲ级(90~120 dB)：显著损害神经系统，造成不可逆的听觉器官损伤
					生物多样性	评价指标：①对生物群落（栖息地）的影响；②对种群/物种的影响；③对生物安全的影响；④对种群规模的影响。评价方法：对评价指标进行权重赋值，确定生物多样性影响程度分级
					电磁辐射	《电磁环境控制限值》(GB 8702—2014)，规定了电磁环境中控制公众曝露的电场、磁场、电磁场(1 Hz~300 GHz)的场量限值、评价方法和相关设施（设备）的豁免范围
				风力制热	噪声污染（噪声级）	噪声在0~120 dB的范围内分为三级：①Ⅰ级(30~59 dB)：可以忍受，但已有不舒适感，达到40 dB时开始困扰睡眠；②Ⅱ级(60~89 dB)：对植物性神经系统的干扰增加，听话困难，85 dB是保护听力的一般要求；③Ⅲ级(90~120 dB)：显著损害神经系统，造成不可逆的听觉器官损伤

---

① 风能发电过程。

续表

一级指标	序号	二级指标	三级指标	四级指标	五级指标	评分说明
					生物多样性	评价指标：①对生物群落(栖息地)的影响；②对种群/物种的影响；③对生物安全的影响；④对种群规模的影响。评价方法：对评价指标进行权重赋值，确定生物多样性影响程度分级
			氢能利用①	氢燃料电池	投入成本	产生一度电的成本(单位为元)
					运营成本	产生一度电的维护成本(单位为元)
				合成氨	氨气排放量	单位为 mg/m³
			核能利用②	第三代核电站	核辐射	《核动力厂环境辐射防护规定》(GB 6249—2011)的规定，在我国核电厂必须按每堆实施流出物年排放总量的控制，此外，任何厂址的所有核电厂反应堆向环境释放的放射性物质对公众中任何个人造成的有效剂量每年必须小于 0.25 mSv 的剂量约束值
					生物多样性	评价指标：①对生物群落(栖息地)的影响；②对种群/物种的影响；③对生物安全的影响；④对种群规模的影响。评价方法：对评价指标进行权重赋值，确定生物多样性影响程度分级
				第四代核电站	核辐射	《核动力厂环境辐射防护规定》(GB 6249—2011)的规定，在我国核电厂必须按每堆实施流出物年排放总量的控制，此外，任何厂址的所有核电厂反应堆向环境释放的放射性物质对公众中任何个人造成的有效剂量每年必须小于 0.25 mSv 的剂量约束值

① 不考虑产氢和储氢过程。
② 核能发电环节。

续表

一级指标	序号	二级指标	三级指标	四级指标	五级指标	评分说明
					生物多样性	评价指标：①对生物群落（栖息地）的影响；②对种群/物种的影响；③对生物安全的影响；④对种群规模的影响。评价方法：对评价指标进行权重赋值，确定生物多样性影响程度分级
			水能利用①	水库发电	生物多样性	评价指标：①对生物群落（栖息地）的影响；②对种群/物种的影响；③对生物安全的影响；④对种群规模的影响。评价方法：对评价指标进行权重赋值，确定生物多样性影响程度分级
					诱发地质问题	地质问题发生频次、强度及诱发地质问题关联性
				其他水能发电②	生物多样性	评价指标：①对生物群落（栖息地）的影响；②对种群/物种的影响；③对生物安全的影响；④对种群规模的影响。评价方法：对评价指标进行权重赋值，确定生物多样性影响程度分级
	2	传统能源技术的升级改造	煤炭清洁燃烧技术	整体煤气化联合循环发电（IGCC）	烟尘（mg/m^3）	限值 30 mg/m^3
					二氧化硫（mg/m^3）	新建燃煤锅炉限值 100 mg/m^3，现有燃煤锅炉限值 200 mg/m^3
					一氧化碳（mg/m^3）	限值 200 mg/m^3
					氮氧化物（mg/m^3）	以 NO_2 计，限值 100 mg/m^3

① 水力发电环节。
② 潮汐、海流发电。

续表

一级指标	序号	二级指标	三级指标	四级指标	五级指标	评分说明
					汞及其化合物（mg/m³）	限值 0.03 mg/m³
					烟气黑度（林格曼黑度）	限值林格曼黑度 1
					二氧化碳（g/kW·h）	每千瓦·时二氧化碳的排放量（单位为克）
				流化床燃烧联合循环发电（PFBC-CC）	烟尘（mg/m³）	限值 30 mg/m³
					二氧化硫（mg/m³）	新建燃煤锅炉限值 100 mg/m³，现有燃煤锅炉限值 200 mg/m³
					一氧化碳（mg/m³）	限值 200 mg/m³
					氮氧化物（mg/m³）	以 NO_2 计，限值 100 mg/m³
					汞及其化合物（mg/m³）	限值 0.03 mg/m³
					烟气黑度（林格曼黑度）	限值林格曼黑度 1
					二氧化碳（g/kW·h）	每千瓦·时二氧化碳的排放量（单位为克）
				循环流化床锅炉	烟尘（mg/m³）	限值 30 mg/m³
					二氧化硫（mg/m³）	新建燃煤锅炉限值 100 mg/m³，现有燃煤锅炉限值 200 mg/m³

续表

一级指标	序号	二级指标	三级指标	四级指标	五级指标	评分说明
					一氧化碳（mg/m³）	限值 200 mg/m³
					氮氧化物（mg/m³）	以 NO_2 计,限值 100 mg/m³
					汞及其化合物(mg/m³)	限值 0.03 mg/m³
					烟气黑度（林格曼黑度）	限值林格曼黑度 1
					二氧化碳（g/kW·h）	每千瓦·时二氧化碳的排放量（单位为克）
				水煤浆	烟尘（mg/m³）	限值 30 mg/m³
					二氧化硫（mg/m³）	新建燃煤锅炉限值 100 mg/m³,现有燃煤锅炉限值 200 mg/m³
					一氧化碳（mg/m³）	限值 200 mg/m³
					氮氧化物（mg/m³）	以 NO_2 计,限值 100 mg/m³
					汞及其化合物(mg/m³)	限值 0.03 mg/m³
					烟气黑度（林格曼黑度）	限值林格曼黑度 1
					二氧化碳（g/kW·h）	每千瓦·时二氧化碳的排放量（单位为克）
			石油天然气清洁利用	脱硫技术	烟尘（mg/m³）	限值 30 mg/m³

续表

一级指标	序号	二级指标	三级指标	四级指标	五级指标	评分说明
					一氧化碳（mg/m³）	限值 200 mg/m³
					二氧化硫（mg/m³）	新建燃煤锅炉限值 100 mg/m³，现有燃煤锅炉限值 200 mg/m³
					氮氧化物（mg/m³）	以 NO_2 计，限值 100 mg/m³
					烟气黑度（林格曼黑度）	限值林格曼黑度 1
					汞及其化合物（mg/m³）	限值 0.03 mg/m³
					二氧化碳（g/kW·h）	每千瓦·时二氧化碳的排放量（单位为克）
				超深度脱芳香烃技术	烟尘（mg/m³）	限值 30 mg/m³
					一氧化碳（mg/m³）	限值 200 mg/m³
					二氧化硫（mg/m³）	新建燃煤锅炉限值 100 mg/m³，现有燃煤锅炉限值 200 mg/m³
					氮氧化物（mg/m³）	以 NO_2 计，限值 100 mg/m³
					烟气黑度（林格曼黑度）	限值林格曼黑度 1
					汞及其化合物（mg/m³）	限值 0.03 mg/m³
					二氧化碳（g/kW·h）	每千瓦·时二氧化碳的排放量（单位为克）

续表

一级指标	序号	二级指标	三级指标	四级指标	五级指标	评分说明
	3	建筑物环境污染①	家装系统	家具安装	噪声污染（噪声级）	噪声在 0～120 dB 的范围内分为三级：①Ⅰ级(30～59 dB)：可以忍受，但已有不舒适感，达到 40 dB 时开始困扰睡眠；②Ⅱ级(60～89 dB)：对植物性神经系统的干扰增加，听话困难，85 dB 是保护听力的一般要求；③Ⅲ级(90～120 dB)：显著损害神经系统，造成不可逆的听觉器官损伤
					氡(Bq/m^3)	氡是一种放射性惰性气体，无色无味。存在于在水泥、砂石、天然大理石等中。家居住宅氡的检测标准按国标《民用建筑工程室内环境污染控制标准》GB 50325—2020 氡浓度限值是 150 Bq/m^3
					氨(mg/m^3)	氨气极易溶于水，对眼、喉、上呼吸道作用快，刺激性强。按照国家标准《室内空气质量标准》GB/T 18883—2022，住宅氨的含量应小于等于 0.20 mg/m^3
					甲醛(mg/m^3)	甲醛具有强烈气味，人造板材中常使用的粘合剂含有甲醛。在国家标准《室内空气质量标准》GB/T 18883—2022 中，住宅的含量应小于等于 0.08 mg/m^3
					苯(mg/m^3)	苯在家居中主要是从油漆中挥发出来，长期吸入苯能导致再生障碍性贫血，在国家标准《室内空气质量标准》GB/T 18883—2022 中，住宅含量应小于等于 0.03 mg/m^3

---

① 建筑物建成后的阶段。

续表

一级指标	序号	二级指标	三级指标	四级指标	五级指标	评分说明
					总挥发性有机化合物 TVOC (mg/m³)	总挥发性有机化合物(TVOC),主要来源于涂料、黏合剂等。能引起头晕、头痛、嗜睡、无力、胸闷等症状。在国家标准《室内空气质量标准》GB/T 18883—2022中,住宅含量应小于等于0.60 mg/m³
					装修垃圾(t)	装修产生的建筑垃圾
			隔热系统	窗	光污染 (光害等级)	光污染按照影响程度共分九级,即第一至第九级,级别越低,污染程度越低
				外墙	光污染 (光害等级)	光污染按照影响程度共分九级,即第一至第九级,级别越低,污染程度越低
			供暖系统	空调	噪声污染 (噪声级)	噪声在0~120 dB的范围内分为三级:①Ⅰ级(30~59 dB):可以忍受,但已有不舒适感,达到40 dB时开始困扰睡眠;②Ⅱ级(60~89 dB):对植物性神经系统的干扰增加,听话困难,85 dB是保护听力的一般要求;③Ⅲ级(90~120 dB):显著损害神经系统,造成不可逆的听觉器官损伤
					氯氟化碳 (ODP值)	ODP臭氧消耗潜值
					四氯化碳 (ODP值)	ODP臭氧消耗潜值
					含氢氯氟烃 (ODP值)	ODP臭氧消耗潜值
				暖气	烟尘 (mg/m³)	限值30 mg/m³

续表

一级指标	序号	二级指标	三级指标	四级指标	五级指标	评分说明
					一氧化碳（mg/m³）	限值 200 mg/m³
					二氧化硫（mg/m³）	新建燃煤锅炉限值 100 mg/m³，现有燃煤锅炉限值 200 mg/m³
					氮氧化物（mg/m³）	以 NO_2 计，限值 100 mg/m³
					烟气黑度（林格曼黑度）	限值林格曼黑度 1
					汞及其化合物（mg/m³）	限值 0.03 mg/m³
					二氧化碳（g/kJ）	每千焦热量产生的二氧化碳（单位为克）
			照明系统	屋内灯具	光污染（光害等级）	光污染按照影响程度共分九级，即第一至第九级，级别越低，污染程度越低
				外墙灯光	光污染（光害等级）	光污染按照影响程度共分九级，即第一至第九级，级别越低，污染程度越低
	4	交通环境	传统汽车	纯油动力汽车	噪声污染（噪声级）	噪声在 0～120 dB 的范围内分为三级：①Ⅰ级(30～59 dB)：可以忍受，但已有不舒适感，达到 40 dB 时开始困扰睡眠；②Ⅱ级(60～89 dB)：对植物性神经系统的干扰增加，听话困难，85 dB 是保护听力的一般要求；③Ⅲ级(90～120 dB)：显著损害神经系统，造成不可逆的听觉器官损伤
					一氧化碳（mg/km）	根据国六 b 排放标准①，一氧化碳限值为 500 mg/km

---

① 《轻型汽车污染物排放限值及测量方法(中国第六阶段)》(GB 18352.6—2016)。

续表

序号	一级指标	二级指标	三级指标	四级指标	五级指标	评分说明
					碳氢化合物(mg/km)	根据国六 b 排放标准，碳氢化合物限值为 50 mg/km
					非甲烷烃(mg/km)	根据国六 b 排放标准，非甲烷烃限值为 35 mg/km
					氮氧化物(mg/km)	根据国六 b 排放标准，氮氧化物为 35 mg/km
					氧化二氮(mg/km)	根据国六 b 排放标准，氧化二氮限值为 35 mg/km
					颗粒物(mg/km)	根据国六 b 排放标准，PM 颗粒物排放限值为 3 mg/km
					粒子数量(个/km)	根据国六 b 排放标准，PN 粒子(粒径超过 23 nm 的粒子)数量限值为 $6×10^{11}$ 个/km
					二氧化碳(mg/km)	
			混合动力汽车	油电混合动力汽车	噪声污染(噪声级)	噪声在 0~120 dB 的范围内分为三级：①Ⅰ级(30~59 dB)：可以忍受，但已有不舒适感，达到 40 dB 时开始困扰睡眠；②Ⅱ级(60~89 dB)：对植物性神经系统的干扰增加，听话困难，85 dB 是保护听力的一般要求；③Ⅲ级(90~120 dB)：显著损害神经系统，造成不可逆的听觉器官损伤
					一氧化碳(mg/km)	根据国六 b 排放标准，一氧化碳限值为 500 mg/km
					碳氢化合物(mg/km)	根据国六 b 排放标准，碳氢化合物限值为 50 mg/km
					非甲烷烃(mg/km)	根据国六 b 排放标准，非甲烷烃限值为 35 mg/km

续表

一级指标	序号	二级指标	三级指标	四级指标	五级指标	评分说明
					氮氧化物(mg/km)	根据国六 b 排放标准,氮氧化物为 35 mg/km
					氧化二氮(mg/km)	根据国六 b 排放标准,氧化二氮限值为 35 mg/km
					颗粒物(mg/km)	根据国六 b 排放标准,PM 颗粒物排放限值为 3 mg/km
					粒子数量(个/km)	根据国六 b 排放标准,PN 粒子(粒径超过 23nm 的粒子)数量限值为 6×10^{11} 个/km
					二氧化碳(mg/km)	
				油气混合动力汽车	噪声污染(噪声级)	噪声在 0~120 dB 的范围内分为三级:①Ⅰ级(30~59 dB):可以忍受,但已有不舒适感,达到 40 dB 时开始困扰睡眠;②Ⅱ级(60~89 dB):对植物性神经系统的干扰增加,听话困难,85 dB 是保护听力的一般要求;③Ⅲ级(90~120 dB):显著损害神经系统,造成不可逆的听觉器官损伤
					一氧化碳(mg/km)	根据国六 b 排放标准,一氧化碳限值为 500 mg/km
					碳氢化合物(mg/km)	根据国六 b 排放标准,碳氢化合物限值为 50 mg/km
					非甲烷烃(mg/km)	根据国六 b 排放标准,非甲烷烃限值为 35 mg/km
					氮氧化物(mg/km)	根据国六 b 排放标准,氮氧化物为 35 mg/km
					氧化二氮(mg/km)	根据国六 b 排放标准,氧化二氮限值为 35 mg/km

续表

一级指标	序号	二级指标	三级指标	四级指标	五级指标	评分说明
					颗粒物(mg/km)	根据国六 b 排放标准,PM 颗粒物排放限值为 3 mg/km
					粒子数量(个/km)	根据国六 b 排放标准,PN 粒子(粒径超过 23nm 的粒子)数量限值为 $6×10^{11}$ 个/km
					二氧化碳(mg/km)	
		新能源汽车		锂电池电动汽车	突发性事件	自燃,产生的钴酸锂粉尘、HF 气体和消防废水
				燃料电池电动汽车	一氧化碳(mg/km)	根据国六 b 排放标准,一氧化碳限值为 500 mg/km
					二氧化碳(mg/km)	
				其他动力汽车	噪声污染(噪声级)	噪声在 0~120 dB 的范围内分为三级:①Ⅰ级(30~59 dB):可以忍受,但已有不舒适感,达到 40 dB 时开始扰睡眠;②Ⅱ级(60~89 dB):对植物性神经系统的干扰增加,听话困难,85 dB 是保护听力的一般要求;③Ⅲ级(90~120 dB):显著损害神经系统,造成不可逆的听觉器官损伤
					一氧化碳(mg/km)	根据国六 b 排放标准,一氧化碳限值为 500 mg/km
					碳氢化合物(mg/km)	根据国六 b 排放标准,碳氢化合物限值为 50 mg/km
					非甲烷烃(mg/km)	根据国六 b 排放标准,非甲烷烃限值为 35 mg/km
					氮氧化物(mg/km)	根据国六 b 排放标准,氮氧化物为 35 mg/km

续表

一级指标	序号	二级指标	三级指标	四级指标	五级指标	评分说明
					氧化二氮（mg/km）	根据国六b排放标准，氧化二氮限值为35 mg/km
					颗粒物（mg/km）	根据国六b排放标准，PM颗粒物排放限值为3 mg/km
					粒子数量（个/km）	根据国六b排放标准，PN粒子（粒径超过23nm的粒子）数量限值为6×10^{11}个/km
					二氧化碳（mg/km）	
	5	农业	种植	化肥污染	氮	含量
					磷	含量
				农药污染	有机氯	含量
					有机磷	含量
					有机氮	含量
				固体废物	作物废物量	吨
					农用塑料残膜	
					废饲料	吨
			养殖	化肥污染	氮	含量
					磷	含量
				农药污染	有机氯	含量
					有机磷	含量
					有机氮	含量
				养殖废物	畜禽养殖废水	吨
					农用塑料残膜	

续表

一级指标	序号	二级指标	三级指标	四级指标	五级指标	评分说明
	6	环保行业	环保设备①	水	污染减排率	
					污染减排量	
					清洁效果	
				液	污染减排率	
					污染减排量	
					清洁效果	
				气	污染减排率	
					污染减排量	
					清洁效果	
			减少污染设备	减少噪声设备②	污染减排率	
					污染减排量	
					清洁效果	
				减少废液设备	污染减排率	
					污染减排量	
					清洁效果	
				净化系统③	污染减排率	
					污染减排量	
					清洁效果	
			环保技术/方法	水	污染减排率	
					污染减排量	

---

① 本身环保的设备。
② 附加减少污染的设备。
③ 把污染物质处理干净。

续表

一级指标	序号	二级指标	三级指标	四级指标	五级指标	评分说明
					清洁效果	
				液	污染减排率	
					污染减排量	
					清洁效果	
				气	污染减排率	
					污染减排量	
					清洁效果	
		碳排放		CO_2	排放量	
				甲烷	排放量	
				其他温室气体	排放量	

2. 绿色低碳技术能效指标体系

在能效指标体系方面,考虑采用新能源/可再生能源技术、传统能源技术的升级改造、建筑物节能技术、绿色交通节能技术、其他行业等能效指标,包括节能量、节能率、能源消耗量、能源消耗率、能源转化率、投入成本、运营成本、收益问题等,如表2.3所示。

表2.3 绿色低碳技术能效指标体系

一级指标	序号	二级指标	三级指标	四级指标	五级指标	评分说明
能耗	1	采用新能源/可再生能源技术	太阳能利用	太阳能光电利用	发电量	每平方米太阳能电池板每天可发电的量(单位为瓦)
					光电效率	在照射强度1000 M/cm²,太阳能工作温度25 ℃±2 ℃的情况下,最大输出功率除以日照强度乘以太阳能电池板吸收光面积,再乘以100%,所得的结果就是光电效率
					投入成本	组件价格(单位为元/瓦)

续表

一级指标	序号	二级指标	三级指标	四级指标	五级指标	评分说明
					运营成本	运营成本每天每平方米多少元
					收益问题	每天每平方米收益多少元
			太阳能光热利用		光热转化率	通过反射、吸收或其他方式把太阳辐射能集中起来,转化后所得到的能量/计算出来的太阳能辐射总量
					投入成本	组件价格(单位为元/瓦)
					运营成本	运营成本每天每平方米的价格(单位为元)
					收益问题	每天每平方米的收益(单位为元)
			风能利用	风力发电	风轮最大捕获风的动能的能力	百分比
					机械传动效率	百分比
					发电机效率	百分比
				风力致热	风轮最大捕获风的动能的能力	百分比
					机械传动效率	百分比
					风力致热效率	百分比
			氢能利用	氢燃料电池	发电效率	输出可利用的电能,相对其输入能量的比值
				合成氨	消耗氢气量	合成单位氨气需消耗多少氢气
			核能利用	第三代核电站	热功率	兆瓦
					电功率	兆瓦
					发电效率	百分比
				第四代核电站	热功率	兆瓦

续表

一级指标	序号	二级指标	三级指标	四级指标	五级指标	评分说明
					电功率	兆瓦
					发电效率	百分比
			水能利用	水库发电	发电效率	百分比
				其他水能发电	发电效率	百分比
	2	传统能源技术的升级改造	煤炭清洁燃烧技术	整体煤气化联合循环发电（IGCC）	发电效率	百分比
				流化床燃烧联合循环发电（PFBC-CC）	发电效率	百分比
				循环流化床锅炉	燃烧效率	百分比
				水煤浆	燃烧效率	百分比
			石油、天然气清洁利用	脱硫技术	去除率	硫去除百分比
				超深度脱芳香烃技术	去除率	芳香烃去除百分比
	3	建筑物节能技术	隔热系统	门	传热系数	该指标表示阻止热量损失的能力，其数值越低，说明保温性能越好
					气密性能	阻止空气渗透的能力。该指标的数值越低，说明气密性能越好

续表

一级指标	序号	二级指标	三级指标	四级指标	五级指标	评分说明
				窗	遮阳系数	给定条件下,太阳光总透射比,与相同条件下相同面积的标准玻璃(3mm厚透明玻璃)的太阳光总透射比的比值。该指标的数值越低,说明门窗的遮阳性能越好
					传热系数	该指标表示阻止热量损失的能力,其数值越低,说明保温性能越好
					气密性能	阻止空气渗透的能力。该指标的数值越低,说明气密性能越好
					可见光透射比	采用人眼视见函数进行加权,标准光源透过门窗成为室内的可见光通量与投射到门窗上的可见光通量的比值。该指标的数值越高,说明门窗的透光性能越好
				外墙	传热系数	该指标表示阻止热量损失的能力,其数值越低,说明保温性能越好
			供暖系统	空调	能源消耗效率	空调所制造的总热能与所消耗的总电力的比值
				暖气	能量损耗率	能量转化过程中损失热量与原始能量的比值
			照明系统	屋内灯具	发光效率	发出的光能/消耗的电能
				外墙灯光	发光效率	发出的光能/消耗的电能
	4	绿色交通节能技术	传统汽车	纯油动力汽车	发动机效率	发动机利用推进剂化学能的有效程度
					油耗	百公里耗油多少升
			混合动力汽车	油电混合动力汽车	油耗	百公里耗油多少升

续表

一级指标	序号	二级指标	三级指标	四级指标	五级指标	评分说明
				油气混合动力汽车	电耗	百公里耗电多少度
					油耗	百公里耗油多少升
					气耗	百公里耗气多少升
			新能源汽车	锂电池电动汽车	电耗	百公里耗电多少度
				燃料电池电动汽车	燃料消耗	百公里耗燃料多少升
				其他动力汽车	电耗	百公里耗电多少度
					气耗	百公里耗气多少升
					燃料消耗	百公里耗燃料多少升
	5	其他工业	节能设备	节水	节能率	相比较行业平均提升多少
					节能量	单位时间节约多少量
				节电	节能率	相比较行业平均提升多少
					节能量	单位时间节约多少量
				节气	节能率	相比较行业平均提升多少
					节能量	单位时间节约多少量
			节能技术/方法	传统改进技术	节能率	相比较行业平均提升多少
					节能量	单位时间节约多少量
				新技术	节能率	相比较行业平均提升多少
					节能量	单位时间节约多少量

3. 绿色低碳技术耗材指标体系

耗材指标体系方面,系统考虑了采用新能源/可再生能源技术、传统能源技术的升级改造、建筑物、绿色交通、其他工业等领域的耗材指标,包括材料消耗量、材料消耗率、绿色材料消耗、经济性指标等,如表2.4所示。

表 2.4 绿色低碳技术耗材指标体系

一级指标	序号	二级指标	三级指标	四级指标	五级指标	评分说明
耗材	1	采用新能源/可再生能源技术	太阳能①	材料消耗量	设备的材料消耗量	设备中材料损耗量
					配件的材料消耗量	配件的材料消耗量
					易耗品消耗量	
					催化材料消耗量	
				材料消耗率	设备的材料消耗率	设备中材料损耗量与投入总量的比值。评分标准：①消耗率高于5%；②消耗率介于[3%,5%]；③消耗率介于[1%,3%)；④消耗率介于[0%,1%)；⑤材料损耗量为0
					配件消耗率	配件中材料损耗量与投入总量的比值。评分标准：①消耗率高于5%；②消耗率介于[3%,5%]；③消耗率介于[1%,3%)；④消耗率介于[0,1%)；⑤材料损耗量为0
					易耗品消耗率	单位时间内易耗品的消耗量
					催化材料消耗率	产生单位能源消耗的催化材料质量
				绿色材料消耗	可循环材料的用量比例	设备或零部件中使用的可循环材料的质量在总质量中的比值
					可再利用材料的用量比例	设备或零部件中使用的可再利用材料的质量在总质量中的比值
					使用材料种类	设备中使用材料种类的数量

---

① 指太阳能发电阶段。

续表

一级指标	序号	二级指标	三级指标	四级指标	五级指标	评分说明
				使用期限	设备耐用年限	设备从投入使用到由于有形磨损使设备在技术上完全丧失使用价值而报废为止所经历的时间
					设备折旧年限	设备折旧时所用的年限
					配件耐用年限	配件从投入使用到由于有形磨损使设备在技术上完全丧失使用价值而报废为止所经历的时间
				经济性指标	更换耗材的成本	单位时间内更换耗材的平均费用
			风能	同"太阳能"		
			氢能	同"太阳能"		
			核能	同"太阳能"		核聚变裂变材料
			水电	同"太阳能"		
	2	传统能源技术的升级改造	煤炭清洁燃烧技术	材料消耗量	设备的材料消耗量	设备中材料损耗量
			石油、天然气		配件的材料消耗量	配件的材料消耗量
					易耗品消耗量	
					燃料消耗量	
					催化材料消耗量	

续表

一级指标	序号	二级指标	三级指标	四级指标	五级指标	评分说明
				材料消耗率	设备的材料消耗率	设备中材料损耗量与投入总量的比值。评分标准：①消耗率高于5%；②消耗率介于[3%,5%]；③消耗率介于[1%,3%)；④消耗率介于[0,1%)；⑤材料损耗量为0
					配件消耗率	配件中材料损耗量与投入总量的比值。评分标准：①消耗率高于5%；②消耗率介于[3%,5%]；③消耗率介于[1%,3%)；④消耗率介于[0,1%)；⑤材料损耗量为0
					易耗品消耗率	单位时间内易耗品的消耗量
					燃料消耗率	产生单位能源消耗的燃料量
					催化材料消耗率	产生单位能源消耗的催化材料质量
				绿色材料消耗	可循环材料的用量比例	设备或零部件中使用的可循环材料的质量在总质量中的比值
				经济性指标	更换耗材的成本	单位时间内更换耗材的平均费用
	3	建筑物	门	材料消耗量	设备的材料消耗量	设备中材料损耗量
			窗		配件的材料消耗量	配件的材料消耗量
			外墙		易耗品消耗量	
			供暖系统	材料消耗率	设备的材料消耗率	设备中材料损耗量与投入总量的比值。评分标准：①消耗率高于5%；②消耗率介于[3%,5%]；③消耗率介于[1%,3%)；④消耗率介于[0,1%)；⑤材料损耗量为0

续表

一级指标	序号	二级指标	三级指标	四级指标	五级指标	评分说明
			照明系统		配件消耗率	配件中材料损耗量与投入总量的比值。评分标准：①消耗率高于5%；②消耗率介于[3%,5%]；③消耗率介于[1%,3%)；④消耗率介于[0,1%)；⑤材料损耗量为0
					易耗品消耗率	单位时间内易耗品的消耗量
				绿色材料消耗	可循环材料的用量比例	设备或零部件中使用的可循环材料的质量在总质量中的比值
					可再利用材料的用量比例	设备或零部件中使用的可再利用材料的质量在总质量中的比值
					使用材料种类	设备中使用材料种类的数量
				使用期限	设备耐用年限	设备从投入使用到由于有形磨损使设备在技术上完全丧失使用价值而报废为止所经历的时间
					设备折旧年限	设备折旧时所用的年限
					配件耐用年限	配件从投入使用到由于有形磨损使设备在技术上完全丧失使用价值而报废为止所经历的时间
				经济性指标	更换耗材的成本	单位时间内更换耗材的平均费用
	4	绿色交通	油电混合动力汽车	材料消耗量	交通工具的材料消耗量	设备中材料损耗量
					配件的材料消耗量	配件的材料消耗量
					易耗品消耗量	
					燃料消耗量	
				材料消耗率	交通工具的材料消耗率	交通工具中材料损耗量与投入总量的比值。评分标准：①消耗率高于5%；②消耗率介于[3%,5%]；③消耗率介于[1%,3%)；④消耗率介于[0,1%)；⑤材料损耗量为0

续表

一级指标	序号	二级指标	三级指标	四级指标	五级指标	评分说明
					配件消耗率	配件中材料损耗量与投入总量的比值。评分标准：①消耗率高于5%；②消耗率介于[3%,5%]；③消耗率介于[1%,3%)；④消耗率介于[0,1%)；⑤材料损耗量为0
					易耗品消耗率	单位时间内易耗品的消耗量
					燃料消耗率	产生单位能源消耗的燃料量
				绿色材料消耗	可循环材料的用量比例	交通工具或零部件中使用的可循环材料的质量在总质量中的比值
					可再利用材料的用量比例	交通工具或零部件中使用的可再利用材料的质量在总质量中的比值
					使用材料种类	交通工具中使用材料种类的数量
				使用期限	设备耐用年限	交通工具设备从投入使用到由于有形磨损使设备在技术上完全丧失使用价值而报废为止所经历的时间
					设备折旧年限	交通工具折旧时所用的年限
					配件耐用年限	配件从投入使用到由于有形磨损使设备在技术上完全丧失使用价值而报废为止所经历的时间
				经济性指标	更换耗材的成本	单位时间内更换耗材的平均费用
			油气混合动力汽车	同"油电混合动力汽车"		
			纯油动力汽车	同"油电混合动力汽车"		
			锂电池电动汽车	同"油电混合动力汽车"		

续表

一级指标	序号	二级指标	三级指标	四级指标	五级指标	评分说明
			燃料电池电动汽车	同"油电混合动力汽车"		
			其他动力汽车	同"油电混合动力汽车"		
	5	其他工业		材料消耗量		
				材料消耗率		
				绿色材料消耗		
				使用期限		
				经济性指标		

4. 绿色低碳技术资源回收指标体系

在资源回收指标体系方面，系统考虑采用新能源/可再生能源技术、传统能源技术的升级改造、建筑物、绿色交通、其他工业等领域的资源回收指标，包括回收量、回收率、安全性、经济性问题等，如表 2.5 所示。在构建资源回收指标中，还考虑了各领域的技术特点，提出具有针对性的指标，如太阳能回收技术中的组件材料再生利用率、风能回收技术中的叶片材料回收率、核能回收技术中的核废料年回收量、乏燃料年回收量等。

表 2.5 绿色低碳技术资源回收指标体系

一级指标	序号	二级指标	三级指标	四级指标	五级指标	评分说明
资源回收	1	采用新能源/可再生能源技术	太阳能回收技术	回收量	资源回收量	采用技术回收的资源量

续表

一级指标	序号	二级指标	三级指标	四级指标	五级指标	评分说明
					资源回收产能	采用技术单位时间回收的资源数量
				回收率	资源回收率	采用技术回收资源占原有产品资源总量的百分比。评分标准：①回收程度低于20%；②回收程度介于[20%,40%)；③回收程度介于[40%,60%)；④回收程度介于[60%,80%]；⑤回收程度高于80%
					组件材料再生利用率	组件被再使用、再利用部分的材料(硅、铝、银、铜、铟、镓、硒、钼等)质量与组件(整个光伏组件或零部件)中该材料质量之比。评分标准：①回收纯度低于80%；②回收纯度介于[80%,85%)；③回收纯度介于[85%,90%)；④回收纯度介于[90%,95%)；⑤回收纯度高于95%
					材料回收纯度	回收材料的纯度。评分标准：①回收纯度低于80%；②回收纯度介于[80%,85%)；③回收纯度介于[85%,90%)；④回收纯度介于[90%,95%)；⑤回收纯度高于95%
					组件分离效率的提高率	采用技术，提高太阳能组件的分离效率。评分标准：①提高效率低于20%；②提高效率介于[20%,40%)；③提高效率介于[40%,60%)；④提高效率介于[60%,80%]；⑤提高效率高于80%
				安全性	主要污染物去除率	太阳能组件回收处理过程中主要污染物削减量占原有污染物的百分比。评分标准：①低于20%；②介于[20%,40%)；③介于[40%,60%)；④介于[60%,80%]；⑤高于80%

续表

一级指标	序号	二级指标	三级指标	四级指标	五级指标	评分说明
					回收中产生废液、废气的降低率	采用技术，降低太阳能组件回收处理过程中产生的废液、废气的程度。评分标准：①降低程度低于20%；②降低程度介于[20%,40%)；③降低程度介于[40%,60%)；④降低程度介于[60%,80%]；⑤回收程度高于80%
				经济性	技术应用收益	采用技术回收资源产生工业增加值
					技术应用成本	研发、购置、利用技术所需费用
			风能回收技术	回收量	资源回收量	采用技术回收的资源量
					资源回收产能	采用技术单位时间回收的资源数量
				回收率	风电设备回收率	采用技术回收资源占原有产品资源总量的百分比。评分标准：①回收程度低于20%；②回收程度介于[20%,40%)；③回收程度介于[40%,60%)；④回收程度介于[60%,80%]；⑤回收程度高于80%
					叶片材料回收率	热固性复合材料等叶片材料的回收率。评分标准：①回收程度低于20%；②回收程度介于[20%,40%)；③回收程度介于[40%,60%)；④回收程度介于[60%,80%]；⑤回收程度高于80%
				安全性	回收中产生废液、废气的降低率	采用技术，降低风电机组回收处理过程中产生的废液、废气的程度。评分标准：①降低程度低于20%；②降低程度介于[20%,40%)；③降低程度介于[40%,60%)；④降低程度介于[60%,80%]；⑤回收程度高于80%

续表

一级指标	序号	二级指标	三级指标	四级指标	五级指标	评分说明
				经济性	技术应用收益	采用技术回收资源产生工业增加值
					技术应用成本	研发、购置、利用技术所需费用
			氢能回收技术	回收量	资源回收量	采用技术回收的资源量
					资源回收产能	采用技术单位时间回收的资源数量
				回收率	资源回收率	采用技术回收资源占原有产品资源总量的百分比。评分标准：①回收程度低于20%；②回收程度介于[20%,40%)；③回收程度介于[40%,60%)；④回收程度介于[60%,80%)；⑤回收程度高于80%
				经济性	技术应用收益	采用技术回收资源产生工业增加值
					技术应用成本	研发、购置、利用技术所需的费用
			核能回收技术（废渣处理、回收）	回收量	核废料年回收量	年回收核废料的能力，单位为吨
					乏燃料年回收量	年回收乏燃料的能力，单位为吨
				回收率	核废料回收率	采用技术回收后的核废料占原有核废料总量的百分比。评分标准：①回收程度低于20%；②回收程度介于[20%,40%)；③回收程度介于[40%,60%)；④回收程度介于[60%,80%)；⑤回收程度高于80%

续表

一级指标	序号	二级指标	三级指标	四级指标	五级指标	评分说明
					乏燃料回收率	采用技术回收乏燃料占原有乏燃料总量的百分比。评分标准：①回收程度低于20%；②回收程度介于[20%,40%)；③回收程度介于[40%,60%)；④回收程度介于[60%,80%]；⑤回收程度高于80%
					乏燃料铀再利用率	乏燃料中的铀经过回收再利用的比例。评分标准：①再利用率低于20%；②再利用率介于[20%,40%)；③再利用率介于[40%,60%)；④再利用率介于[60%,80%]；⑤再利用率高于80%
					乏燃料钚再利用率	乏燃料中的钚经过回收再利用的比例。评分标准：①再利用率低于20%；②再利用率介于[20%,40%)；③再利用率介于[40%,60%)；④再利用率介于[60%,80%]；⑤再利用率高于80%
					乏燃料放射性降低率	采用技术，乏燃料(惰性气体、卤素、气溶胶、氚、其他核素、固态排出物等)的放射性的减少量与原有污染物放射性的比例。评分标准：①降低率低于20%；②降低率介于[20%,40%)；③降低率介于[40%,60%)；④降低率介于[60%,80%]；⑤降低率高于80%
					核废料最终处置降低率	核废料中主要污染物、有毒有害物质及重金属处理过程中削减量占原有污染物的百分比。评分标准：①降低率低于20%；②降低率介于[20%,40%)；③降低率介于[40%,60%)；④降低率介于[60%,80%]；⑤降低率高于80%

续表

一级指标	序号	二级指标	三级指标	四级指标	五级指标	评分说明
				经济性问题（回收技术成本、回收获利、政策性补贴）	技术应用收益	采用技术回收资源产生工业增加值
					技术应用成本	研发、购置、利用技术所需费用
				安全性问题	处理过程风险	核废料回收处理过程中，对周围环境造成污染的风险。评分标准：①高风险；②较高风险；③中风险；④较低风险；⑤低风险
					长期环境污染风险	核废料回收处理后时间跨度较长，由于非人为因素引起的对周围环境造成污染的风险。评分标准：①高风险；②较高风险；③中风险；④较低风险；⑤低风险
					公众风险降低率	采用技术使公众风险的降低程度。评分标准：①降低率低于20%；②降低率介于[20%,40%)；③降低率介于[40%,60%)；④降低率介于[60%,80%)；⑤降低率高于80%
					职业辐射降低率	采用技术使职业辐射的降低程度。评分标准：①降低率低于20%；②降低率介于[20%,40%)；③降低率介于[40%,60%)；④降低率介于[60%,80%)；⑤降低率高于80%
			水电回收技术	回收量	资源回收量	采用技术回收的资源量
					资源回收产能	采用技术单位时间回收的资源数量

续表

一级指标	序号	二级指标	三级指标	四级指标	五级指标	评分说明
				回收率	资源回收率	采用技术回收资源占原有产品资源总量的百分比。评分标准：①回收程度低于20%；②回收程度介于[20%,40%)；③回收程度介于[40%,60%)；④回收程度介于[60%,80%)；⑤回收程度高于80%
				经济性	技术应用收益	采用技术回收资源产生工业增加值
					技术应用成本	研发、购置、利用技术所需费用
	2	传统能源技术的升级改造	煤炭清洁燃烧技术	回收量	资源回收量	采用技术回收的资源量
					资源回收产能	采用技术单位时间回收的资源数量
				回收率	资源回收率	采用技术回收资源占原有产品资源总量的百分比。评分标准：①回收程度低于20%；②回收程度介于[20%,40%)；③回收程度介于[40%,60%)；④回收程度介于[60%,80%)；⑤回收程度高于80%
				经济性	技术应用收益	采用技术回收资源产生工业增加值
					技术应用成本	研发、购置、利用技术所需费用
	3	建筑物	石油、天然气门	回收量	资源回收量	采用技术回收的资源量
					资源回收产能	采用技术单位时间回收的资源数量

续表

一级指标	序号	二级指标	三级指标	四级指标	五级指标	评分说明
				回收率	资源回收率	采用技术回收资源占原有产品资源总量的百分比。评分标准：①回收程度低于20%；②回收程度介于[20%，40%）；③回收程度介于[40%，60%）；④回收程度介于[60%，80%）；⑤回收程度高于80%
					金属类资源回收率	采用技术回收废旧钢铁、有色金属等金属类资源占原有产品金属类资源总量的百分比。评分标准：①回收程度低于20%；②回收程度介于[20%，40%）；③回收程度介于[40%，60%）；④回收程度介于[60%，80%）；⑤回收程度高于80%
					非金属类资源回收率	采用技术回收废旧橡胶、塑料、玻璃等非金属类资源占原有产品非金属类资源总量的百分比。评分标准：①回收程度低于20%；②回收程度介于[20%，40%）；③回收程度介于[40%，60%）；④回收程度介于[60%，80%）；⑤回收程度高于80%
					资源转化利用率	采用技术后，可再转化利用的产出资源占回收资源的比例。评分标准：①程度低于20%；②程度介于[20%，40%）；③程度介于[40%，60%）；④程度介于[60%，80%）；⑤程度高于80%
				安全性问题	主要污染物去除率	资源回收处理过程中主要污染物削减量占原有污染物的百分比。评分标准：①低于20%；②介于[20%，40%）；③介于[40%，60%）；④介于[60%，80%）；⑤高于80%

续表

一级指标	序号	二级指标	三级指标	四级指标	五级指标	评分说明
				经济性	技术应用收益	采用技术回收资源产生工业增加值
					技术应用成本	研发、购置、利用技术所需费用
			窗	同"门"		
			外墙	同"门"		
			供暖系统	同"门"		
			照明系统	同"门"		
			回收设备	回收量	资源年回收量	设备全生命周期回收的资源量
					资源回收产能	采用技术单位时间回收的资源数量
				回收率	资源回收率	采用技术回收资源占原有产品资源总量的百分比。评分标准：①回收程度低于20%；②回收程度介于[20%,40%)；③回收程度介于[40%,60%)；④回收程度介于[60%,80%)；⑤回收程度高于80%
					金属类资源回收率	采用技术回收废旧钢铁、有色金属等金属类资源占原有产品金属类资源总量的百分比。评分标准：①回收程度低于20%；②回收程度介于[20%,40%)；③回收程度介于[40%,60%)；④回收程度介于[60%,80%)；⑤回收程度高于80%
					非金属类资源回收率	采用技术回收废旧橡胶、塑料、玻璃等非金属类资源占原有产品非金属类资源总量的百分比。评分标准：①回收程度低于20%；②回收程度介于[20%,40%)；③回收程度介于[40%,60%)；④回收程度介于[60%,80%)；⑤回收程度高于80%

续表

一级指标	序号	二级指标	三级指标	四级指标	五级指标	评分说明
					资源转化利用率	采用技术后，可再转化利用的产出资源占回收资源的比例。评分标准：①程度低于20%；②程度介于[20%,40%)；③程度介于[40%,60%)；④程度介于[60%,80%]；⑤程度高于80%
				安全性问题	主要污染物去除率	资源回收处理过程中主要污染物削减量占原有污染物的百分比。评分标准：①低于20%；②介于[20%,40%)；③介于[40%,60%)；④介于[60%,80%]；⑤高于80%
				消耗量	单位工业增加值综合能耗	采用技术回收资源产生的综合能耗总量与工业增加总值之比，单位为(标煤)吨/万元。评分标准：①介于(0.3,0.5]；②介于(0.2,0.3]；③介于(0.1,0.2]；④介于[0,0.1]；⑤不耗能①
					可再生能源使用比例	回收设备使用可再生能源的比例。评分标准：①低于20%；②介于[20%,40%)；③介于[40%,60%)；④介于[60%,80%]；⑤高于80%
					单位工业增加值新鲜水耗	采用技术回收资源产生的万元工业增加值消耗新鲜水量，单位吨/万元。评分标准：①高于9；②介于[6,9)；③介于[3,6)；④介于[0,3)；⑤不消耗水②
				运行效率	设备运行效率	回收设备的实际回收速度和设计回收速度和的比值

---

① 《再生资源绿色回收规范》行业标准征求意见稿。
② 《再生资源绿色回收规范》行业标准征求意见稿。

续表

一级指标	序号	二级指标	三级指标	四级指标	五级指标	评分说明
					设备自动化率	回收设备自动化率。评分标准：①自动化率介于[0,20%)；②介于[20%,40%)；③介于[40%,60%)；④介于[60%,80%)；⑤大于80%
				经济性	设备成本	研发或购置设备所需的费用
					运行成本	回收设备的运行成本，包括开动期间消耗的水电费用等
					回收资源收益	回收设备回收资源的工业增加值
绿色交通	4		油电混合动力汽车	回收量	资源年回收量	采用技术回收的资源量
					资源回收产能	采用技术单位时间回收的资源数量
				回收率	整车可再利用率	回收的资源，能够被再使用、再利用部分的质量占车辆整车整备质量的百分比。评分标准：①低于85%；②介于[85%,88%)；③介于[88%,92%)；④介于[92%,95%)；⑤大于95%①
					整车可回收利用率	回收的资源，能够被再使用、再利用和能量回收部分的质量占车辆整备质量的百分比。评分标准：①低于95%；②介于[95%,97%)；③介于[97%,98%)；④介于[98%,99%)；⑤达到100%②
					零部件材料回收率	采用技术回收汽车零部件的资源占原有零部件的质量百分比

---

① 《道路车辆 可再利用率和可回收利用率 要求及计算方法》GB/T 19515-2023。
② 《道路车辆 可再利用率和可回收利用率 要求及计算方法》GB/T 19515-2023。

续表

一级指标	序号	二级指标	三级指标	四级指标	五级指标	评分说明
					电池中锂的回收率	采用技术回收电池中锂的回收率
					电池中镍、钴、锰的综合回收率①	采用技术回收电池镍、钴、锰的综合回收率
					电池正负极材料回收率	采用技术回收的正负极材料重量与正负极质量的比值
					可回收废电池最大尺寸	技术可处理的废电池最大尺寸
				安全性问题	回收有害物质提高率	采用技术后,铅及铅化合、6价铬、汞及汞化合物、镉及镉化合物、多溴联苯等有害物质回收率的提高程度。评分标准：①程度低于20%；②程度介于[20%,40%)；③程度介于[40%,60%)；④程度介于[60%,80%]；⑤程度高于80%
				经济性	技术应用收益	采用技术回收资源产生工业增加值
					技术应用成本	研发、购置、利用技术所需的费用
			油气混合动力汽车	同"油电混合动力汽车"指标		
			纯油动力汽车	同"油电混合动力汽车"指标		

---

① 废锂离子动力蓄电池处理污染控制技术规范(征求意见稿)。

续表

一级指标	序号	二级指标	三级指标	四级指标	五级指标	评分说明
			锂电池电动汽车	同"油电混合动力汽车"指标		
			燃料电池电动汽车	同"油电混合动力汽车"指标		
			其他动力汽车	同"油电混合动力汽车"指标		
	5	其他工业	回收设备	运行效率		同建筑物节能技术中的回收设备指标
			回收技术	经济成本		
				经济效益		

5. 绿色低碳技术生态修复指标体系

生态修复指标体系方面，系统考虑了土壤修复技术、森林植被修复技术、河流湖泊修复保养技术、草地修复技术、湿地修复技术等领域的修复指标，包括修复率、修复期限、经济性等指标，如表 2.6 所示。在修复率方面，考虑了各技术的特点，如在土壤修复技术中考虑了土壤重金属污染下降率、土壤侵蚀模数，森林植被修复技术考虑了森林植被抵抗病虫害能力、河流湖泊修复保养技术考虑了河流湖泊水质等。

表 2.6　绿色低碳技术生态修复指标体系

一级指标	序号	二级指标	三级指标	四级指标	五级指标	评分说明
生态修复	1	土壤修复技术	物理技术	修复率	土壤修复量	使用技术修复土壤的面积。评分标准：①超小面积；②小面积；③中等面积；④大面积；⑤超大面积

续表

一级指标	序号	二级指标	三级指标	四级指标	五级指标	评分说明
					土壤修复率	使用技术修复土壤的面积与区域土地面积的比值。评分标准：①增加程度介于[0,20%)；②增加程度介于[20%,40%)；③增加程度介于[40%,60%)；④增加程度介于[60%,80%)；⑤增加程度大于80%
					土壤重金属污染下降率	技术修复后土壤中重金属的变化程度。评分标准：①减少程度低于20%；②减少程度介于[20%,40%)；③减少程度介于[40%,60%)；④减少程度介于[60%,80%)；⑤减少程度高于80%
					土壤肥力增长率	土壤有机质监测仪测量采用技术前后的土壤肥力变化程度。评分标准：①增加程度介于[0,20%)；②增加程度介于[20%,40%)；③增加程度介于[40%,60%)；④增加程度介于[60%,80%)；⑤增加程度大于80%
					土壤侵蚀模数	单位面积土壤及土壤母质在单位时间内侵蚀量的大小（单位：吨/(平方千米·年)）。评分标准：①减少程度低于20%；②减少程度介于[20%,40%)；③减少程度介于[40%,60%)；④减少程度介于[60%,80%)；⑤减少程度高于80%
					生物多样性增长率	采用技术修复土壤，使物种多样性增加的程度。评分标准：①增加程度低于20%；②增加程度介于[20%,40%)；③增加程度介于[40%,60%)；④增加程度介于[60%,80%)；⑤增加程度高于80%

续表

一级指标	序号	二级指标	三级指标	四级指标	五级指标	评分说明
				修复期限	目标实现时间	达到生态修复目标的有效实现时间。评分标准：①超出规划时间的150%；②达到规划时间；③达到规划时间的75%；④达到规划时间的50%；⑤低于规划时间的50%
					有效使用时间	技术使用过程中能够稳定发挥功能的有效使用时间。评分标准：①一次性使用；②达到规划时间的50%；③达到规划时间的75%；④达到规划时间的100%；⑤超出规划时间
			经济性	技术应用成本		研发或购置技术所需的费用
				技术机会成本		技术应用导致生产力的损失
				土地生产力增长率		使用技术后，土地生产水平的增长率。评分标准：①增加程度低于20%；②增加程度介于[20%,40%)；③增加程度介于[40%,60%)；④增加程度介于[60%,80%]；⑤增加程度高于80%
			化学技术	同"物理技术"		
			生物技术	同"物理技术"		
	2	森林植被修复技术		修复率	森林植被修复率	使用技术修复森林植被的面积与区域土地面积的比值。评分标准：①增加程度介于[0,20%)；②增加程度介于[20%,40%)；③增加程度介于[40%,60%)；④增加程度介于[60%,80%)；⑤增加程度介于[80%,100%]

续表

一级指标	序号	二级指标	三级指标	四级指标	五级指标	评分说明
					森林植被修复量	使用技术修复森林植被的面积。评分标准：①超小面积；②小面积；③中等面积；④大面积；⑤超大面积
					生物多样性增长率	采用技术修复森林植被，使植被物种多样性增加的程度。评分标准：①增加程度低于20%；②增加程度介于[20%,40%)；③增加程度介于[40%,60%)；④增加程度介于[60%,80%)；⑤增加程度大于80%
					森林植被抵抗病虫害能力	选择森林病虫害胁迫干扰因子来评价森林生态系统的抵抗力。评分标准：①抵抗力差；②抵抗力较差；③抵抗力一般；④抵抗力较好；⑤抵抗力好
				修复期限	目标实现时间	达到生态修复目标的有效实现时间。评分标准：①超出规划时间的150%；②达到规划时间；③达到规划时间的75%；④达到规划时间的50%；⑤低于规划时间的50%
					有效使用时间	技术使用过程中能够稳定发挥功能的有效使用时间。评分标准：①一次性使用；②达到规划时间的50%；③达到规划时间的75%；④达到规划时间的100%；⑤超出规划时间
				经济性	技术应用成本	研发或购置技术所需费用
					技术机会成本	技术应用导致生产力的损失
	3	河流湖泊修复保养技术		修复率	河流湖泊修复率	使用技术修复河流湖泊的面积与区域河流湖泊面积的比值。评分标准：①增加程度介于[0,20%)；②增加程度介于[20%,40%)；③增加程度介于[40%,60%)；④增加程度介于[60%,80%)；⑤增加程度大于80%

续表

一级指标	序号	二级指标	三级指标	四级指标	五级指标	评分说明
					河流湖泊修复量	使用技术修复河流湖泊的面积。评分标准：①超小面积；②小面积；③中等面积；④大面积；⑤超大面积
					水土流失治理度	水土流失治理面积与原水土流失面积的比值。评分标准：①介于[0,20%)；②介于[20%,40%)；③介于[40%,60%)；④介于[60%,80%]；⑤大于80%
					河流湖泊水质	使用技术修复河流湖泊的水质状况。评分标准：①Ⅴ类和劣Ⅴ类；②Ⅳ类；③Ⅲ类；④Ⅱ类；⑤Ⅰ类
					生物多样性增长率	采用技术修复河流湖泊，使物种多样性增加的程度。评分标准：①增加程度低于20%；②增加程度介于[20%,40%)；③增加程度介于[40%,60%)；④增加程度介于[60%,80%]；⑤增加程度高于80%
					富营养化风险	水体富营养化加剧导致水环境及生态系统破坏的风险。评分标准：①富营养化风险高；②富营养化风险较高；③富营养化风险适中；④富营养化风险低；⑤无富营养化风险
				修复期限	目标实现时间	达到生态修复目标的有效实现时间。评分标准：①超出规划时间的150%；②达到规划时间；③达到规划时间的75%；④达到规划时间的50%；⑤低于规划时间的50%
					有效使用时间	技术使用过程中能够稳定发挥功能的有效使用时间。评分标准：①一次性使用；②达到规划时间的50%；③达到规划时间的75%；④达到规划时间的100%；⑤超出规划时间

续表

一级指标	序号	二级指标	三级指标	四级指标	五级指标	评分说明
				经济性	技术应用成本	研发或购置技术所需费用
					技术机会成本	技术应用导致生产力的损失
	4	草地修复技术		修复率	草地修复率	使用技术修复草地的面积与区域土地面积的比值。评分标准：①增加程度介于[0,20%)；②增加程度介于[20%,40%)；③增加程度介于[40%,60%)；④增加程度介于[60%,80%)；⑤增加程度介于[80%,100%]
					草地修复量	使用技术修复草地的面积。评分标准：①超小面积；②小面积；③中等面积；④大面积；⑤超大面积
					生物多样性增长率	采用技术修复草地，使物种多样性增加的程度。评分标准：①增加程度低于20%；②[20%,40%)；③增加程度介于[40%,60%)；④增加程度介于[60%,80%)；⑤增加程度大于80%
					固沙面积比率	固定沙地面积与区域土地面积的比值。评分标准：①增加程度介于[0,20%)；②增加程度介于[20%,40%)；③增加程度介于[40%,60%)；④增加程度介于[60%,80%]；⑤增加程度大于80%
				修复期限	目标实现时间	达到生态修复目标的有效实现时间。评分标准：①超出规划时间的150%；②达到规划时间；③达到规划时间的75%；④达到规划时间的50%；⑤低于规划时间的50%

续表

一级指标	序号	二级指标	三级指标	四级指标	五级指标	评分说明
					有效使用时间	技术使用过程中能够稳定发挥功能的有效使用时间。评分标准：①一次性使用；②达到规划时间的50%；③达到规划时间的75%；④达到规划时间的100%；⑤超出规划时间
				经济性	技术应用成本	研发或购置技术所需费用
					技术机会成本	技术应用导致生产力的损失
	5	湿地修复技术		修复率	湿地被修复率	使用技术修复湿地的面积与区域湿地面积的比值。评分标准：①增加程度介于[0,20%)；②增加程度介于[20%,40%)；③增加程度介于[40%,60%)；④增加程度介于[60%,80%)；⑤增加程度介于[80%,100%]
					湿地植被修复量	使用技术修复湿地的面积。评分标准：①超小面积；②小面积；③中等面积；④大面积；⑤超大面积
					生物多样性增长率	采用技术修复湿地，使物种多样性增加的程度。评分标准：①增加程度低于20%；②增加程度介于[20%,40%)；③增加程度介于[40%,60%)；④增加程度介于[60%,80%)；⑤增加程度大于80%
					湿地水质	使用技术修复湿地的水质状况。评分标准：①Ⅴ类和劣Ⅴ类；②Ⅳ类；③Ⅲ类；④Ⅱ类；⑤Ⅰ类
				修复期限	目标实现时间	达到生态修复目标的有效实现时间。评分标准：①超出规划时间的150%；②达到规划时间；③达到规划时间的75%；④达到规划时间的50%；⑤低于规划时间的50%

续表

一级指标	序号	二级指标	三级指标	四级指标	五级指标	评分说明
					有效使用时间	技术使用过程中能够稳定发挥功能的有效使用时间。评分标准：①一次性使用；②达到规划时间的50%；③达到规划时间的75%；④达到规划时间的100%；⑤超出规划时间
				经济性	技术应用成本	研发或购置技术所需费用
					技术机会成本	技术应用导致生产力的损失

综上所述，从绿色低碳技术的节能增效、节约材料、废弃物资源化利用、污染物减排、促进生态修复等五个特征，从环境、能效、耗材、资源回收、生态修复等五个方面，构建绿色技术五级指标体系。建立详细的绿色低碳技术评估指标体系与方法，有助于加深对绿色低碳技术的认知，继而帮助对绿色低碳技术的评估和遴选。

2.1.3 国内外电力行业绿色低碳技术的发展

从全球来看，电力行业在各行业碳排量上居于前列。为了应对气候变化，减少电力领域的碳排放，各国纷纷促进电力行业向绿色低碳化方向转型，重视并加大对风电、光伏等绿色低碳能源的利用比例，减少应用化石能源发电。通过对上述绿色低碳技术评估指标的分析，认为电力行业绿色低碳技术的评估同样应遵守该评估指标。

1. 国外电力行业绿色低碳技术的发展

1）美国

美国承诺，到2030年，碳排量在2005年的水平上减少50%~52%，并计划在2050年前实现净零排放。电力行业是碳减排的关键所在。基于麦肯锡全球碳中和模型的测算，为达成1.5摄氏度控温目标，全球电力行业需要在2050年前减少99%以上的碳排放，相当于几乎要达到零碳排放。为实现减排目标，各大碳排放主体相继制定了能源转型与电力行业改革的目标与方案。美国于2021年4月提出"到2035年实现零碳污染电力系统"的目标。

美国作为世界第一大能源消费国和第一大原油进口国，高度重视能源技术研究，将能源领域作为绿色发展战略的重点。美国政府的能源政策以发展新能源为核心，推广绿色能源发展，先后出台了《美国清洁能源与安全法案》《清洁电力计划》

等,推动清洁能源的利用和普及。虽然特朗普总统任期内将能源政策向化石能源倾斜,清洁能源投资和利用受到一定的影响,但核能、生物能源、太阳能、地热能等清洁能源,以及碳捕集、利用与封存技术的研发仍受到大力资助。

2020年2月,美国能源部(DOE)宣布了1.255亿美元的太阳能技术资助计划。4月,能源部制定《恢复美国的核能源领导地位战略》,提出多项增强核电积极属性的政策建议,包括加强铀矿开采和转化产业,利用投资巩固技术进步,增强技术优势并推动出口,同时确保与防扩散目标的一致性并支持国家安全。与此同时,能源部宣布资助高达1.31亿美元的碳捕集、利用与封存技术研发项目。7月,能源部宣布投资9700万美元用于生物能源研发。

拜登总统将应对气候变化作为其首要任务之一,2021年1月,拜登政府宣布重返《巴黎协定》并签署了《应对国内外气候危机的行政命令》,提出在全社会范围内采取措施应对气候危机,全面加强清洁技术研发。2021年2月,美国能源部宣布向能源高级研究计划局提供1亿美元的资金,以支持变革性的低碳能源技术。2021年3月,美国众议院能源与商业委员会提出《清洁未来法案》,提出在整个经济领域实施绿色清洁能源解决方案,并提出将投入1000亿美元帮助各州、城市、社区和企业向清洁能源经济转型。

2)欧盟

欧盟一直是积极应对全球气候变化的倡导者、推动者和领导者,同时将环境和气候的全球挑战视为经济发展的机遇,致力于加强欧盟经济的绿色低碳竞争力。欧盟早在1973年就推出了第一个环境行动计划,截至目前,欧盟已经实施了七个环境行动计划。第七个环境行动计划提出实现低碳增长与资源利用长期脱钩,为到2050年建立安全和可持续社会奠定基础。

2018年,欧盟委员会推出《2050年长期战略》,提出到2050年实现碳中和的目标,并提出进一步扩大能源、建筑、交通、工业和农业等领域的绿色技术创新是向零排放经济过渡的途径和战略重点,将在七个领域开展联合行动:提高能源效率的效益;发展可再生能源;发展清洁、安全、互联的交通;发展欧盟竞争性产业和循环经济;建设充足的智能网络基础设施和互联网络;发展生物经济并建立基本的碳汇;发展碳捕获和储存技术以解决剩余的碳排放。2019年12月,新一届欧盟委员会发布了《欧洲绿色新政》,提出了涵盖能源、工业、建筑、交通、农业、生态和环境等七大领域的绿色发展行动路线。随后推出了《可持续欧洲投资计划》《欧洲气候法草案》《欧洲新工业战略》《新循环经济行动计划》《能源系统整合战略》和《欧洲氢能战略》,这些政策和行动计划为绿色技术创新发展提供了政策支撑。

新冠疫情后,欧洲一些国家陆续制定了绿色复苏计划。其中,法国于2020年

9月推出《国家经济复苏计划》,提出将在"生态转型"方面投入300亿欧元,发展绿色交通、清洁能源技术创新、建筑节能翻新、农业转型等,并支持具有长期减排潜力新技术的研究与实践;英国于2020年10月发布《绿色工业革命的十项计划》,将支持包括海上风电,氢能,核能,电动汽车,绿色公共交通,零喷气式飞机和绿色船舶,绿色建筑,碳捕集、利用与封存,自然环境、绿色金融与创新等十个重点领域的绿色技术创新和发展。此外,德国、法国还相继发布《国家氢能战略》,提出利用可再生能源制氢并推动氢能在交通、工业、建筑等领域的大规模应用,以实现这些能源密集行业的减排和脱碳。

3) 日本

日本作为典型的资源紧缺型国家,高度重视资源节约、环境保护和可持续发展。日本一直紧抓能源结构转型,大力推进绿色能源产业发展。2012年发布了《绿色增长战略》,提出自克服石油危机以来的主要能源约束,实现能源从"核电厂到绿色"的转变。2018年,日本在第五期《能源基本计划》中提出了面向2030年及2050年能源中长期发展的战略,进一步明确能源发展目标:加大零排放电力比例,降低核电和化石能源占比,发展可再生能源,提高能源自给率。与此同时,日本加快推动建设氢能社会,发布《氢与燃料电池战略技术发展路线图》《氢能基本战略》《氢与燃料电池技术开发战略》等多个文件以推动氢能的发展。2020年1月,日本政府颁布了《革新环境技术创新战略》,这份新的应对气候变化的技术战略提出,将在能源、工业、交通、建筑和农林水产业等五大领域采取绿色技术创新以加快减排技术的创新步伐。该技术创新战略提出了39项重点绿色技术,并将在未来十年里投入30万亿日元技术创新资金促进技术发展。该技术创新战略显示了日本利用绿色技术创新应对能源和气候变化的决心。此外,日本还颁布了《2050年碳中和绿色增长战略》,提出海上风电、氢能等14个产业的绿色发展目标和重点任务。

4) 韩国

韩国将绿色增长作为经济增长的引擎。2008年制定了《低碳绿色增长战略》,提出"以绿色技术和清洁能源创造新的增长力和就业机会的国家发展新模式"。此后,与韩国绿色增长战略相关的政策和措施相继出台,如《国家能源基本计划》《气候变化基本法》《绿色增长国家战略及五年计划》等。2020年7月,韩国宣布"绿色新政"计划,提出在2020—2025年,政府将投资73.4万亿韩元,以支持绿色基础设施、新能源及可再生能源和碳捕集、利用与封存等绿色技术的发展,加快向绿色低碳社会的转型。2020年12月,韩国政府公布《2050碳中和推进战略》,提出加快能源转型,发展新可再生能源等绿色技术,旨在到2050年实现碳中和。为推动到2050年实现碳中和,韩国于2021年3月发布了《碳中和技术创新推进战略》,该战略确定了实现碳中和的十项关键技术。

2. 我国电力行业绿色低碳技术的发展

我国二十大报告中明确提出,倡导绿色消费,推动形成绿色低碳生产方式和生活方式。我国电力行业深入学习贯彻党的二十大精神,贯彻落实党中央、国务院决策部署,积极推动可再生能源发展,大力发展风电、光伏、水电、核电、生物质和地热发电等,构建风光水火储一体化的新型电力体系,推动能源电力技术与数字化技术的跨界融合,因此需要从碳达峰、碳中和的大局,系统性地发展电力行业的绿色低碳技术。

1) 传统火电的转型升级

中国传统化石燃料主要包括煤、石油和天然气,其中,以煤为绝对主体。因为开采与发电是碳排放量较高的作业环节,所以,采取绿色开采、科学用煤方式,尽可能采用绿色低碳技术方法和路径十分重要。

(1) 化石燃料侧。

传统煤电预计会在 2025 年左右提前碳达峰,针对煤炭行业的可持续发展,2030—2050 年既是关键期,也是技术变革的活跃期,未来的发展空间取决于自身能否实现绿色开采、原位低碳化利用、生态修复以及碳捕集、利用与封存(如煤化工碳捕集与封存等)能否应用和推广等。

(2) 燃煤发电侧。

从中国的电力结构来看,截至 2020 年底,煤电装机容量仍高达 10.8 亿千瓦,并且在未来的十年,因新能源的支撑性需求,局部区域还会存在煤电增量。每发一度电要排放二氧化碳 0.8~0.9 千克,如果每度电的耗煤量降低 1 克,全国每年就可减排二氧化碳 750 万吨,因此,除了严控新建煤电机组增量(原则上应采用超超临界且供电煤耗应低于 270 克标煤/千瓦·时)外,还应集中精力加快存量火电机组的改造,主要技术路径如下。

① 推动煤电机组的节能提效升级和清洁化利用,如汽轮机的通流改造、锅炉蒸汽参数优化、烟气余热+汽机热力系统的综合集成和能量梯级利用、低污染物(SO_x、NO_x、灰尘、汞、砷等)排放协同治理等。

② 加大煤电机组的创新技术应用,如 650 ℃ 等级超临界技术,低成本低排放循环流化床 CFB 技术,智慧电厂技术,燃煤电厂大规模碳捕集、利用与封存技术等。

③ 煤电的综合能源站改造,充分利用电厂客观环境,既可新增风光可再生能源,又可错峰利用谷电储能(如光热、绿电/谷电加热熔盐等),提供冷热电气水等综合能源服务。

④ 燃煤耦合生物质、垃圾、污泥等的发电改造,在充分发挥大型燃煤机组高效率、低污染的优势的同时,还可以有效降低碳排放水平。

(3) 燃气发电侧。

中国天然气储量少,燃料成本和燃机(严重依赖进口)运行维护成本高昂,制约着燃气发电的发展,但因燃气机组具备高达90%的有效容量(煤电80%,风光仅10%~20%)、调峰能力强、碳排放强度低(约为煤电的42%)等优点,在"十四五"期间预计我国的燃气发电仍有50%左右的增长空间。燃气发电在进一步低碳转型中可采用的绿色低碳技术主要包括以下技术。

① 燃气发电耦合风光可再生能源发电、储能等,替代燃煤发电,可实现比100%新能源发电更大程度的碳减排。

② 推进天然气分布式综合能源站,通过"天然气分布式＋储能＋智慧微网"等模式,为区域用户提供热、电、冷、气、水、充电、储能、燃气等多种能源和服务。

③ 结合高效的联合循环燃气机组,采用碳捕集、利用与封存技术,可实现95%以上的碳减排。

④ 开发氢燃气轮机,或通过技术升级改造实现高比例掺氢燃烧或100%燃氢,最终实现零碳排放。

2) 大力发展可再生能源电力

大力发展可再生能源是推动电力行业绿色低碳转型的核心路径。根据《2030年前碳达峰行动方案》要求,全面推进风电、太阳能发电大规模开发和高质量发展,坚持集中式与分布式并举,到2030年,风电、太阳能发电总装机容量达到12亿千瓦以上。同时积极发展水、核、生物质、地热等发电,推动我国电力供应持续向更高效、更清洁的多元化方向发展。

(1) 风电侧。

中国的风电装机在近十年间取得极大发展,截至目前已经突破3亿千瓦大关。虽然风电整机制造商(如金风科技、远景能源等)在技术上取得一定突破且国内市场占有率超过90%,但是在大型风电技术、关键材料、超大型叶片、电机等领域还有待提升,重点绿色低碳技术聚焦在以下几个方面。

① 进行大型风电技术创新,开发10~15兆瓦等级及以上风电机组,涉及100米以上超大型叶片的材质结构和轻量化技术、10~15兆瓦等级变流器、超导风力发电机、更高更轻质塔筒等。

② 中东南部地区风资源可开发规模仍高达10亿千瓦,应积极推动分散式风电。

③ 充分利用远海的优良风资源,开发远海大型风电系统,研发大容量风电机

组漂浮式基础、控制系统等。

④ 耦合其他新能源电力，以及同步配套储能、制氢设备等，提高供电的稳定性和安全性。

⑤ 创新应用直流输电装备，采用柔直送出技术以提高长距离、大规模远海风电的经济性和可靠性。

⑥ 增强数字化技术与风机的协同，开发智能风电平台，通过"自学习、自适应、自优化"提高风电发电量。

（2）太阳能发电侧。

纵观光伏发电的发展脉络，全球的光伏电池产量正处于持续上升的阶段，并且中国是光伏发电的生产主力，自2008年始，光伏电池产量一直位居世界第一，2020年更是达1.57亿千瓦。中国蕴藏巨大的太阳能资源，大力发展太阳能发电不仅可以有效解决产能过剩问题，而且对"双碳"目标的实现极具现实意义。

光伏发电技术路线主要包括晶体硅太阳能电池、薄膜太阳能电池和聚光发电技术等，晶体硅太阳能电池是目前光伏发电的主流产品。太阳能绿色低碳技术主要包括以下技术。

① 上游硅料（化工属性）企业应优化工艺技术流程，逐步采用绿电生产，现阶段因电能成本占比高达44%，应避免碳锁定，建议在一定时期内给予特殊政策支持，降低对光伏产业大规模化发展的负面影响。

② 多晶硅向单晶硅方向转型、P型硅向N型硅转型、低纯度硅向高纯度硅（电子级）转型，提升有效发电效率。

③ 结合光学优化、电学优化和结构优化技术，开发出整体性能更优的光伏组件。

④ 开发更高效的光伏电池技术，PREC（发射极和背面钝化电池）技术市场占比高达90%，其效率已接近天花板（理论最大为24%），应逐步推进向新电池技术方向发展，如提动TOPCon、异质结电池、叠层电池等的发展。

⑤ 聚光光伏的光转换效率最高可达30%~40%，未来应在跟踪聚光及其控制精度、降低运行成本等方面着力。

⑥ 光电与光热并举、集中与分布并举，并与其他形式新能源、数字化技术、建筑一体化技术、照明技术等有效结合。

（3）其他可再生能源发电。

水电、核电、生物质和地热发电等都是中国未来新型电力系统的构成要素。在鼓励发展装机的同时，也应重视依靠技术进步解决制约发展的核心问题，如可采用大型复杂水电站群的优化规划技术、跨梯级跨区域统一调度技术、大型水力涡轮机技术、国产第四代核电技术、生物质气化和直燃发电技术、垃圾能源化技术等。

3) 积极发展氢能、储能及新型低碳技术

从"双碳"目标来看,传统煤电的逐步退出尚需三四十年时间,并且以风光为主体的可再生能源不确定性强,电力系统面临长时间尺度上的平衡及调压调频等难题,存在能源安全风险。需要综合利用储能、氢能和低碳利用的化石能源等多种供给形式,主要方向如下。

(1) 大力发展各种储能技术。长周期储能,如抽水蓄能、压缩空气储能、熔盐储能等,如采用光热或绿电/谷电加热熔盐替代燃煤锅炉等;电化学储能,如锂电池、钠电池、液流电池、可逆式燃料电池等,鼓励动力电池的能量梯级利用,以及高密度、大容量、更安全的电化学电池技术开发;飞轮、超级电容和超导磁储能,参与调峰调频,提升电能质量控制。

(2) 大力发展氢能。煤、化工、天然气用重整制氢方式,同时宜配套碳捕集、利用与封存技术;绿电电解制氢,如固体氧化物电池 SOEC(也可利用高温工作特性与核电集成)、碱性电池 AEC(高稳定性需求与水电耦合最佳)、质子交换膜 PEM (材料、结构、界面、热管理等技术改进);直接太阳能水分解制氢,如光化学 PEC 和热化学 STCH 等,突破光电极、材料、催化剂等性能制约困境,着力解决氢的存储、运输等环节技术难题,如氢制备氨或甲醇。

(3) 大力发展负碳技术。如碳捕集、利用与封存直接空气捕集 DAC、绿色碳汇等,尤其应开发大规模碳消纳的创新应用技术。

4) 构建数字化智能电力

随着以可再生能源为主体的新型电力系统构建成功,可再生能源逐渐成为电源主体,"源随荷动"的传统电力系统生产组织模式将发生根本性变化,数字化将是提升可再生能源消纳、实现电网安全高效、助力负荷可控可调、综合智慧高效用能的战略性抓手。通过应用云计算、大数据、物联网、移动互联网、人工智能、区块链、高性能图计算等新一代数字技术对电力系统进行数字化建设,促进"源网荷储"协调互动,推动电力系统的能源互联网升级。

2.2 电力行业"源网荷储"典型绿色低碳技术

当前,全球能源电力技术创新进入高度活跃期,绿色低碳是能源电力技术创新的主要方向,电力系统前沿技术集中在先进可再生能源发电及综合利用技术、新型电力系统及其支撑技术、安全高效核能技术、绿色高效化石能源开发利用技术、能源电力系统数字化智能化技术以及电力系统市场技术等重点领域,因此,推进电力系的绿色低碳、安全高效、数字化、智能化技术创新已经成为电力行业的未来发展趋势。

在"双碳"目标下,推动电力系统向适应大规模、高比例新能源方向演进,增强电源协调优化运行能力,完善区域电网主网架结构,推动电网之间柔性可控互联,构建规模合理、分层分区、安全可靠的电力系统,提升电网适应新能源的动态稳定水平,实现电力绿色低碳技术的应用发展已经成为全球电力行业的共识。

2.2.1 化石能源发电绿色低碳技术

化石能源发电被认为是电力碳排放最主要的贡献。减少化石能源的消耗量有助于减少二氧化碳排放,一般采用节能增效技术、改变燃烧方式、捕集二氧化碳等手段减少碳排放。

1)燃煤发电技术

燃煤发电是目前全球最重要的发电方式之一,但其会排放大量的二氧化碳和其他污染物。随着绿色低碳发展需求的增长和绿色低碳技术的进步,清洁燃煤技术已经成为燃煤发电的重要发展方向,包括超临界燃煤和超超临界燃煤技术等,可以提高燃煤发电的效率,减少二氧化碳排放。具体发展趋势主要如下。

(1)超超临界发电前沿技术。

随着镍铁基、镍基高温材料研发的不断突破,更高参数的 630 ℃、760 ℃等级先进高参数超超临界发电前沿技术将成为下一代火力发电主力机组技术。加快高参数、大容量机组关键高温部件的自主研发及制造,以及从主机设备、系统布置等方面进行设计创新,努力减少高温材料的使用,降低工程投资,是目前中国乃至全世界的研究方向之一,其中,超超临界循环流化床发电技术是适合我国国情的关键技术。超临界二氧化碳循环发电技术是热力发电领域一项重要的变革性技术,是未来能源综合利用的一个发展方向,其优良特性使得其系统具有良好的应用前景和研究价值,要加强对高温关键部件在超临界二氧化碳环境下的高温腐蚀问题、系统设计优化问题、关键设备开发研制及系统灵活性问题等关键技术的研究攻关。

(2)整体煤气化联合循环发电技术。

整体煤气化联合循环发电技术,又称IGCC技术,可以将煤炭转化为合成气,然后用于发电或其他用途,通过气化,煤中的碳可以转化为一种更易于利用的气态能源,其中包括一氧化碳(CO)、氢气(H_2)等,这使得煤炭气化成为一种灵活的能源转换方式,可为多种能源产物提供原料。

首先,IGCC有助于提高煤炭的能源利用效率,通过气化可以获得高热值的合成气,更适合用于发电。其次,煤炭气化有助于降低煤炭燃烧过程中的污染物排放,使得发电更加清洁。最后,由于合成气中含有丰富的氢气,煤炭气化也为氢能发展提供了一种途径,从而可实现煤炭清洁利用,减少二氧化碳排放。

IGCC 作为一种高效、低污染的清洁煤发电技术,经过概念验证和工业示范阶段,提高其运行可用率、降低投资费用和发电成本是 IGCC 未来发展的主要方向。

当前,IGCC 处于起步阶段,中国、美国等国家将其作为转型清洁能源的一部分,通过气化提高了煤炭利用效率,减少对环境的不良影响。气化产生的合成气也成为一种重要的工业原料。同时,随着氢能经济的兴起,煤炭气化为氢气生产提供了重要支持。煤气净化提纯技术、以固体氧化物燃料电池(SOFC)为代表的高温燃料电池技术、系统耦合控制技术等相关技术研究正逐步开展。

(3) 耦合混烧技术。

生物质、固废与燃煤耦合混烧,是未来降低煤电机组碳排放量、增强燃煤发电可持续性,推动煤电迈向低碳化的一条切实可行的路径。生物质是指来自植物和动物有机物质的总称,包括木材、农作物秸秆、生活垃圾等。生物质作为一种可再生能源,其燃烧释放的二氧化碳总量与植物在生长过程中吸收的二氧化碳总量相当,具有较小的碳足迹。固废通常是指工业、建筑和生活中产生的废弃物,如废弃塑料、废金属、建筑垃圾等。通过垃圾焚烧等技术,固废中的有机物质也可以转化为能源。燃煤是传统的化石燃料,其燃烧释放的大量二氧化碳和其他污染物会对环境产生负面影响。耦合混烧技术旨在减缓燃煤发电对环境的不利影响。

这种混烧技术能够充分利用各种资源,提高发电效率,同时减少对传统能源的依赖。通过调节混合比例,可以实现排放物的降低,减少对环境的污染。探索优化耦合燃烧技术,完善生物质、固废燃料储运技术,加强污染物协同治理研究是当前工程实际运行中仍需关注的问题。

(4) 脱硫、脱硝和脱汞技术。

脱硫、脱硝和脱汞技术可以有效减少燃煤发电过程中产生的二氧化硫、氮氧化物和汞等有害物质的排放,从而降低对环境的影响。脱硫、脱硝和脱汞技术在发电领域扮演着关键的角色,是应对大气污染和保护环境的重要手段。这些技术的使用旨在降低电厂烟气中的有害气体排放,确保发电过程对人类健康和自然环境的不良影响最小化。

脱硫技术主要针对硫气体的排放,有助于减少酸雨的形成,降低对土壤和水体的污染;脱硝技术主要解决氮氧化物的排放问题,有助于减缓酸雨、光化学臭氧和大气颗粒物的生成,改善空气质量;脱汞技术针对有毒的汞元素,有助于防止其进入水体和生态系统,减轻对生态环境的损害。

脱硫、脱硝和脱汞技术有效地降低了发电过程中产生的有害气体排放,保护了人类健康和自然环境。当前,脱硫、脱硝和脱汞技术已经在全球范围内得到广泛应用。这些技术采用了多种方法,如湿法脱硫、干法脱硫、SCR(选择性催化还原法)和 SNCR(选择性非催化还原法)等,以适应不同的发电设备和需求。同时,一些新兴技术也在不断涌现,包括生物脱硫、低氮燃烧技术等,以提高脱硫、脱硝和脱汞的效率和可持续性。

总体而言,这些技术的应用对实现清洁、可持续的发电过程,保障环境质量,促进可持续发展具有重要意义。在未来,随着环保法规的不断加强和技术的不断创新,这些技术将持续发挥关键作用。

2)燃气发电技术

天然气是一种相对清洁的化石能源,燃气发电技术可以将天然气转化为电能,并产生较少的污染物和温室气体排放。随着对天然气资源的开发和利用不断增加,燃气发电将成为重要的绿色低碳发电方式。

天然气发电的未来发展趋势主要包括以下两种。

(1)天然气混合燃料发电。

天然气混合燃料发电技术是一种将天然气与其他可再生或传统燃料混合使用的发电技术。这种技术涵盖了多种混合比例和不同燃料的组合,旨在提高能源利用效率、减少碳排放、推动清洁能源的应用。主要涉及将天然气与其他燃料,如生物质、氢气、生物油等混合使用,以适应不同的发电需求。混合比例和燃料的选择可以根据具体情况进行调整,以实现最佳的经济性和环保性。

技术的特点在于其灵活性和可调性。通过混合不同的燃料,可以实现更广泛的能源来源利用,提高发电过程的适应性。此外,天然气混合燃料发电技术通常具有较高的效率和较低的排放水平,有助于实现清洁能源发电。

天然气混合燃料发电技术已经在一些发达国家和地区得到应用。一些发电厂和项目采用天然气与生物质、氢气等混合的方式,实现更清洁、可持续的发电。然而,在全球范围内,该技术的普及程度还受到能源政策和市场环境等因素的影响。随着清洁能源的重要性不断凸显,天然气混合燃料发电技术有望在未来得到更广泛的应用。

(2)发展可再生天然气。

可再生天然气是通过生物气体、废物气化或电解水制氢等方式生产的天然气替代品。这些可再生气体可以与传统天然气混合使用,用于现有的天然气发电设备。可再生天然气具有减少碳排放和可持续性的优势,可以作为天然气发电的绿色低碳替代品。作为一种低碳清洁能源,其生产和使用过程中排放的温室气体较少,对环境影响较小。可再生天然气可以在需要时进行储存,也可以通过天然气管道系统输送,提高能源系统的灵活性。可再生天然气与传统天然气相似,可以与现有的天然气基础设施和发电设备兼容,这降低了技术转型的复杂性。

发展可再生天然气发电技术对推动清洁能源转型至关重要。它为可再生能源提供了一种灵活的利用途径,有助于解决可再生能源的间歇性和不稳定性问题,并减少对传统天然气和化石燃料的依赖。

目前,可再生天然气发电技术仍处于发展阶段。虽然一些试点项目和实验性设施已经开始尝试可再生天然气的生产和利用,但在全球范围内商业应用尚处于初步阶段。政策支持、技术创新和市场推动将在未来决定其发展方向。

3) 碳捕集、利用与封存技术(CCUS)

碳捕集、利用与封存技术(Carbon Capture, Utilization and Storage, CCUS)是一种旨在减少二氧化碳等温室气体排放的技术。该技术主要包括三个步骤:捕集二氧化碳、对捕集到的二氧化碳进行利用以及将剩余的二氧化碳进行封存,防止其释放到大气中。CCUS 技术可以将二氧化碳捕集、输送和封存起来,防止其进入大气,从而减少温室气体排放。这种技术可以应用于燃煤和燃气发电厂,以及其他产生大量二氧化碳的工业过程。CCUS 通过各种技术,如化学吸收、物理吸收、膜分离等,将二氧化碳从排放源中捕集出来。捕集到的二氧化碳有多种用途,如用于合成燃料、碳化学品等,可降低对传统碳源的依赖。把剩余的二氧化碳封存在地下储存库或其他地质形态中,以防止其进入大气。

在碳中和背景下,CCUS 技术不仅是实现化石能源近零排放的重要技术选择,还是电力、工业部门深度减碳和低碳转型的关键技术保障,并且与生物质能、直接空气捕集等结合可实现大规模负碳效应。CCUS 技术聚焦于捕集效率更高、能耗更低的第二代碳捕集技术以及高效低成本直接空气碳捕集技术(DAC)的研发。同时,二氧化碳电化学转化技术、矿化利用技术是非常有前景的大规模固定二氧化碳利用路线的技术。

二氧化碳陆地存储技术中,目前较为商业化利用的是二氧化碳强化石油开采(CO_2-EOR)技术。二氧化碳驱替煤层气(CO_2-ECBM)技术目前仍处于先导试验阶段,技术还尚未成熟,部分技术问题有待解决。海洋存储技术在理论上潜力巨大,目前仍处于理论研究和模拟阶段,封存成本很高,在技术可行性上和对海洋生物的影响上还需要更进一步的研究。

同时,生物质能-碳捕集与封存技术(Bioenergy with Carbon Capture and Storage, BECCS)是一类特殊的 CCUS 技术。区别于传统 CCUS 技术捕集化石燃料燃烧产生的二氧化碳,BECCS 技术将生物质能燃烧或转化过程中的二氧化碳进行捕集和转化,全过程实现负排放。在碳排放难以完全消除的行业,未来 BECCS 将发挥重要作用。

2.2.2 可再生能源发电绿色低碳技术

可再生能源发电主要是将自然界的风能、光能、海洋能、潮汐能、流水位差等能源转化为电能的技术,由于可再生能源在利用过程中不产生任何的二氧化碳排放,一般被电力行业认为属于零碳电力技术。这类技术一般应用在海上、偏远的陆地或高山且离地面较远,不会对环境带来较大影响,具有环境友好的特点。

1) 风力发电技术

风力发电是一种绿色零碳的能源技术,具有资源丰富、产业基础好、经济竞争力较强、环境影响微小等优势,是最有可能在未来支撑世界经济发展的能源技术之一。风力发电产业被列为国家"双碳"目标战略性新兴产业之一,其发展趋势大致如下。

(1) 技术成熟度提高。

随着科技的进步和经验的积累,风力发电技术的成熟度不断提高。风力发电机组的效率和可靠性也得到了显著提高,同时,风力发电的运行和维护成本也在不断降低。可以通过改进风力发电机组的设计和工艺,提高发电机组的转换效率,使其能够更有效地利用风能,还可通过改进风力发电机组的控制系统和运维管理,提高风力发电的可靠性和稳定性,降低故障率和维护成本。

(2) 规模化发展。

随着风力发电技术的成熟,风电场的规模也在不断扩大。传统的小型风力发电机组逐渐被大型风力发电机组取代,风电场的规模也从仅有几台风力发电机组扩大到具有数十台乃至上百台风力发电机组。风力发电机组的容量越来越大,发展更大容量的风力发电机组。可以提高单机容量和发电效率。

(3) 海上风力发电不断发展。

海上风力发电具有风能资源丰富、视觉影响小等优势,因此成为风力发电的重要发展方向。随着技术的进步,海上风力发电的安装和运维成本也在逐渐降低,海上风电场的规模也在不断扩大。海上风力发电的发展一直是可再生能源领域的焦点之一。

当前,海上风力发电项目的装机容量不断扩大。新建的风力涡轮机变得更大、更高效,提高了每台风机的发电能力,从而增加了整体的发电容量。随着技术的不断进步,海上风力发电技术变得更加成熟和可靠。创新方向包括更高效的涡轮机设计、更先进的风力发电机组、更坚固的基础结构等。海上风力发电的成本逐渐下降,使其更具竞争力。技术进步、规模效益和经验积累都有助于降低成本。

海上风力发电正迅速在全球范围内扩张,欧洲国家一直是海上风力发电的领导者,但其他地区,包括亚洲和北美,也在加大在这一领域的投资和开发。同时,一些新项目涉及在深水区域(超过50米深)建设海上风电场。这有助于扩大可开发区域,提高海上风电的潜在装机容量。一些项目采用新的融资模式,如项目融资、绿色债券等,以支持海上风力发电的建设和扩张。许多国家通过制定和更新相关政策来支持海上风力发电的发展,包括补贴、定价机制、法规和产业政策等。

这些趋势表明,海上风力发电在全球范围内不断壮大,并成为清洁能源领域的一个关键部分。

(4) 智能化和数字化应用。

随着物联网、大数据和人工智能等技术的发展,风力发电也将逐渐实现智能化和数字化。通过传感器和监控系统,可以实时监测风力发电机组的运行状态,提高运维效率和可靠性。同时,通过大数据分析和人工智能算法,可以优化风力发电场的运行和维护。风力发电智能化和数字化应用是利用先进的信息技术和数据分析方法提高风力发电系统的效率、可靠性和加强运营管理。

一些重要的技术包括智能监测与诊断、远程运维和控制、大数据分析、人工智能和机器学习、区块链技术、虚拟仿真和数字孪生、物联网应用等,将这些智能化和数字化技术应用于风力发电系统,可推动清洁能源领域的技术创新。这一趋势预计将随着技术的不断发展而进一步加强。

(5) 多能源互补。

风力发电与其他能源形式互补也是未来的发展趋势。风力发电与其他能源形式的互补关系体现在能源多元化和协同供能的角度。通过整合风力发电和其他能源形式,可以实现更加可持续、灵活和稳定的能源供应体系。例如,与太阳能光伏发电相结合,可以实现能源的互补和供应的稳定性;与水力发电结合具有协同作用。水力发电通常是一种可调节的能源形式,可以灵活调整发电水平以应对风力发电的波动;风力发电与生物能源(如生物质能、生物气体)可以协同使用,形成更为综合的可再生能源组合,降低对传统化石燃料的依赖。此外,风力发电还可以与储能技术相结合,提高风电的可调度性和稳定性。

总体而言,风力发电属于绿色低碳能源技术。其技术发展呈现出多维度趋势:装备制造方面,朝着"大功率、高塔架、大叶片"的方向迈进,旨在提升发电效能与稳定性;开发建设方面,聚焦于"深远海、大漠、高原"等区域拓展,充分挖掘不同地理环境下的风能资源;运维管理方面,趋向"智能化、信息化、标准化、集群化",以实现高效、精准的运行维护;风电综合利用则着力于"就近消纳、多能互补、融合创新",促进风电与其他能源形式协同运作及就地转化。此外,风电技术成熟度不断攀升,规模化发展成效显著,海上风力发电蓬勃兴起,智能化与数字化应用日益广泛,多能源互补格局逐步构建。这些趋势相互交织,必将有力推动风力发电在更广阔领域的深入发展与应用。

2) 太阳能发电技术

太阳能发电技术是利用太阳的光来产生能源。太阳光电池板是最常见的太阳能应用,它们可以直接将太阳光能转化为电能。近年来,随着技术的进步,太阳能光伏的转化效率大幅提高,成本逐渐下降,成为家庭和商业用途的首选。除了光伏技术,太阳能还有热能转换技术。例如,集热器可以将太阳光的热量集中,然后用于供暖或驱动涡轮机发电。

太阳能发电绿色低碳技术的主要发展趋势如下。

(1) 提高光伏电池效率。

光伏电池是太阳能发电的核心技术,目前主要采用的是硅基光伏电池。未来的发展趋势是提高光伏电池的转换效率,通过研发新型材料和改进工艺,使光伏电池更加高效。提高效率意味着同样面积的光伏电池可以产生更多的电力,这对空间有限的应用场景(如城市屋顶、车辆表面等)尤为重要。随着效率的提升,单位电力的生产成本降低。这使得太阳能发电更具经济性,能够更有效地与传统能源竞争。效率提高还意味着为了获得同样的电量,需要更少的材料和能源投入,这有助于减少光伏电池生产和使用过程中的环境影响。提升光伏效率有助于加快从化石燃料向可再生能源转型,对应对气候变化和实现可持续发展目标至关重要。

近年来,光伏电池效率的世界纪录不断被刷新。例如,钙钛矿和硅基多结太阳能电池已经展示了超过 25% 的实验室效率。虽然实验室里的高效率电池技术很多,但将这些技术转化为大规模生产的商业产品仍面临成本和可靠性等挑战。

研究人员正在探索新的半导体材料(如钙钛矿)、新的电池结构(如叠层或异质结构)和生产工艺,以在实现更高效率的同时降低成本。除了传统的光电转换外,利用太阳光谱的更宽泛范围(如红外和紫外光)以及太阳热能的研究也在进行中,旨在进一步提高整体能量转换效率。光伏电池效率的提升不仅依赖于电池本身,还涉及整个系统的优化,包括逆变器效率、电池板布局和安装技术等。

(2) 发展薄膜太阳能电池。

薄膜太阳能电池是一种相对轻薄、灵活的太阳能发电技术,可以应用于建筑物的外墙、屋顶等表面。薄膜太阳能电池作为光伏技术领域的一个重要分支,其发展具有深远的意义,并且其目前正处于一个快速发展的阶段。

薄膜太阳能电池的核心特点是使用非常薄的光敏材料层来捕获太阳能。这与传统的晶体硅太阳能电池相比,有着显著的不同。薄膜技术的关键优势在于材料使用量少、重量轻、灵活性高,可以在各种不同的表面部署,包括一些传统太阳能电池难以应用的场景,如可穿戴设备、便携电子产品和光伏建筑一体化(BIPV)系统。

未来的发展趋势是,提高薄膜太阳能电池的效率和稳定性,降低成本。与传统的晶体硅太阳能电池相比,薄膜太阳能电池的转换效率通常较低。虽然近年来效率有所提升,但这仍然是限制其广泛应用的一个重要因素。薄膜太阳能电池的长期稳定性和耐久性是技术发展的另一个关键点。提高这些电池的寿命和可靠性是当前研究的重点之一。某些薄膜太阳能电池类型使用的材料(如镉)可能对环境造成影响。因此,材料的选择和废弃物的处理是必须考虑的问题。尽管薄膜太阳能电池在某些应用领域具有优势,但它仍然需要在一个由传统晶体硅太阳能电池主导的市场中寻找自己的位置。

(3) 发展太阳能光热发电技术。

太阳能光热发电技术,又称为聚光太阳能发电,是利用太阳能的热能进行发电的一种技术,可以利用太阳能将水加热为蒸汽,驱动涡轮发电机产生电能。它通过使用镜面(如抛物面镜、塔式收集器或菲涅耳镜)聚集太阳光,将光能转换为热能,再通过热交换器利用热能将水加热为蒸汽,最后利用蒸汽驱动涡轮机发电。这种技术与传统的光伏发电技术有着本质的不同。发展趋势是提高光热发电系统的效率和可靠性,降低成本。

太阳能光热发电为可再生能源领域提供了一个高效的发电方式。首先,与光伏发电相比,光热发电的一个显著优势是能量储存能力。通过热能储存系统,光热发电站可以在没有阳光的时候(如晚上或多云天气)继续发电,从而提高了能源的可用性和稳定性。其次,太阳能光热发电站通常规模较大,适合于大规模的电力生产,有助于满足大型工业和城市的能源需求。

就发展现状而言,太阳能光热发电技术已经在全球多个国家得到应用,尤其是在阳光充足的地区,如美国加州、西班牙、澳大利亚、中东和北非地区。这些地区建设了多个大型太阳能光热发电站,其中一些已经成为世界上最大的太阳能发电设施。

然而,太阳能光热发电技术也面临着一些挑战。首先,其建设和维护成本相对较高。虽然热能储存系统提供了更好的能量稳定性,但这也增加了整体的建设成本。其次,环境影响也是一个考虑因素。例如,大面积的聚光系统可能对鸟类和其他野生动物产生影响。最后,技术的进一步优化和创新仍然是必要的,尤其是在提高系统效率和降低成本方面。

总的来说,太阳能光热发电技术作为一种可持续和清洁的能源解决方案,其发展对实现全球能源转型和应对气候变化具有重要意义。随着技术的不断进步和成本的降低,预计这一技术将在未来的能源结构中扮演越来越重要的角色。

(4) 发展太阳能储能技术。

太阳能发电具有间断性和波动性,需要储能技术来平衡供需。太阳能储能技术是实现可再生能源广泛应用的关键环节,尤其是在太阳能领域。太阳能本身是间歇性的能源,依赖于天气和昼夜变化,因此储能技术对提高太阳能系统的稳定性和可靠性至关重要。未来的发展趋势是发展高效、低成本的太阳能储能技术,如电池储能、储热技术等。

太阳能储能技术通过储存白天的过剩能量,让太阳能系统可以在夜间或阴天提供持续的电力供应,从而显著提高整体能源的利用率。储能技术可以平衡电网负荷,特别是在高需求时段,有助于减少对传统电源的依赖,增加电网的韧性。储能技术使得太阳能等可再生能源更加实用和可靠,有助于减少化石燃料的使用,减少环境污染和温室气体排放。对于电网覆盖不到的远程和偏远地区,储能系统可以提供稳定的能源供应,改善当地居民的生活质量。

在太阳能储能技术领域,已经有了一些重要的发展,目前最常见的太阳能储能形式是电池储能,特别是锂离子电池。它们因高能量密度、长寿命和较低的环境影响而受到青睐。除此之外,还有铅酸电池、钠硫电池等其他类型的电池技术。

在太阳能光热发电领域,热能储存技术(如熔盐储能)允许在白天收集和储存热能,然后在需要时转化成电能,这种方式特别适合大规模发电。同时,流体动力储能(如抽水蓄能、压缩空气储能)和化学储能(如氢能储存)等技术也在被探索作为太阳能储能的可能方案。随着技术的进步和规模化生产,太阳能储能系统的成本正在逐渐下降,使得这种技术应用更为广泛。全球各地的政府和企业都在投资太阳能储能项目,以支持清洁能源的发展和电网的现代化。

综上所述,太阳能发电和风力发电的绿色低碳技术发展趋势是朝着提高能源利用效率、降低成本、提高可靠性和稳定性的方向发展,以实现可持续发展和减少碳排放的目标。其他太阳能发电技术呈现出多方面的发展趋势:在装备制造技术领域,其迭代速度不断加快;在开发建设技术领域,朝着多个关键方向推进,包括实现太阳能与储能的紧密结合,达成太阳能发电的平价上网,促进光伏发电在绿色建筑中得以广泛运用,推动分布式光伏发电市场的大规模拓展;而聚光太阳能发电(CSP)技术则聚焦于向获取更高的发电效率以及优化系统集成方向持续发展。

3) 水力发电技术

水力发电是将水能转换为电能的一种绿色能源技术。它通过水流的能量驱动涡轮机转动发电机,将机械能转化为电能。水力发电技术可以分为以下三种类型:一是坝式水电站,利用大坝拦截水流,形成水库,通过控制水流释放量来调节发电量;二是引水式水电站,利用山区河流的自然落差,通过引导水流经过涡轮机发电;

三是潮汐能发电,利用潮汐涨落的能量,通过潮汐发电机组将潮汐能转化为电能。

水力发电作为一种成熟且广泛使用的可再生能源,其未来的发展趋势反映了整个能源行业面临的挑战和机遇。尽管水力发电是最古老的发电方式之一,但其发展并未停滞,而是在持续进化以适应新的环境和技术变革。

(1) 技术创新。

研究人员正在寻找方法提高水轮机和发电机的效率,包括改进涡轮设计,使用更好的材料,以及开发先进的控制系统来优化发电过程。小型水电站和微型水电技术的发展将使得在更小的河流和溪流上发电成为可能,这对于偏远地区和发展中国家尤其重要。

抽水蓄能发电站作为一种储能方式,可以帮助平衡电网负载,尤其是在可再生能源占比增加的背景下。未来可能会看到更多的蓄能项目,特别是在电力需求与供应之间差异增大的地区。

(2) 环境可持续性。

传统的大型水坝可能对河流生态系统和当地社区造成显著影响。因此,未来的水力发电项目更加注重环境影响评估,努力减少对生态系统的干扰,如改善鱼类通道和减少水坝对河流流动的影响。在现有设施上,探索更灵活的运行方式以减少对环境的影响,例如,调整水库的运行方式以更好地模拟自然河流的季节性变化。

(3) 融合其他可再生能源。

水力与太阳能和风能结合是未来一大趋势,水电站可以与太阳能或风能项目结合,形成混合式发电系统,提供更稳定和更可靠的电力供应。在某些项目中,水电站可能会成为更广泛的综合能源系统的一部分,这些系统可能包括农业、渔业和休闲设施。

(4) 数字化和智能化。

通过物联网技术和数据分析,可以更有效地监控和维护水电站,满足预测维修需求,从而降低运营成本。随着电力系统的数字化,水电站将更紧密地集成到智能电网中,以优化电力生产和分配。

总的来说,水力发电作为一种可再生的绿色能源技术,其发展趋势是向创新流域水电综合管理体系、打造流域清洁能源综合基地、依托水电梯级建设储能工厂及以抽水蓄能服务新型电力系统等方面发展。抽水蓄能与热能储存的耦合作为未来技术发展方向有望与其他存储技术竞争。提高发电效率、实现环境友好型发电站、实现多能源互补、将智能化和数字化加以应用以及发展小型水力发电站等,这些趋势将推动水力发电技术的进一步发展和应用。

4）生物质能发电技术

生物质能发电是利用生物质作为原料,通过燃烧、气化或发酵等方式将其转化为热能或气体,再通过热能发电或燃气发电的方式将其转化为电能的一种绿色低碳技术。生物质能发电技术可以分为:① 生物质燃烧发电,将生物质直接燃烧,产生高温高压的蒸气,驱动涡轮机发电;② 生物质气化发电,将生物质在缺氧或氧气限制条件下,通过气化反应将其转化为合成气,再通过燃烧合成气发电;③ 生物质发酵发电,将生物质通过发酵反应产生的沼气或生物气体直接燃烧或通过燃气发电机组将其转化为电能。随着全球对可再生能源需求的增加和对传统化石燃料依赖的减少,生物质能发电技术的发展呈现出多样化和创新化的趋势,大致有以下几个特点。

(1) 技术创新与效率提升。

在提高热效率层面,主要发展的趋势为:利用先进的燃烧技术和更高效的发电机组,使未来的生物质能发电站更有效地转换生物质为电力,同时气化技术也是现在较有潜力的发展方向,生物质气化是一种将固体生物质转化为可燃气体的过程,这种技术的发展有助于提高能源转换效率,减少污染物排放。

在其他技术创新层面,厌氧消化也是一种重要方式,通过微生物发酵过程产生的生物气体(主要是甲烷)可以用于发电。这种方法特别适用于处理有机废水和湿生物质。

(2) 环境影响和可持续性。

生物质能发电被认为是减少温室气体排放的一种方法。尽管生物质燃烧会产生二氧化碳,但这些排放可以通过新生长的植物吸收实现碳循环的平衡。保护生物质来源的可持续性是未来发展的关键。这包括使用农业和林业废弃物、非食用作物,以及改善生物质作物的生产方式。在开发生物质资源时,保护生态系统和生物多样性是重要考虑因素。

(3) 经济性和市场适应性。

随着技术的进步,生物质能发电的成本将降低,这将提高其在能源市场中的竞争力。同时,政府的政策支持和激励措施将在推动生物质能技术商业化方面发挥关键作用。

(4) 与其他能源形式的整合。

主要体现在生物质能与其他可再生能源的结合上,例如,生物质能与太阳能和风能相结合,可以提供更稳定和可靠的能源供应;利用农业和林业产生的废弃物作为能源,可以提高资源利用效率,同时也为农业和林业部门提供额外的收入来源。

(5) 技术多样化与局部应用。

未来生物质能发电将会更加适应不同地区的需求,根据不同地区的资源可用性和能源需求,生物质能发电技术将呈现多样化发展。同时小型化和分散化也是局部应用的趋势,小型和分布式生物质能发电系统特别适合偏远和农村地区,可以解决当地的能源匮乏问题。

总的来说,未来生物质能发电技术的发展趋势是提高能源利用效率、实现多能源互补、实现可持续发展、利用废弃物资源以及实现智能化和数字化应用。这些趋势将推动生物质能发电技术的进一步发展和应用,为可持续能源发展作出贡献。可因地制宜地规模化采用农林废弃物和城市固体废物与燃煤直接耦合发电方式及推进分布式能源发展的应用。

5) 地热能发电技术

地热能发电技术是一种利用地球内部热能来发电的清洁能源技术,目前,地热能发电技术主要分为两种类型:干热岩和地热水。干热岩是指在地下较深处存在的高温岩石,通过注入水或其他物质来提取热能;地热水是指地下存在的热水资源,通过钻井将热水抽到地面,带动涡轮机发电。随着全球对清洁能源和可再生能源需求的增长,地热能发电的未来发展正受到越来越多的关注。地热能发电技术在未来的发展将面临以下几个方向和趋势。

(1) 开发新技术提升效率。

例如,增强型地热系统(EGS)技术通过在地下岩石中创建人工裂缝,增加地热水流量,从而能够在传统地热资源无法达到的地区开发地热能,EGS 技术的成熟将极大扩展地热能的可利用范围,以及低温地热能开发。传统地热能发电依赖于高温资源,但新技术使得低温地热资源的开发成为可能,这将使地热能应用在更多地区可行。同时通过改进涡轮机和发电设备的设计,提高热能转换效率,未来的地热发电站将能更有效地利用地热资源。

(2) 减少环境影响。

尽管地热能发电相对环境友好,但在开采过程中可能会对地下水系统和地质稳定性造成影响,未来的技术发展将着重于最小化这些影响。同时在二氧化碳封存方面,地热能发电站可以利用其钻井技术进行二氧化碳封存,有助于减少温室气体排放。

(3) 与其他可再生能源的整合。

与其他发电方式类似,混合能源系统的构建是地热能发电更大规模应用的主要途径,地热能与太阳能、风能等其他可再生能源结合,形成混合型能源系统,可提供更稳定和高效的能源供应。与太阳能和风能相比,地热能发电具有较高的稳定性和可预测性,对电网稳定性的贡献日益受到重视。

(4) 数字化和智能化。

利用物联网技术和大数据分析,地热发电站的运行可以更加智能和高效,如通过实时监控和预测维护减少停机时间。同时在资源评估与优化中,利用先进的地质勘探技术和计算模型,可以更精确地评估地热资源,优化开发计划。

总体而言,地热能发电技术在未来的发展将注重提高勘探和开发技术、降低技术成本、提高发电效率、结合其他能源形式以及智能化和数字化应用。随着技术的不断进步和经验的积累,地热能发电有望在未来发挥更重要的作用,为可持续能源发展作出贡献。

6) 海洋能发电技术

海洋能发电是指利用海洋中的能源,如潮汐、波浪、温差和盐度差等,将其转化为电能的技术。海洋能发电技术具有广阔的发展前景和巨大的潜力,可以为可持续能源发展提供重要支持。目前,海洋能发电主要包括以下几种技术。

(1) 潮汐能发电,利用潮汐的涨落来驱动涡轮机,通过发电机将机械能转化为电能。潮汐能发电技术可分为潮汐动力发电和潮汐潜水发电两种形式。

(2) 波浪能发电,利用海浪的动力将波浪能转化为电能。常见的波浪能发电技术包括浮体式发电、压力式发电和摆式发电等。

(3) 温差能发电,利用海水表面和深海之间的温度差异,通过热机循环将热能转化为电能。目前主要有温差发电和海洋热能发电两种技术。

(4) 盐度差能发电,利用海水中的盐度差异,通过半透膜和离子交换膜产生电能。盐度差能发电技术主要有压电发电和电化学发电两种形式。

未来海洋能发电技术的发展主要集中在以下几个方面。

(1) 提高技术效率。

目前海洋能发电技术的效率较低,限制了其规模化和商业化应用。未来的发展将注重提高技术效率,通过优化设计和改进材料等手段,提高能源转化效率。例如:波浪能发电技术正朝着更高效率和可靠性发展。新型波浪能发电装置,如浮动式和海底固定式发电机正在被研发和测试,以提高能量捕获效率和抵抗耐恶劣海洋环境的能力;潮汐能技术的发展重点在于提高涡轮机的效率和耐久性。正在探索的技术包括水下涡轮机和潮流能发电机相关技术,此外,海流能是一个相对较新的领域,未来的技术可能包括开发更高效的海流涡轮机和提升其在复杂水文条件下的稳定性。

(2) 多能源结合。

海洋能发电技术可以与其他能源形式相互补充,形成综合能源系统。未来的发展将注重海洋能与风能、太阳能等其他可再生能源的结合,实现能源的多元化和可靠性。同时海洋能发电设备的设计将更加注重减少对海洋生态系统的干扰,包括对海洋生物的影响和声音污染。发电设备将趋向生态友好的设计,以减少对海洋环境的影响,同时保证能量的有效提取。

(3) 远离岸电网的能源供应。

海洋能技术特别适合于为远离传统电网的岛屿或沿海地区提供稳定的能源供应。受益于全球对可再生能源的增长需求,特别是在海岸线长且对新能源技术开放的国家,这将对海洋能发电技术的商业化发展起到关键作用。

总的来说,海洋能发电技术具有广阔的发展前景和巨大的潜力。随着技术的不断进步和经验的积累,海洋能发电有望在未来发挥更重要的作用,为可持续能源发展作出贡献。

2.2.3 其他新型能源发电绿色低碳技术

1) 核能发电技术

核能发电技术是利用核裂变或核聚变过程中释放的能量来产生电能的技术。它具有高能量密度、低碳排放和稳定供电等优点,是一种重要的清洁能源。

未来核能发电技术的发展趋势主要包括以下几个方面。

(1) 第四代核能技术。

第四代核能技术是指新一代的核能发电技术,目标是实现更高的安全性、更高的效率和更少的核废料。其中,包括铅冷快堆、气冷堆、熔盐堆等不同类型的反应堆。这些技术将更有效地利用核燃料,减少核废料的产生,并提高核能的可持续性。第四代核能技术是核能下一步的发展方向。钠冷快堆是目前第四代堆中技术成熟度最高、最接近商用的堆型,也是世界主要核国家继压水堆之后的重点发展方向。我国的高温气冷堆技术世界领先,在此基础上发展超高温气冷堆,将是核能多用途利用的重要方式之一。钍基熔盐堆是第四代反应堆中唯一使用液态燃料的堆型,在固有安全性、经济性、核资源可持续发展,以及防核扩散等方面具有其他反应堆无法比拟的优点。铅基堆将成为小型和微型核动力的优选技术路线之一。

(2) 核聚变技术。

可控核聚变已经开始从基础研究阶段逐步向核工程阶段发展。应发挥我国体制优势,逐步搭建聚变能的技术开发体系和工业体系,集中力量开展核聚变工程和技术攻关。核聚变是指将轻元素聚合成重元素,释放巨大能量的过程。与核裂变相比,核聚变具有更高的能量密度、更少的核废料和更安全的特点。未来的发展将注重核聚变技术的研究和应用,以实现可控核聚变并将其用于商业化发电。

(3) 小型模块化反应堆(SMR)。

小型模块化反应堆是指比传统大型核电站更小、更灵活的反应堆。它们可以在更广泛的区域和能源需求范围内部署,具有更高的安全性和更低的成本。未来的发展将注重 SMR 技术的研究和推广,以满足不同地区和规模的能源需求。

(4) 核废料处理和储存。

核废料处理和储存是核能发展的重要环节。未来的发展将注重开发更安全、高效的核废料处理技术,包括废料再处理、高温气体冷却堆等技术,以减少核废料的体积和危险性。

(5) 安全性和风险管理。

核能发电技术的安全性和风险管理是未来发展的重要考虑因素。未来将注重提高核能系统的安全性,包括设计更安全的反应堆、加强事故预防和应急响应能力等方面。

(6) 可再生能源结合。

未来的发展将注重核能与可再生能源的结合,形成综合能源系统。核能可以提供稳定的基础负荷,而可再生能源可以提供可再生的电力补充。通过综合利用不同能源形式,可以实现能源的多元化和提高能源供应的可靠性。

总的来说,未来核能发电技术将注重提高安全性、效率和可持续性,同时与其他能源形式相互补充。

2) 氢能发电技术

氢能发电技术是指利用氢气作为燃料进行发电的技术。它的工作原理是将氢气与氧气反应产生水,释放出能量,然后利用这些能量驱动发电机产生电能。

氢能发电技术有几种不同的形式,包括燃料电池和氢气燃烧发电。燃料电池是一种将氢气和氧气在电化学反应中直接转化为电能的技术。它具有高效率、零排放和静音等优点,适用于小型移动设备和交通工具等。氢气燃烧发电是一种将氢气燃烧产生热能,然后利用热能驱动发电机产生电能的技术。它可以使用现有的燃烧发电设备,但产生的废气中会有一定的氮氧化物排放。

未来氢能发电技术的发展趋势主要包括以下几个方面。

(1) 绿色氢气生产。

目前,大部分氢气的生产是通过化石燃料加工或水电解产生的,其中前者会产生大量的二氧化碳排放。未来的发展将注重绿色氢气的生产,包括利用可再生能源(如太阳能和风能)进行水电解,或者利用生物质和生物废料进行气化产氢。

(2) 高效燃料电池。

未来的发展将注重提高燃料电池的效率和寿命,降低成本。研究人员正在开发新的催化剂和材料,以提高燃料电池的性能,并减少贵金属的使用。此外,改进氢气储存和输送技术也是提高燃料电池系统整体效率的关键。

(3) 氢气燃烧发电的减排技术。

氢气燃烧发电在未来的发展中将注重减少氮氧化物的产生,采用更先进的燃烧控制技术和废气处理技术,以降低环境污染。

(4) 氢能与可再生能源的结合。

未来的发展将注重将氢能与可再生能源结合,形成综合能源系统。通过利用可再生能源产生氢气,并将其用于发电、储能和交通等领域,可以实现能源的多元化和提高可靠性。

总的来说,未来氢能发电技术的发展将注重绿色氢气生产、高效燃料电池、减排技术和与可再生能源的结合,以实现清洁、可持续能源转型。氢能发电技术发展趋势主要表现在:采用风光等可再生能源耦合制氢的方式制绿氢,海上风电制氢是未来绿氢生产的主力之一。质子交换膜(PEM)电解水技术与风电、光伏具有良好的匹配性,是未来5~10年的发展趋势。固体氧化物电解水SOEC技术处于初步示范阶段,SOEC技术的发展取决于相关材料技术的突破情况。混氢天然气输氢技术有望成为氢能应用的关键引擎。

2.2.4 输电绿色低碳技术

输电技术是电力系统整体功能的重要组成环节,通过输电,可以使电能的开发和利用超越地域的限制。主要输电技术包括高压直流输电和柔性交流输电。

高压直流输电(HVDC)通过将交流电转换为直流电进行输送,能够减少电力输送线路上的能量损耗,提高输电效率。它在远距离和大容量电力输送方面具有独特的优势。HVDC技术在全球范围内得到广泛应用,并在能源战略中扮演着重要角色。

柔性交流输电(FACTS)通过控制输电线路的电压和电流来提高输电效率,并减少电力系统的损耗。它可以提高电力系统的稳定性和可靠性,减少电力系统的损耗和对环境的影响。FACTS技术在现代电力系统中的应用越来越广泛,被认为是实现绿色低碳电力输送的重要手段。

输电绿色低碳技术是指通过使用环保且能源高效的技术来减少电力输送过程中的能源损耗和环境污染。未来以下输电相关绿色低碳技术将进一步发展。

1) 高效输电技术

传统输电系统存在能量损耗较大的问题,未来发展趋势将会是研发更高效的输电技术,减少能量损耗,提高输电效率。例如,采用高温超导材料来实现零电阻输电,减少能量损耗。

2) 可再生能源输电技术

随着可再生能源的快速发展,如风能、太阳能等,未来输电技术将会与可再生能源紧密结合。例如,建设大规模的风电场和太阳能发电站,通过输电线路将电能输送到消费地,实现可再生能源的大规模利用。

3) 智能输电系统

随着物联网、人工智能等技术的发展,未来的输电系统将会更加智能化。智能输电系统可以通过实时监测和分析数据优化输电网络的运行,提高能源利用效率。例如,通过智能感知技术来检测输电线路的故障和负荷情况,实现智能化的维护和管理。

4) 低碳输电材料

传统输电线路采用的铜导线存在能量损耗较大的问题,未来发展趋势将会是研发更低碳的输电材料,减少能量损耗和环境污染。例如,研发高导电性的铝合金、碳纳米管等材料来替代铜导线。

同时,输电绿色低碳技术研究发展更高电压、更大容量的交直流输电技术,特别是柔性直流输电技术对新型电力系统建设中大规模新能源消纳和电网智能化、数字化建设将起到重大作用。海底电缆向大容量特高压技术方向发展将成为实现跨洋能源电力互联的关键。随着高温超导输电技术的不断发展,超导直流输电与低温液体燃料输送管道相结合,可望成为未来能源输送的技术选择之一。另外,研究六氟化硫(SF_6)气体的完全替代已成为发展特高压交直流输电的一项重要环保技术。

2.2.5 储能绿色低碳技术

储能技术是指将能量转化为其他形式并在需要时恢复为可用能量的技术。它在能源系统中起到平衡供需、调节负荷、提高能源利用率等重要作用。储能技术在实现绿色低碳能源转型中扮演着至关重要的角色。随着可再生能源的快速发展,特别是太阳能和风能,对高效、可靠的储能解决方案的需求日益增加。

1) 电化学储能

电化学储能的重要趋势是锂离子电池技术的进一步发展,尽管锂离子电池技术已经非常成熟,但其仍在不断发展,以提高能量密度、降低成本和延长寿命。未来可能会看到更高效的电池,如锂硫电池或固态电池。

同时,研究人员正在探索替代电池,如钠离子电池、镁电池和锌空气电池,这些电池有可能提供更低的成本和更好的安全性。

2）机械储能

机械储能方面，抽水蓄能的现代化比较瞩目，抽水蓄能是目前成熟的大规模储能技术，未来可能会看到更多的技术创新，如使用可再生能源来驱动抽水过程，或者在抽水蓄能中融入更高效的涡轮机技术。

飞轮储能方面，飞轮储能技术利用旋转物体的动能来存储能量。未来的飞轮可能会更加高效和经济，尤其适用于短期高强度的储能需求。

3）热能储能

热能储能方面值得注意的是相变材料（PCM）的应用。相变材料在吸收或释放热量时可以改变状态（如从固态变为液态），在建筑物的温控和可再生能源储存中有巨大潜力。

熔盐储能也是重要的发展趋势，在太阳能光热发电中，熔盐储能技术已经开始得到应用，未来可能会在更多的场合看到其使用。

4）化学储能

第一个重要发展趋势是氢能储存，氢作为一种清洁燃料，其储存和运输技术正在快速发展。电解水生产氢气，然后将氢气储存用于发电或作为燃料，是一种有前景的长期储能解决方案。第二个重要发展趋势是合成燃料，通过使用可再生能源产生的氢气和捕获的二氧化碳合成液态燃料，如合成甲烷或甲醇，提供另一种储能和能量运输方式。

5）储能与电网整合

通过集成先进的控制系统和机器学习算法，智能储能系统可以更有效地管理能源储存和释放，提高整个电网的效率和可靠性。储能系统将与电网更紧密地集成，成为智能电网的关键部分，帮助平衡供需，提升电网的灵活性和稳定性。

综上所述，储能技术的未来发展将集中在提高效率、降低成本、提升环境可持续性、整合先进的控制技术，以及发展更广泛的能源系统集成等方面。随着技术的不断进步和市场的成熟，储能将在实现全球绿色低碳转型中扮演越来越重要的角色。

2.3 电力行业绿色低碳技术特征分析

2.3.1 绿色技术特征分析

根据国内外对绿色技术的定义及其阐述，绿色技术一般应是提升原材料和能源使用率、不损害或可修复生态环境、易于回收利用和再生的产品、方法或技术，因此绿色技术应具有节能增效、节约材料、资源化利用废物、减排污染物、促进生态修复等其中的一种或几种特征。

1. 节能增效,发展绿色能源技术

节约能源和提高效率一直是技术创新与应用创新所追求的目标之一,更是保障能源安全供应的重要手段。目前,能源已经广泛用于工业生产、农业生产和居民消费等各个方面,节约能源和提高能源使用效率是保障国家能源安全的重要手段,这符合国内外公认的绿色技术的概念及发展的要求。如果绿色技术没有考虑到能源及能源相关问题,那么人类社会的发展将不可持续,因为能源资源和能源供应都不是无限的,那么相关技术也不能称为绿色技术,因此节能增效技术在某种程度上被称为绿色能源技术。

英国是世界上最早提出绿色能源技术的国家之一。2003年,英国首次发布关于绿色能源发展的白皮书。2006年能源回顾报告使英国绿色能源发展的主要方向变得明确,现在英国已经明确了绿色能源发展的重点:可再生能源、核能和低碳产业,英国政府想在这三个方面成为全球的引领者,实现成为全球绿色经济中心的目标。这不仅可提升英国在绿色能源发展方面的影响力,也可提升其作为大国的国际影响力。

党的十九大报告明确指出,推进能源生产和消费革命,构建清洁低碳、安全高效的能源体系。把握能源技术绿色低碳重要趋势,重点突破传统化石能源高效利用,这些均表明节能增效就是我国未来技术和产业发展应用的方向。如果以节能增效为特征的绿色技术能够得到广泛应用和推广,不仅能节约能源消耗,提高生产效率,在一定程度上保障国家能源安全,更将成为经济和产业发展的新增长点。

2. 节约材料,发展绿色材料技术

材料是所有学科和所有产业发展的关键。长期以来,人类在材料的提取、制备、生产及制品的使用和废弃的过程中,消耗了大量的资源和能源,并排放废水、废料和废气。资源枯竭和环境恶化对人类社会的生存和发展造成了严重的威胁。节约材料,发展绿色材料技术,减少资源消耗和环境危害,促进材料的回收、加工和再利用是缓解资源枯竭和环境恶化的重要手段之一。

1988年在第一届IUMRS国际会议上首次提出绿色材料的概念,绿色材料是指原料采集、产品制造、使用或者再循环以及废弃物处理等环节中,地球环境负荷最小且有利于人类健康的材料。绿色材料通常具有三个典型的特征:先进性、环境协调性和舒适性。因而,绿色材料技术不仅仅是指在使用中对环境没有危害、对人类健康没有影响的材料技术,还指在原料采集、制备生产、使用消费、循环利用、资源再生等整个生命周期对环境均是有利或能够节约资源的绿色技术。

因此,从材料角度概括起来,绿色材料技术应包含三点内容:① 材料的环境友好性,能降低环境负荷,即减少环境污染、避免温室效应、避免臭氧层破坏;② 材料的节约化,即节约资源和能源;③ 材料的可循环性,即所使用的材料技术使材料容易回收和循环再利用。

3. 废弃物的资源化利用

废弃物的资源化利用是绿色技术推动可持续化发展的内容之一,主要是对农业废弃物、工业废弃物、医药废弃物等开展回收处理和再利用,以减少污染和对生态环境的破坏。从循环发展模式的角度,尽可能减少农业生产中的资源投入和废弃物排放,将各类废弃物转化为可再生资源,既可以解决资源的过度利用和经济生产问题,又能保护生态环境,助力低碳经济、节能环保及可持续发展。

目前,农业废弃物资源化利用途径方面,包括肥料化利用、饲料化利用、材料化利用、秸秆再利用。工业废弃物资源化利用途径方面,由于工业废弃物数量庞大,种类繁杂,主要包括电子废弃物贵金属提取技术、沥青和废弃玻璃的资源化利用、木料和废弃砖瓦资源化利用、废弃钢筋与废弃混凝土资源化利用、化工废渣资源化利用等。医疗废弃物资源化利用途径方面,国外的做法是经过消毒与无害化处理后的医疗废弃物可以作为循环资源再利用,从而减少原料消耗,起到减排作用,我国相关措施还较少。我国废弃物资源化的主要问题是随着我国经济的快速增长,对工业、农业等废弃物的数量无法详细估量。

4. 污染物减排

环境友好是绿色技术的重要特征,污染物减排有助于实现环境友好,推动可持续发展,是绿色技术发展的重要特征之一。随着我国在全球产业链中发挥越来越重要的作用,我国发展从高速发展转变为高质量发展,其中污染物减排和环境友好是衡量高质量发展和绿色发展的重要标志。

5. 促进生态修复

绿色发展和绿色技术不是单一追求生态发展效益,而在于运用生态保护手段或绿色技术缓解环境矛盾,推动经济环境可持续发展。生态修复是环境保护的基础,对出现生态环境问题的地区,必然要通过大力建设"绿水青山",来发展"金山银山",因此将新时代环境发展理念与环境保护理念融合到以生态修复为特征的绿色技术协同发展中,才能为促进高质量社会经济发展提供生态环境支撑。

改革开放以来,我国经济得到了快速发展,人们的物质需求得到了基本满足。面对日渐严重的生态环境问题,习近平总书记提出了"绿水青山就是金山银山"的生态文明建设思想，同时提出"创新、协调、绿色、开放、共享"的发展理念。绿色发展理念就是要在生态环境保护的基础上实现社会的可持续发展，其中加强生态修复促进环境保护成了社会关注的热点和新时代国家高质量发展的战略议题，这些表明促进生态修复与环境保护成为绿色技术发展和应用的重要方面。

总体说来，根据绿色技术的概念和内涵，绿色技术首先应是环境友好型技术，同时还应兼顾节约能源、降低消耗、节约耗材、促进废弃物品的资源化利用和修复生态环境等。

2.3.2 电力行业绿色低碳技术特征分析

从绿色低碳技术的两个关键词"绿色"和"低碳"来看，"绿色"和"低碳"既有重合部分，也有各自涵盖的技术范围。特别是在碳达峰碳中和经济社会发展全面绿色转型的大背景下，绿色低碳技术是绿色技术和低碳技术两个子集的合集。广义上讲，绿色低碳技术有利于促进实现"双碳"目标，具有推动绿色发展和生态文明建设的作用。同时，绿色低碳技术的概念具有动态迭代特征，绿色低碳技术的定义、范畴会伴随经济社会的发展而动态更新。判断一项技术是否属于绿色低碳技术，标准在于其是否有助于推动实现减少能源资源消耗、降低环境污染及碳排放、保护生态环境、实现人与自然和谐共生。

绿色低碳技术通过减少能源资源消耗，达到降低污染、改善环境、促进绿色发展和生态优化的目标。同时，由于技术具有"绿色"和"低碳"的功能，在研发、成果转化和推广应用等环节上往往需要投入额外成本。与其他领域技术相比，绿色低碳技术的显著特征包括两方面，一是具备促进绿色和低碳的功效，二是技术研发成本高。

结合目前的电力行业发展来看，电力行业的绿色低碳技术特征包括以下几个方面。

1) 清洁能源利用

绿色低碳技术的核心是利用清洁能源替代传统的化石燃料，例如太阳能、风能、水能等。这些清洁能源具有环境友好、可再生的特点，能够减少温室气体的排放。

2) 能源效率提升

绿色低碳技术能够提高能源利用效率，减少能源浪费。例如，通过智能电网技术实现电力的高效传输和分配，减少能源损耗；通过能源管理系统实现对能源消耗的监控和优化，降低能源使用成本。

3) 碳捕集与储存

绿色低碳技术能够减少或避免二氧化碳等温室气体的排放，利用碳捕集和储存技术,将二氧化碳气体从燃煤发电厂中捕集并储存起来,避免其进入大气,减少对气候的影响。

4) 电动化与储能技术

电动化与储能技术是推进电力行业低碳化的重要手段。电动汽车的普及和发展,能够减少传统燃油车的污染物排放;储能技术可以对电力行业的剩余能量进行储存,以供需求高峰时使用,提高能源利用效率。

5) 资源可持续利用

绿色低碳技术能够实现资源的可持续利用。例如,利用废弃物发电技术,将废弃物转化为能源,减少对传统能源的依赖;利用余热回收技术,将工业生产过程中产生的余热转化为电力,提高能源利用效率。

6) 系统集成和智能化

绿色低碳技术通过系统集成和智能化的手段,实现能源的高效利用和管理。例如,通过智能电网技术实现电力系统的自动化运行和优化调度,提高电力系统的稳定性和可靠性;通过能源互联网技术实现电力、热力、气力等多能源的互联互通,实现能源的高效利用。

7) 智能化与数字化

智能化与数字化技术在电力行业的应用能够提高能源管理的精细化程度,实现可持续发展。例如,通过智能电表和智能家居技术,实现对能源消耗的实时监控和管理,促进能源节约。

总体来说,电力行业绿色低碳技术的特征是以清洁能源为基础,提高能源效率,减少碳排放,实现资源可持续利用,通过系统集成和智能化实现能源的高效利用和管理。这些特征的应用和推广,可以有效推动电力行业的可持续发展。

2.4 小 结

本章通过调研绿色低碳技术的起源及发展,深入认识了绿色低碳技术并对比分析国内外绿色低碳技术的概念和特征,认为绿色低碳技术具有环境友好、低碳排放、提高能效的属性和特征,这些特征可以作为电力绿色低碳技术评判的依据。此外,还提出通过一定技术手段减少碳排放,例如节能增效、节约材料、循环利用资源等,并对化石能源发电绿色低碳技术、风光发电技术、输电技术、储能技术等电力行业"源网荷储"典型绿色低碳技术做了深入剖析。

第 3 章 电力行业"源网荷储"绿色低碳技术遴选框架研究

"源""网""荷""储"是涉及电力生产、电力分配输送、电力应用和电力储存全流程的技术领域,在"双碳"目标下,零碳的可再生能源得到大幅利用,电力"源网荷储"与传统稳定的"发输配送用"相比,要保持电网的安全供应,相应地采取各种安全稳定措施力保电力供应稳定和安全,因此在新时代电力行业绿色低碳技术呈现出不同的特点。在此基础上,本章提出电力行业"源网荷储"绿色低碳技术遴选的框架,指导对电力行业绿色低碳技术的识别和评估。

3.1 电力行业"源网荷储"绿色低碳技术的特点分析

3.1.1 电力行业"源"领域绿色低碳技术的特点

根据国际能源署(IEA)的数据,2020年,全球发电产生的二氧化碳占全球与能源相关的二氧化碳排放总量的40%,是此类排放的最大单一行业来源。在"双碳"目标下,电力行业脱碳是2050年全球实现净零排放的关键。这其中,电力行业"源"领域的绿色低碳又是实现整个电力行业脱碳和能源结构绿色低碳转型的关键。"源"领域绿色低碳技术的研发、部署和应用将在其中发挥主导作用。经过对各类文献的调研和分析,电力行业"源"领域绿色低碳技术在发展趋势、发展程度、技术应用等方面均表现出明显的特点,具体如下。

1. 从全球能源发展来看,电力行业"源"领域绿色低碳技术呈现出逐渐以可再生能源为主的发展趋势

1) 国际发展形势分析

当前全球能源结构朝着清洁、去碳、高效和多元化方向转型,可再生能源正成为最大的电力来源。国际可再生能源署(IRENA)2019年发布的《全球能源转型:2050年路线图》报告预计,可再生能源在全球发电量中的占比将从当前的26%攀升至2050年的85%,其中高达60%来自太阳能、风能等间歇性能源。IEA于2022年发布的《2022年世界能源展望》报告指出,2050年电力使用量将达到全球终端能源消费量的50%，可再生能源发电量达到65吉瓦，占比超过60%。另外，许多发达国家和地区也提出了未来可再生能源的发展目标，要大力提高可再生能源发电的占比。

美国政府2021年11月发布《迈向2050年净零排放的长期战略》，承诺通过向可再生能源过渡，2030年实现80%零碳电力，2035年实现100%零碳电力。美国国家可再生能源实验室的研究发现，为了实现这一目标，美国需要将风电和光伏在该国电力结构中的占比从2022年的14%左右提升至2035年的60%～75%，到2035年，可再生能源在美国总发电量中的占比将达70%～85%。此外，美国的多个州也提出了可再生能源发电的目标，如加利福尼亚州2045年实现100%的清洁能源发电、夏威夷州2045年实现100%可再生能源发电、华盛顿特区2032年实现100%可再生能源发电、纽约2030年可再生能源的利用率将达到50%。2023年3月，欧盟国家和欧洲议会达成协议，到2030年将欧盟可再生能源占最终能源消费总量的比例由此前确定的32%提高到42.5%。2020年12月，德国新修订的《可再生能源法》规定，到2030年德国可再生能源电力占比将提高到65%。2022年，德国又提出将这一比例由65%提高至80%，力争2035年实现100%可再生能源供电。法国提出，到2030年可再生能源供给占比达到32%，到2050年电力将全部来自可再生能源，届时风电占比63%、光伏占比17%、水电占比13%、地热以及其他可再生能源电力占比7%。2022年，法国总统马克龙确定了新的目标：到2050年法国太阳能发电量要达到当前的10倍，即100吉瓦，海上风力发电场要达到50个，发电量达到40吉瓦。英国政府于2021年发布"净零战略"，提出2035年英国实现完全清洁能源供电，到2030年部署40吉瓦的海上风电，并部署更多陆上风电、太阳能和其他可再生能源，另外部署1吉瓦的浮动式海上风电。澳大利亚政府的目标是到2030年，可再生能源发电量将增长至26吉瓦，占该国总发电量的82%。南澳大利亚州将在2027年实现100%采用光伏电力和风力发电的目标。日本于2021年10月发布《第六次能源基本计划》，到2030年可再生能源发电占比将从第五次计划设定的22%～24%提高到本次设定的36%～38%。其中，太阳能发电占比将从第五次计划设定的7%提高到14%～16%，风力发电占比将从1.7%提高到5%，水电占比将从8.8%～9.2%提高到11%，生物质发电占比将从3.7%～4.6%提高到5%。丹麦政府承诺，2035年实现电力100%来自可再生能源。瑞典政府提出，2030年可再生能源发电占比达到65%，2040年实现100%可再生能源发电。

2）我国发展形势分析

2020年9月，我国正式提出"二氧化碳排放力争于2030年前达到峰值，努力争取 2060 年前实现碳中和"的"双碳"目标。电力系统作为重要的能源基础设施,其发展一直是我国经济社会发展的重中之重。电力部门也是我国最大的碳排放部门,碳排放量超 40 亿吨,占全国碳排放总量的 40% 以上。因此,电力系统的减排很大程度上决定了我国"双碳"目标能否如期实现。大力发展风光等可再生能源,推动能源结构绿色低碳转型是我国电力行业减碳和实现"双碳"目标的关键所在。"十一五"以来,我国可再生能源实现跨越式发展,可再生能源装机规模已突破 11 亿千瓦,稳居全球第一。其中,水电、风电、光伏发电、生物质发电装机规模分别连续 17 年、12 年、7 年和 4 年稳居全球首位。可再生能源发电量在总发电量中的占比,从 2010 年的不足 20% 增长到 2015 年的 24.5%,再到 2020 年的 29.5%,到 2023 年这一数值已超过 30%。但目前我国火电仍是最主要的电力来源,如期实现"双碳"目标的压力巨大。

2021 年 3 月,习近平总书记在中央财经委员会第九次会议上提出构建我国新型电力系统的战略。2021 年 10 月,国务院印发《2030 年前碳达峰行动方案》,提出了我国 2030 年碳减排目标:到 2025 年,非化石能源消费比重达到 20% 左右,到 2030 年,这一比重达到 25% 左右,单位国内生产总值二氧化碳排放比 2005 年下降 65% 以上。该方案还提出,全面推进风电、太阳能发电大规模开发和高质量发展,加快建设风电和光伏发电基地。到 2030 年,风电、太阳能发电总装机容量达到 12 亿千瓦以上。"十四五""十五五"期间分别新增水电装机容量 4000 万千瓦左右,西南地区以水电为主的可再生能源体系基本建立。

"双碳"目标下,我国电力系统加快向适应大规模高比例新能源方向转变。电源结构呈现清洁化发展的态势,太阳能发电、风电等可再生能源逐步占据装机主体、电量主体、出力主体和责任主体的地位,成为主体能源,煤电、气电、核电等多种能源形式并存。据估计,零碳情景下,2030 年电力系统总装机达到 4×10^9 千瓦,总发电量 1.18×10^{13} 千瓦·时,非化石能源装机占比达到 64%,发电量占比达到 51%;2060 年电力系统总装机达到 7.1×10^9 千瓦,总发电量 1.57×10^{13} 千瓦·时,非化石能源装机占比达到 89%,发电量占比达到 92%,煤电占比降至 4%。

2. 主要国家电力行业"源"领域绿色低碳技术的发展与应用呈现出高度的差异性

虽然当前全球掀起能源清洁化、去碳化的热潮,但从实际情况来看,各国在电力结构的规模和构成上存在巨大差异,"源"领域绿色低碳技术的发展与应用呈现出高度的不均匀性。目前,全球大部分国家电力行业绿色低碳技术发展水平较低,发电结构中仍含有较高比例的火电。少部分国家电力行业绿色低碳技术发展程度较高,电力供应以清洁能源为主。根据各国的能源规模、能源结构、发展程度情况,全球主要国家电力系统"源"领域绿色低碳技术发展与应用情况大致可以归纳为以下几类。

（1）绿色低碳技术发展和应用程度非常高，已实现或接近实现100%的电力来自可再生能源，且电力供应以水电为主。

这类国家包括巴拉圭、冰岛、阿尔巴尼亚、刚果、挪威和乌拉圭。巴拉圭的电力几乎完全来自水电（99.8%），且电力外送比例较高，年发电量的近82%都用于电力出口。冰岛是以水电为主的电能自耗型国家，该国2017年的水电出力占其发电总量的72.7%，其余为地热发电，总发电量的97.37%都用于满足本国电力需求。阿尔巴尼亚99%以上的电力来自水电，其余来自光伏发电。挪威96.2%的电力来自水电。相比之下，乌拉圭和巴西的电力来源较为多元化。乌拉圭水电占比44%、风电占比32%、生物质发电占比18%、太阳能光伏发电占比3%。此外，一些地区也实现了电力供应接近100%来自可再生能源，如德国的梅克伦堡-前波莫瑞州、石勒苏益格-荷尔斯泰因州，奥地利的下奥地利州，美国科罗拉多州阿斯彭市，加拿大的不列颠哥伦比亚省、曼尼托巴省、魁北克省等。

（2）绿色低碳技术发展和应用程度较高，一半（50%）以上的电力来自清洁能源，有的以风光发电为主，有的以水电为主，有的以核电为主。

这类国家多为发达国家，包括加拿大、德国、英国、西班牙、巴西、丹麦、法国等。其中，加拿大和巴西以水电为主。以2021年的电力数据为例，加拿大水电占比59.4%，核电占比为14.4%，风光发电占比为7.8%，清洁能源总占比为81.6%。巴西水电占比55.4%，风光发电占比为22%，核电占比为2.2%，清洁能源总占比为79.6%。德国、西班牙和丹麦以风光发电为主。德国风光发电占比37.2%，水电和核电占比15.1%，清洁能源总占比为52.3%。西班牙风光发电占比35.2%，水电和核电占比31.6%，清洁能源总占比为66.8%。丹麦80%的电力来自可再生能源，其中风能和太阳能分别贡献了46%和4%的发电量。英国54%的电力来自清洁能源，其中风光发电占比为37.7%。法国的电力供应多年以来都是以核电为主，据IEA及世界核能协会等行业研究机构发布的数据，法国境内总计有56座在运的核电反应堆，核电在电力系统中的占比高达70%。近年来，法国可再生能源装机占比虽有所增长，但2021年法国仅有23.4%的电力来自可再生能源，其中约有一半为水电，风电、光伏装机增速仍相对较慢。2021年的风力发电量仅占法国电力供给总量的2.2%，远低于欧盟国家的平均水平。随着可再生能源在全球范围内的大发展，以上这些国家的电力绿色低碳化趋势仍在持续。

（3）绿色低碳技术发展和应用程度较低，清洁能源发电量占比不足40%，电力来源以化石能源为主。

这类国家数量较多,既有发达国家,也有发展中国家。其中,美国和俄罗斯的电力来源以天然气为主。2022年,美国的天然气发电量占比高达38.4%,其次为煤电(占比22.2%),清洁能源发电量仅占比38.6%。俄罗斯的天然气发电量占比高达42.9%,煤电占比也较高(17.7%),清洁能源发电量仅占比38.2%。印度、中国、澳大利亚等国以煤电为主,这几个国家煤电占比分别为74.1%、62.6%和51.4%,清洁能源发电量分别占比21.9%、33.5%和28.9%。日本和韩国的电力结构很相似,以天然气发电和煤电为主,且两者占比均为30%左右。日本天然气发电量和煤电占比分别为32%和29.6%,清洁能源发电量仅占比26.4%;韩国天然气发电量和煤电占比分别为29.4%和35.3%,清洁能源发电量仅占比33.5%。

3. 主要国家在电力行业"源"领域绿色低碳技术上的投入侧重点不同

1)美国

根据美国能源部(DOE)的相关数据,美国在电力行业"源"领域的发展策略是强调多样化的电力来源。一方面大力发展太阳能光伏发电、风电(特别是海上风电)等可再生清洁能源,希望通过加大技术研发与示范进一步降低技术应用的成本,提高效率,扩大部署规模;另一方面也没有摒弃煤电、天然气等传统化石能源,积极推动先进清洁高效燃煤发电技术的研发与应用,以及传统化石能源发电过程中的碳减排技术,特别是碳捕集、利用与封存技术。此外,美国也积极推动固体氧化物燃料电池、地热能、波浪能、潮汐能、氢能、核裂变、聚变能等多种新能源技术的研究、开发、示范和部署,重视多种有发展潜力的新型发电技术的储备。具体分析如下。

(1)大力发展太阳能、风电(特别是海上风电)等可再生清洁能源发电、并网和相关制造技术。2019—2022年,DOE分多次为太阳能技术提供了总计高达5亿多美元的资助,以支持更高效率的光伏发电技术、聚光太阳能热发电技术(CSP)、太阳能系统集成技术、先进太阳能制造技术、太阳能配套储能技术、太阳能资源的高精度识别和预测仿真技术、先进的太阳能热转化/太阳能催化转化技术等。风电方面,2021—2023年,DOE为风电技术的研发和可持续开发利用提供了近2亿美元的资金资助,以支持美国2030年海上风电装机30吉瓦的目标,支持的研究方向涉及:① 海上风电场建设对海洋生态环境的影响;② 新型浮动式海上风力涡轮机技术研究;③ 先进的风力发电机架构、更轻量化的叶片设计与研发;④ 更高精度的风力资源预测技术;⑤ 具有成本效益的风力涡轮机轻质复合材料及部件的增材制造、用于海上风电的高压直流(HVDC)技术等。

(2)高度重视先进、清洁高效的小型灵活燃煤发电技术,以及传统化石能源发电过程中的碳捕集、利用与封存技术。

2019年，美国DOE宣布推出"煤炭优先"（Coal FIRST）计划，以推进适用于未来能源系统的高效、清洁的小型灵活先进燃煤电厂技术。此后，DOE在该计划下资助和部署了一系列研究和开发项目，重点涉及：① 先进燃煤系统关键部件的研发，包括超临界蒸气循环发电系统的加压流化床燃烧器、间接超临界二氧化碳发电系统、直燃式超临界二氧化碳发电系统、煤气化多联产系统、直喷式燃煤发动机和燃气轮机再热联合循环系统、模块化分级加压富氧燃烧发电系统、无焰加压富氧燃烧发电系统等；② 未来先进燃煤电厂概念的设计开发和系统集成，包括：灵活的超临界燃煤发电厂、超临界蒸气循环增压流化床发电厂、燃气轮机-超临界燃煤锅炉混合电厂、灵活的煤-生物质气化系统等；③ 下一代净零排放发电技术结合碳捕集、利用与封存技术生产氢气，包括配备碳捕集的先进加压流化床燃烧发电系统的设计开发和系统集成设计；混合燃气轮机和超临界燃煤锅炉概念的发电厂前端工程设计，配备燃烧后碳捕集和储能系统；先进煤-生物质气化发电及制氢系统；负排放制氢技术示范。

2020—2022年，DOE陆续部署和资助了多个项目，以推动传统化石能源发电过程中的碳捕集、利用与封存技术的研发与示范。碳捕集研究主要资助方向为煤/天然气烟气碳捕集技术的实验室规模和工程规模的测试，涉及：① 碳捕集系统的前端工程设计研究；② 基于燃烧后碳捕集技术设计、建造、调试和测试工业规模的天然气碳捕集工厂；③ 利用低成本新型溶剂对天然气联合循环（NGCC）发电厂的烟气流中的二氧化碳进行碳捕集；④ NGCC发电厂碳捕集系统高效部件和工艺的小规模试验；⑤ NGCC电厂高效碳捕集集成工艺的实验室规模测试；⑥ 燃烧后碳捕集新型贫水溶剂的工程规模测试；⑦ 用于碳捕集的新型膜技术的工程规模设计和测试等。

（3）积极部署燃料电池、波浪能、氢能、地热能、核聚变等多种新能源技术的研发和示范，重视多种有发展潜力的新型发电技术的储备。

燃料电池方面，2020年9月，DOE宣布资助3400万美元用于支持"小型固体氧化物燃料电池（SOFC）系统和混合电解槽技术"主题的新研发项目，旨在推动开发先进高效低成本的电解槽技术和SOFC，进一步改善小规模SOFC发电系统技术的发电效率和成本效益，加快该技术在全美的部署和规模化应用。该项目聚焦三大技术主题：小型分布式SOFC发电系统、用于生产氢气和电力的混合系统开发和验证、用作SOFC燃料的煤制合成气体净化技术开发。

波浪能方面，2022年1月，DOE宣布投入2500万美元支持创新波浪能项目，以推进对波浪能技术的研究、开发和示范，以加快其大规模部署，助力电力和工业等部门脱碳。此次资助涉及三个主题领域:波浪能转换器测试、先进波浪能转换器设计、波浪能技术研发。

氢能方面,2022年5月,DOE宣布为六个氢能研发项目提供2490万美元资金,以支持清洁氢发电技术的发展。分别是:① 建造一座新的制氢工厂,制氢纯度将达到99.97%,同时捕获90%～99%的二氧化碳,运输并封存到美国怀俄明州埃文斯顿的一个油气井;② 开发在燃气轮机中使用的氢氨混合燃料,以推进氨作为清洁低碳燃料在发电中的应用;③ 开发和测试使用100%氢燃料的燃气轮机组件,以研究和解决与混氢燃料相关的燃烧充分问题;④ 开展氢燃气轮机优化研究,以显著提高热电联产过程中燃气轮机的运行效率;⑤ 探究通过提高天然气-氢气混合燃料中氢气的占比,将其混合应用于高温钻井平台,测试混合燃料对燃气轮机组件的影响;⑥ 开发和测试一种氨燃料燃气轮机燃烧器,该燃烧器将减少二氧化碳的排放,并具有强大的可操作性和稳定性,燃烧效率预计将超过99.99%。

地热能方面,DOE于2022年9月宣布启动"增强型地热攻关计划",该计划是DOE"能源攻关计划"的一部分,旨在到2035年将地热能成本降低90%,使地热能成为美国清洁、经济的能源选择之一。2022年2月,DOE宣布将提供7400万美元用于测试增强型地热系统(EGS)的有效性和可扩展性的示范项目,聚焦于四个研究主题:EGS近端、EGS绿地模式、超热/超临界EGS、美国东部地区EGS。

核能方面,2022年11月,白宫将核聚变发电创新作为美国到2050年实现净零排放目标的优先研发事项之一。研发方向涉及:① 更小的规模(包括小型模块化反应堆和微型反应堆);② 额外的安全功能,如替代冷却剂、事故容错燃料和数字控制;③ 减少核废料的体积和衰变期;④ 开发先进核聚变材料增强聚变效率,提升其反应安全性。

2) 欧盟层面

欧盟较早提出构建综合能源系统的发展策略,并将其视为实现能源转型目标的关键。在该策略下,欧盟将能源系统作为一个整体进行规划,将不同能源载体、基础设施和消费部门进行有机结合。该策略的核心是多种能源(传统能源和可再生能源)的融合、协同优化和互补利用。

研发路线图方面,2019年11月,欧洲风能技术与创新平台(ETIP-Wind)发布了《风能路线图》,确定了2020—2027年欧盟风能技术研发优先事项,包括:并网及系统集成,运行与维护,下一代风能技术,降低海上风电成本相关技术,浮动式海上风电。同年12月,欧盟能源研究联盟(EERA)发布《水力发电战略研究议程》,提出欧洲水电领域未来将开展研究的优先事项,明确了六个重点研究主题:① 水电机组；② 水工结构；③ 电网、系统集成；④ 水资源、环境影响和气候适应；⑤ 社会接纳、参与和政策研究；⑥ 数字化。2020年2月，欧洲能源转型智能网络技术与创新平台（ETIP SNET）发布2020—2030年研发路线图，提出了欧盟未来十年拟投入40亿欧元开展综合能源系统研究和创新优先活动，以推进实现欧洲2050年构建深度电气化、广泛数字化、完全碳中和的循环经济愿景。通过路线图的实施，到2030年欧洲综合能源系统将实现系统运营商、终端用能部门的融合与合作。能源系统以本地优化方式运行，通过智能、分布式优化控制与平衡本地能源需求，面向消费者提供集成数字化服务。2020年3月，ETIP SNET发布《脱碳欧洲灵活发电白皮书》，提出了实现欧洲综合能源系统2050年愿景需开发的灵活发电技术，包括：① 低碳/无碳替代燃料发电关键技术，涉及燃气轮机联合循环发电（CCPP）技术、新型燃气轮机技术、固体氧化物燃料电池技术、新一代燃气内燃机技术、氨和合成碳基燃料技术；② 生物质发电技术，重点是电厂改造和新建生物质电厂；③ 天然气发电技术，重点是对现有发电厂的燃气（联合）燃烧改造和新建天然气发电项目；④ 燃料灵活性技术，涉及开发锅炉中燃烧煤、生物质和天然气混合物技术。2022年4月，ETIP SNET公布《2022—2025年综合能源系统研发实施计划》，明确了欧盟到2025年的研发资助重点方向，包括：① 风力涡轮机和光伏发电系统灵活性；② 可再生能源实时可观测性；③ 可再生能源预测；④ 水力发电预测；⑤ 分布式能源；⑥ 基于无碳和碳中性燃料的火电厂灵活性；⑦ 可再生能源和脱碳气体集成的灵活性；⑧ 热电联产等。

研发项目部署方面，2021年11月，欧盟宣布在"创新基金"资助框架下向瑞典BECCS@STHLM项目提供资助，该项目将在现有生物质热电联产发电厂建造一个CCS设施，将碳捕集过程与热回收相结合以提高效率，投运十年将避免780万吨二氧化碳排放。2022年12月16日，欧盟批准了一项12亿欧元的计划，以促进捷克基于可再生能源的绿色和更高效的区域供暖。该计划将支持：① 安装基于可再生能源或高效热电联产的新热电机组，以取代现有设备；② 对现有热电机组进行现代化改造，以生物质代替煤炭运行。受资助的项目需实现二氧化碳排放量减少15%和主要可再生能源消耗量减少10%的目标。天然气高效热电联产项目将实现向可再生和低碳气体的转换，或实施碳捕集、利用与封存技术。2023年2月13日，欧盟宣布资助20.8亿欧元支持法国海上风电技术，到2028年在法国南部沿海将建成该国首个漂浮式海上风电场。该风电场装机容量预计达到230～270兆瓦，风力发电产能将达到1太瓦·时/年，每年将减少43万吨二氧化碳排放量。2月15日，欧盟宣布资助2.59亿欧元支持罗马尼亚光伏技术，具体包括电池单元、光伏电池和电池面板的生产、组装和回收技术。

3）德国

德国重点发展太阳能光伏发电和风电技术。德国 2021 版《可再生能源法》规定，到 2030 年德国可再生能源电力占比将提高到 65%，其中，太阳能、生物质、陆上风电和海上风电装机容量将分别达到 100 吉瓦、84 吉瓦、71 吉瓦和 20 吉瓦；到 2050 年，实现德国境内电力供应和消费碳中和。

2023 年 3 月 10 日，德国经济和气候部（BMWK）发布 2023 年光伏战略，以确保实现《可再生能源法》设定的光伏发电目标。该战略具体举措涉及地面电站、屋顶光伏、公共建筑、阳台光伏、电网建设、能源政策和税法体系、本土供应链、工人培训、技术研发等，其中：① 地面电站方面，计划到 2026 年装机 11 吉瓦（占总装机 50%），鼓励农光互补、水面光伏、沼泽光伏等，提升最大投标规模；② 屋顶光伏方面，计划到 2026 年装机 11 吉瓦（占总装机 50%），提高工商业售电收入，优化工商业商业模式，简化申报及审批流程，继续鼓励户用配储；③ 阳台光伏方面，预计目前累计安装 100 兆瓦（25 万户），后续将简化或取消项目申报，放宽插头标准，规模上限从 600 瓦提升到 800 瓦；④ 本土供应链方面，基于 2030 目标，进口产品将继续发挥重要作用，并扶持本土制造。

4）英国

英国在"源"领域重视推动可再生能源、核能以及电厂 CCUS 技术的研发、示范与部署。

可再生能源和核能方面，2021 年 10 月，英国商业、能源和产业战略部（BEIS）发布《英国净零研究与创新框架》，提出英国在未来 5~10 年内要推动可再生能源和核能等领域的研究和创新。在可再生能源方面，加速海上风电容量的部署、发掘超过 50 米以下深度的深水海上风电场、开发和示范早期阶段的可再生能源；在核能方面，发展小型模块化反应堆（SMR）、开发和示范先进模块化反应堆（AMRs）、推动大规模核电的持续改进、进行核聚变研究与开发、改进废物处理流程等。此外，2021—2023 年，BEIS 为英国可再生能源技术提供了多项资助，其中，2 亿英镑用于支持海上风电项目，以确保英国到 2030 年装机容量达到 40 吉瓦；5500 万英镑用于支持新兴的可再生能源技术，包括浮动海上风电、潮汐流、地热和波浪；1000 万英镑用于陆上风电、太阳能和水电等成熟技术，总装机容量上限为 5 吉瓦，陆上风电和太阳能光伏的装机容量上限为 3.5 吉瓦；3165 万英镑用于支持 11 个先进浮动式海上风电项目，以加快英国海上风电的部署；1900 万英镑用于资助英国企业开发绿色节能新技术，获得资助的项目包括：海上风力机器人检查员，支持其检查和维护海上风力场；"太阳能方砖"低成本建筑玻璃砖，使建筑物能够进行太阳能发电；海上风电通信，实现海上高速、可靠的远程通信，帮助安装风电场。

电厂CCUS技术方面,2021年5月,BEIS宣布资助2000万英镑支持下一代CCUS技术的开发、试点和示范,帮助工业和电力部门从源头进行碳捕集和封存。2022年5月,英国可再生能源先驱德拉克斯公司(Drax)与诺丁汉大学等合作,在英国北约克郡发电厂利用生物质能碳捕集与封存(BECCS)工艺试验一种具有开创性的新型生物能源生产过程,新工艺使用了一种称为金属有机框架(MOFs)的固体吸附剂,主要用来捕获可持续生物质发电时释放的二氧化碳。相较于常规使用液体溶剂,MOFs具有简单的结构,更容易被用来分离和吸收特定分子。

5) 日本

根据日本经济产业省(METI)2021年6月发布的《2050碳中和绿色增长战略》,日本不仅重视海上风电、太阳能、地热等可再生能源,也积极推动传统化石能源发电过程中的碳减排技术,特别是燃煤电厂氨燃料发电技术、二氧化碳转化甲烷技术、天然气发电烟气二氧化碳大规模分离回收技术等。另外,日本也在积极部署氢能发电技术研发。

(1) 海上风电。发展目标:到2030年安装10吉瓦海上风电机组,到2040年达到30~45吉瓦,同时在2030—2035年间将海上风电成本削减至8~9日元/千瓦·时。到2040年风电设备零部件的国产化率提升到60%。重点任务:推进风电产业人才培养,完善产业监管制度;推进新型浮动式海上风电技术研发;打造具备全球竞争力的本土产业链,减少对外国零部件的进口依赖。

(2) 太阳能发电。发展目标:到2030年太阳能光伏发电成本降至14日元/千瓦·时,家用太阳能电池安装成本降至7万日元/千瓦·时(包含建设工程费)。重点任务:开发下一代太阳能电池技术;优化基于太阳能的分布式能源利用技术;扩大太阳能电池的市场化应用。

(3) 地热发电。发展目标:到2030年实施调查井的钻井试验,并对开发的钻井技术和外立面材料等构件进行验证;到2040年验证包括涡轮等地面设备的整个发电系统;到2050年在世界上率先开展下一代地热发电技术示范。重点任务:开展超高温、高压环境下的钻孔套管材料和涡轮等材料抗腐蚀技术研究;促进开发地热资源调查钻井技术;促进地热能多元化利用,结合本地资源进行可持续开发。

(4) 氨燃料发电。发展目标:2021—2024年在火力发电厂中完成20%掺混氨燃料的示范验证;到2050年在火力发电厂实现使用含有50%氨的混合燃料。到2030年推进配套设备的制造,构建稳定的氨燃料供应链体系;到2050年提高在发电领域的氨混烧率和开发燃烧纯氨技术。到2030年实现氨燃料年产量300万吨,到2050年达到3000万吨。重点任务:开展掺混氨燃料/纯氨燃料的发电技术实证研究;围绕掺混氨燃料发电技术,开发东南亚市场,到2030年计划吸引5000亿日元投资;建造氨燃料大型储存罐和输运港口;与氨生产国建立良好合作关系,构建稳定的供应链,增强氨的供给能力和安全性,到2050年实现1亿吨的年度供应能力。

2021年5月,日本新能源产业技术综合开发机构(NEDO)宣布将在"碳回收和下一代火力发电等技术开发"计划框架下新增两个研发主题,支持燃煤电厂混氨燃烧发电技术的研发和示范,以推进用氨燃料代替化石燃料。2022年1月,NEDO宣布在"绿色创新基金"框架下启动燃煤电厂混氨/纯氨发电技术研究项目,以实现到2050年部署10~20台纯氨燃烧发电设备、20~40台高氨燃料发电设备。研发主题包括:燃煤锅炉混氨/纯氨燃烧发电技术的开发及示范,将研发新型高混氨煤粉燃烧器并在商业电厂进行示范,还将研发纯氨燃烧器,并与传统煤粉燃烧器结合进行混氨50%的示范运行;纯氨燃料燃气轮机技术开发与示范,将研发2兆瓦级燃气轮机纯液氨燃烧技术,并通过示范测试验证安全措施。

(5) 二氧化碳分离回收。2022年5月,NEDO宣布在"绿色创新基金"框架下,启动天然气发电烟气二氧化碳大规模分离回收技术的开发与示范项目,将支持天然气燃烧废气低成本二氧化碳分离/回收工艺的商业化,即开发基于固体吸收剂的国产化技术,降低燃气轮机烟气中低浓度二氧化碳的分离回收成本,并通过技术验证推进商业化。

(6) 氢能发电。2020年9月,日本新能源产业技术综合开发机构(NEDO)宣布于2020—2022年间开展"超越传统技术的高效氢能发电技术研发"研究课题,以开发发电效率高达68%的1400 ℃级氢燃气轮机发电系统以及闭式热力循环的通用基础技术,以期在2040年后实现新技术的商用和普及。

通过对美国、欧盟、德国、英国和日本等主要国家和地区的比较分析,可以发现这些国家和地区对"源"领域绿色低碳技术的投入和部署侧重点有所不同。

3.1.2　电力行业"网"领域绿色低碳技术的特点

电力行业"网"领域绿色低碳技术呈现出以下几个特点。

(1) 智能电网、微电网、分布式供电等节能绿色低碳电网技术步入快速发展阶段。

当前,随着可再生能源和分布式能源的快速发展,电力的生产模式逐步向集中式与分散式并重转变,这使得电网系统也随之发生变化,系统模式由大基地大网络为主逐步向与分布式供电、微电网、智能电网并行转变,推动新能源利用效率提升和经济成本下降。与传统电网相比,分布式供电、微电网、智能电网等新型电网形态在高效节能、低碳环保、信息化、智能化、灵活性和经济性等方面都具有明显的优势。

我国高度重视对这些新型电网形态的部署与推进。《中共中央关于制定国民经济和社会发展第十四个五年规划和二〇三五年远景目标的建议》提出,加快电网基础设施智能化改造和智能微电网建设。2022年1月,国家发展改革委和国家能源局印发《"十四五"现代能源体系规划》,指出"提升电网智能化水平,推动电网主动适应大规模集中式新能源和量大面广的分布式能源发展。积极发展以消纳新能源为主的智能微电网,实现与大电网兼容互补。在具备条件的农村地区、边远地区探索建设高可靠性可再生能源微电网"。2022年7月,我国住房和城乡建设部和国家发展改革委联合印发《"十四五"全国城市基础设施建设规划》,提出"开展城市韧性电网和智慧电网建设,有序推进主动配电网、微电网、交直流混合电网应用,提高分布式电源与配电网协调能力"。《北京市"十四五"时期能源发展规划》提出"建设智能电力系统。推进新一代信息技术与电力系统融合创新,提升全自愈配电网、柔性输电、精准电网末端感知等智能电网技术水平,示范建设智能微网。探索远程集控、智慧巡检、智能诊断等电力智能运维新模式"。《上海市瞄准新赛道促进绿色低碳产业发展行动方案(2022—2025年)》提出将围绕智能电网等10个领域推进绿色低碳产业创新主体培育,促进产业链协同发展。《南方电网"十四五"电网发展规划》强调"加强智能输电、配电、用电建设,推动建设多能互补的智慧能源建设"。国家电网提出,建设安全高效、绿色智能、互联互通、共享互济的坚强智能电网。

国际方面,2022年1月,美国政府提出"建设更好的电网倡议"(Building a Better Grid Initiative)。该倡议旨在支持美国关键基础设施部署,创建一个更清洁、更有弹性和更可靠的电网。在该倡议下,美国两党基础设施法将投资超过30亿美元加强电网建设,包括扩大和升级智能电网建设,并投资400个微电网,以提高极端气候条件下电网的可靠性和弹性。2022年6月,欧洲理事会通过《跨欧洲能源网络》(Trans-European Networks for Energy)法规修正案,将智能电网建设作为三大优先领域之一。

(2) 风光等新能源并网技术受到广泛重视。

随着可再生能源在全球的蓬勃发展,全球主要国家积极推进太阳能和风能并网技术(输电)的研发与示范,帮助清洁能源无缝整合到电网,支持电力行业脱碳目标。例如,美国能源部分别于2021年8月和2022年8月提供4500万美元和2600万美元支持太阳能、风能并网技术的研发与示范,包括:并网逆变器的研究、装机规模在10兆瓦以上的太阳能和风能并网的设计、实施与长期测试;基于逆变器的大容量电力系统保护装置研究等。2021年6月,欧盟委员会宣布其"地平线欧洲"

(Horizon Europe)研发框架计划第一阶段(2021—2022年)的研发主题也涉及并网技术,包括:具有并网能力的多供应商多终端高压直流(HVDC)实时示范;新型储能技术集成到电网架构等。

(3) 可再生能源并网下,电网的灵活性、稳定性和弹性(恢复力)的重要性和必要性愈加凸显。

众多国家纷纷在灵活的输电和配电技术以及增强电网的稳定性和弹性技术上进行投入与部署。例如,美国能源部于2021年1月宣布资助856万美元开发新一代配电自动化技术,该技术可经济、高效地提高配电网的可靠性和弹性;资助225万美元用于开发电网灵活性管理与虚拟电厂软件平台,助力公用事业及能源服务提供商整合并优化分布式能源资源。2022年2月,美国能源部提供1.75亿美元用于研发高比例可再生能源并网下的电网高效稳定运营技术,包括开发100千伏的氮化镓光导半导体开关取代传统硅技术制造的半导体开关,创建紧密、一体化的结构以取代当今电网中笨重、不灵活的变电站,为逆变器主导的电力系统开发创新的保护方案;围绕电网开发相关的算法、模型、软件和控制技术,优化电网运行效能,包括开发演示结构化的微电网协调/控制协同设计流程,开发和演示模块化弹性微电网控制集成平台等。2022年4月,美国能源部宣布启动23亿美元资助计划以推进电网现代化,大力改造和改善现有电力系统,通过新建和加固电力基础设施推动电网实现现代化和容量扩增,以增强电网应对自然灾害和极端气候的可靠性和弹性。欧盟"地平线欧洲"(Horizon Europe)研发框架计划第一阶段(2021—2022年)的研发目标也提及相关计划:通过对电网漏洞、故障、风险和隐私方面采取控制措施来提高电网的可靠性和弹性;通过基于HVDC的系统和解决方案设计提高电力系统可靠性和弹性。2022年6月,日本新能源产业技术综合开发机构(NEDO)宣布支持开发下一代电网稳定性技术以及分布式能源控制技术,以稳定电网供应、促进可再生能源消纳,实现到2030年可再生能源占比达到36%~38%的目标。

3.1.3 电力行业"荷"领域绿色低碳技术的特点

电力行业"荷"领域绿色低碳技术具有以下几个主要特点。

1. 电力负荷结构更加多元化

在"双碳"目标的驱动下,电力负荷端的绿色低碳技术的应用将愈加广泛,一方面,随着国家"以电代油""以电代煤"的电能替代发展战略的陆续落实,以新能源汽车、电采暖为代表的电力产品将逐渐抢占传统高排放产品的市场。根据中汽协最新统计显示,截至2021年5月底,我国新能源汽车保有量达到580万辆,预计未来5年新能源汽车产销增速将保持在40%以上。这些电能替代产品的强势发展势必会影响未来电力系统负荷。另一方面,人工智能技术的应用日益广泛,智能社区、智能建筑、智能家居逐渐兴起,更多智能化的家电和设备的使用都会增加电力负荷。另外,能源互联网的发展将支持用户侧储能、分布式电源、自备电厂等技术的应用,这些都使得电力行业的负荷结构将呈现更加多元化的发展。

2. 电力负荷端表现出高度的电力电子化特性

新型电力系统下用户侧与电网侧的交互将越来越多,用户接口处也越来越依赖辅助控制性能更高的电力电子设备,如电动汽车充电站、轨道交通牵引系统、写字楼变频制冷系统等。为适应新型电力系统"源网荷"设备快速更新和即插即用的需求,未来配电网基础设施建设也更倾向于采用以电力电子技术为基础的综合解决方案,如直流配电网、微电网、云储能等。这些变化势必造成负荷侧逐渐走向高度电力电子化,使城市配电网的负荷特性更加多样。

3. 电力负荷端的用户双向互动更加深入

在传统能源结构下,用户端对电力调节作用有限,用户与能源系统之间的互动不足。新型电力系统的建设要求大力发展储能,提升电网供需互动水平,发挥用户侧的调节作用与潜力,这势必推动用户与电网的深入双向互动。例如,电动汽车V2G(Vehicle to Grid)技术的发展与运用以及分布式储能的接入使用户从消费者转变为产消者,负荷不再是单一流向分布,而是参与电网侧的双向能量互动。

总之,新型电力系统下负荷端越来越多绿色低碳技术的应用使电力负荷特性变得更加复杂。负荷特性由传统的刚性、纯消费型向柔性、生产与消费兼具型转变,由传统的"源随荷动"向"源荷互动"转变。随着未来电动汽车等新型负荷的大力推广和多元用户互动的不断深入,负荷的随机性、不确定性增加,负荷预测难度增大。

3.1.4 电力行业"储"领域绿色低碳技术的特点

储能是构建新型电力系统的重要技术和基础装备,是推动能源领域碳达峰碳中和目标的重要支撑。储能技术的优势在于其能够储存和释放能量,它可以在用电低谷时将电能储存起来,需要的时候再将电能释放出来。在解决电力供需矛盾、增强电力系统的灵活性、提高能源利用效率、降低环境污染等方面具有巨大的潜力。具体来看,电力行业"储"领域绿色低碳技术具有以下几个主要特点。

1. 储能技术呈现多元化,新技术不断涌现,技术路线各有千秋

当前储能技术百花齐放,技术路线向多元化发展,按照能量储存方式不同可分为电化学储能、机械储能、化学储能、电磁储能、热储能五类。电化学储能主要包括锂电池、钠电池、液流电池、铅酸蓄电池、铅炭电池等；机械储能主要包括抽水蓄能、压缩空气储能、液体空气储能、飞轮储能、重力储能等；化学储能主要包括氢储能、合成氨储能等；电磁储能主要包括超级电容器储能、超导储能等；热储能主要包括储热、储冷等。

安全性高、循环寿命长、成本低、能量密度高、功率密度大、储能效率高以及环境友好是储能技术最终的发展方向，目前来看，各技术各具优势，各种储能技术仍存在较大的发展前景和空间。从能量密度来看，锂离子电池与钠离子电池具有较大优势，两者的能量密度分别为 90～330 千瓦·时/千克与 130～150 千瓦·时/千克，即单位质量的电池可储存的能量更多。从使用寿命来看，抽水蓄能、压缩空气储能、超级电容、超导储能、热熔融盐等相较于其他储能方式处于领先地位，寿命可达 30 年以上，更长的使用寿命和循环次数可有效降低其使用寿命内的单次循环成本。从初始投资和度电成本来看，锂离子电池和钠离子电池的初始投资成本以及单位能量成本具有较高优势，全钒液流电池的初始投资和度电成本均处于中等水平，抽水蓄能、压缩空气储能等机械储能度电成本较有优势，但前期的初始投资较高，需运行较长时间才可回收成本，超级电容储能目前单位能量成本依然较高，难以达到大规模应用。

2. 各储能技术路线分处不同应用阶段，技术成熟度和商业化应用规模及程度差异较大

抽水蓄能是当今应用最广泛的电网规模储能技术。2021 年总装机容量约为 160 吉瓦。2020 年，全球发电量约为 8500 吉瓦·时，占全球总储电量的 90% 以上。但抽水蓄能电站的建立除对地质条件有较高要求以外，还需要挖空山体，人为构建高低差条件。在我国，目前新型储能技术仍处于商业化初期阶段。锂离子电池技术相对成熟，已经能够进行大规模商业化应用，其成本受上游锂钴镍等原材料价格波动影响。未来随着上游原材料的集程化、规模化应用，以及锂离子电池储能效能提升，预计其成本有望回归到可接受范围。

根据国家能源局公布的数据，截至 2022 年底，全国新型储能装机中，锂离子电池储能占比 94.5%、压缩空气储能占比 2.0%、液流电池储能占比 1.6%、铅酸（炭）电池储能占比 1.7%，其他技术路线占比 0.2%。压缩空气、液流电池等长时储能技术进入商业化发展初期，飞轮储能、重力储能、钠离子电池等技术已进入工程化示范阶段。氢储能和其他创新储能技术还处于研究和示范应用的探索阶段。

3. 新型储能技术当前的应用主要集中在电源侧和用户侧，对能源转型的支撑作用初步显现

储能技术在电源侧、电网侧及用户侧等不同用电环节均发挥重要作用。在电源侧,储能技术可针对风光或传统火电站,为电力系统提供容量支撑和削峰填谷;在电网侧,储能技术可以为电网公司提供调峰和调频服务。电网侧以独立储能为主;在用户侧,储能主要面向工商业或社区,提供应急/不间断电源,或提高光伏自发电用电量,改善供电质量,实现经济效益。主要场景包括工商业、产业园、EV充电站、轨道交通、5G基站、矿区、港口岸电、其他海岛(微电网)/校园/社区等。

当前全国各地积极推进储能项目落地,储能项目建设如火如荼。电源侧储能方面:① 在江苏省南通市如东县洋口镇,我国国内首个重力储能技术应用示范项目——如东100兆瓦·时重力储能项目目前已经进入最后的调试阶段。该项目配备了12600块单体重量25吨的重力块,它利用电网、光伏或风电等新能源发电量将重力块提升,把电能转换为势能进行能量储存,等到电网或用户需要用电时再将重力块放下,储存的势能转化为电能送出,能量转换效率可达85%～90%,具有50年寿命零衰减。该储能项目主体结构为35层储能塔,单次充放能发10万度电。重力块的原材料为垃圾焚烧底渣、建筑垃圾等废弃材料,这使得该项目整个系统更加绿色、低碳、安全。② 在甘肃瓜州,全球首个"双塔一机"光热储能项目东西双塔已全面封顶。该项目利用近3万块定日镜跟踪太阳转动,可以把太阳光的热能储存在吸热塔内的熔盐中,熔盐的热能将水烧开变为蒸汽,利用水蒸气带动汽轮机发电。发电不受光照强度变化的影响,可以持续稳定生产电能。位于两个镜场中间区域的定日镜,可服务于任何一个吸热塔,能够始终保持高效率运行,提升吸热塔光热利用率,提高发电效率。电网侧独立储能方面:在宁夏中宁县,国内首套百兆瓦级人工地下压缩空气储能项目建设全面启动。该项目在地下150米深处挖掘出一个环形储气库,利用富余的电能驱动压缩机,将空气压缩至高压状态,储存到储气系统中。该项目设计总储气方量10万立方米,容积相当于40个标准游泳池。用户侧储能方面:在浙江省长兴县丁家湾新村,在居民屋顶上布置了光伏板,旁边配置铅酸电池、铅炭电池、锂电池等多项储能产品,户用储能使每家每户成为一个个小的能源自供给聚合体,实现小型的能源区域自平衡,通过调节负荷助力能源保供。

3.2 电力行业"源网荷储"绿色低碳技术遴选框架构建

本研究遵循理论与实际相结合的原则,将绿色低碳技术的相关理论与技术遴选的方法论以及电力行业的属性特点三者相融合,构建了面向"双碳"目标的电力行业绿色低碳技术遴选框架(图3.1)。该框架包含了电力行业绿色低碳技术遴选的原则、指标体系、遴选方法、流程等多个组成要素。

第 3 章 电力行业"源网荷储"绿色低碳技术遴选框架研究

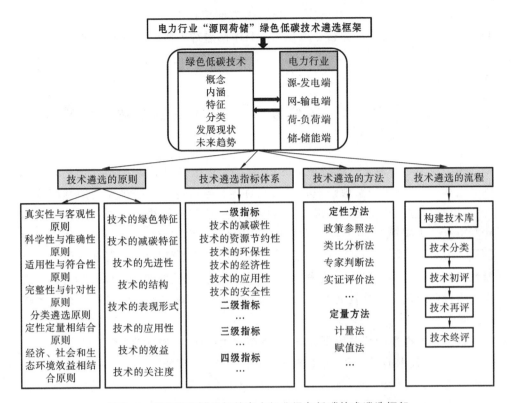

图 3.1 面向"双碳"目标的电力行业绿色低碳技术遴选框架

通过对绿色低碳技术领域文献信息的调研，本研究剖析了绿色低碳技术理论的提出和发展历程，勾勒了绿色低碳技术的发展和演化脉络，明确了绿色低碳技术的概念、内涵、特征、分类等重要的基本理论知识。基于对全球主要国家能源和电力行业绿色发展的政策、规划、项目等信息的梳理，总结了当前电力行业"源网荷储"各环节技术的特点、发展现状以及未来的发展趋势。在此基础上结合技术遴选的方法论，提出了电力行业绿色低碳技术遴选的原则。

基于对绿色低碳技术概念、内涵、特征等要素的分析，将绿色和低碳属性相融合，创新性地构建了包含四级指标的电力行业绿色低碳技术遴选指标体系，该指标体系囊括了技术的减碳性、技术的资源节约性、技术的环保性、技术的经济性、技术的应用性和技术的安全性等重要指标。

本研究认为，该方法框架科学合理、切实可行，能够有效指导电力行业开展绿色低碳技术的遴选工作，具体表现在以下方面。

（1）该方法框架将绿色低碳技术的遴选与电力行业相融合，将绿色低碳技术遴选的理论应用于电力行业的实际情境,一方面使技术遴选理论得到了充分落实和应用,另一方面也使电力行业绿色低碳技术的遴选工作更具科学性和理论依据。

(2) 该方法框架内容详实、全面,涵盖了技术遴选的原则、指标体系、遴选方法和流程,清晰明了,实操性强。

3.2.1 电力行业"源网荷储"绿色低碳技术遴选的意义和目标

为了应对全球温室气体排放量的持续上升,中国提出了到2030年前达到碳排放峰值和到2060年前实现碳中和的战略目标。电力行业是国民经济的基础能源产业,也是绿色低碳发展的关键领域。电力行业的碳排放约占中国碳排放总量的40%以上。为实现2060年碳中和目标,低碳电力是中国整个电力行业必须应对的挑战。大力发展电力行业绿色低碳技术,促进绿色低碳科技应用,是实现电力行业绿色转型和可持续发展的有效途径。开展电力行业绿色低碳技术评价和遴选已成为电力行业绿色可持续发展的迫切需要,对电力行业减排和绿色发展具有重要的现实意义。

根据技术遴选的相关原则和方法,围绕电力行业"源网荷储"各环节,结合技术的发展水平、技术的经济性、技术的社会效益等指标和数据,对技术进行综合评价,遴选出电力行业绿色低碳技术。一方面帮助相关企业在实施绿色低碳技术转型或技术更新过程中对于绿色低碳技术的选择提供科学合理的依据和参考,另一方面也期望通过对所遴选技术的培育和部署,加快中国电力领域的绿色低碳技术创新、促进绿色低碳技术的推广应用、推动电力绿色低碳转型、助力实现中国碳达峰碳中和目标。

3.2.2 电力行业"源网荷储"绿色低碳技术遴选的原则

绿色低碳技术兼具"绿色"和"低碳"双重特性,指能够有效减少碳排放、提高资源利用率且对环境友好的一类技术。鉴于"双碳"目标下电力行业绿色转型发展的实际要求,以及绿色低碳技术本身的特征,本研究提出面向电力行业"源网荷储"各环节的绿色低碳技术遴选的基本原则,具体如下。

(1) 真实性与客观性原则。电力行业绿色低碳技术的遴选以真实有效、客观存在的信息和数据为基础,以公正的立场进行分析和遴选。

(2) 科学性与准确性原则。遴选过程中运用科学的技术遴选方法,确保遴选结果具有较强的科学性和准确性。

(3) 适用性与符合性原则。电力行业绿色低碳技术的遴选需重点聚焦于电力行业"源网荷储"各环节的特点和实际生产、消费的情况开展,应符合电力系统绿色低碳转型发展的实际需求。

(4) 完整性与针对性原则。从电力行业的源头、过程和末端全流程,依据生命周期理念,从原材料获取、生产、使用、废弃等生命周期阶段出发,全面、系统地考虑了电力行业绿色低碳技术的技术性、环保性、经济性、安全性等重要因素。

(5) 定性定量相结合原则。电力行业绿色低碳技术的遴选需对技术的绿色低碳性进行定性分析,同时结合相关数据进行评分和计量,客观真实地开展目标技术的遴选。

(6) 分类遴选原则。根据电力行业"源网荷储"各环节,分类别对归属于电力行业各环节的技术进行分类,然后再对各类别技术开展遴选工作。

3.2.3 电力行业"源网荷储"绿色低碳技术遴选的对象

本研究认为,电力行业"源网荷储"绿色低碳技术在当前及未来一定时期内,同类技术中处于先进水平,具有资源能源利用效率高、污染排放少、经济性好等特点,并适应我国电力行业的发展现状以及资源能源禀赋条件,不仅成熟可靠,且具有能大力推广应用潜力的工艺、技术或设备。同时,还应具备以下属性特征。

(1) 从政策角度来看,所遴选的绿色低碳技术应符合国家现行的产业、技术政策。

(2) 从技术的绿色特征来看,所遴选的绿色低碳技术应对环境友好,不会对环境造成污染和破坏。

(3) 从技术的减碳特征来看,所遴选的绿色低碳技术应具有清晰的减排特征和较好的节能减排效果,应为低碳技术、零碳技术或负碳技术。

(4) 从技术的先进性来看,所遴选的绿色低碳技术相比于传统技术或同类技术,具有先进性和创新性。

(5) 从技术的结构来看,所遴选的绿色低碳技术既可以是单一技术,也可以是多项技术的集成或组合型技术。

(6) 从技术的表现形式来看,所遴选的绿色低碳技术既包括绿色低碳的新工艺和新技术,也包括新材料、新产品、新设备(装备)等。

(7) 从技术的应用性来看,所遴选的绿色低碳技术应工艺成熟,具有较好的技术应用和产业化发展前景。

(8) 从技术的效益来看,所遴选的绿色低碳技术应具有潜在的经济效益或社会效益,在促进能源和电力行业结构调整和转型升级方面具有积极意义。

(9) 从技术的关注度来看,所遴选的绿色低碳技术应是当前全球主要国家在能源和电力领域所公认和关注、并大力支持、发展和应用部署的技术。

3.2.4 电力行业"源网荷储"绿色低碳技术遴选指标体系构建

1. 指标提出的依据

技术的综合评估和遴选首先需要建立评估指标体系,评估过程是否科学可行,以及最终评估结果的准确性,很大程度上取决于技术评估指标的选择是否合理。本研究中电力行业"源网荷储"绿色低碳技术遴选指标的提出有据可依,科学合理。具体表现在如下几个方面。

(1) 指标的提出首先应遵循我国国家层面和电力行业关于电力绿色低碳发展的相关政策文件的精神,包括:《关于完整准确全面贯彻新发展理念做好碳达峰碳中和工作的意见》《2030年前碳达峰行动方案》《"十四五"现代能源体系规划》《"十四五"可再生能源发展规划》《2022年能源工作指导意见》《新型电力系统发展蓝皮书》等。

(2) 指标的提出还应遵循我国关于环境保护的相关法律、法规、政策、标准等文件的精神,包括:《中华人民共和国环境保护法》《中华人民共和国大气污染防治法》《中华人民共和国水污染防治法》《中华人民共和国海洋环境保护法》等以及强制性国家标准:《大气污染物综合排放标准》(GB 16297—1996)、《污水综合排放标准》(GB 8978—1996)、《火电厂大气污染物排放标准》(GB 13223—2011)、《煤层气(煤矿瓦斯)排放标准(暂行)》(GB 21522—2008)、《土壤环境质量 农用地土壤污染风险管控标准(试行)》(GB 15618—2018)、《土壤环境质量 建设用地土壤污染风险管控标准(试行)》(GB 36600—2018)、《工业企业厂界环境噪声排放标准》(GB 12348—2008)、《社会生活环境噪声排放标准》(GB 22337—2008)、《核动力厂环境辐射防护规定》(GB 6249—2011)、《电离辐射防护与辐射源安全基本标准》(GB 18871—2002)、《压水堆核电厂控制区门窗辐射防护设计准则》(GB/T 42291—2022)、《压水堆核电厂事故工况核岛厂房辐射防护设计准则》(GB/T 42141—2022)、《核与辐射应急响应人员的照射控制》(GB/T 41580—2022)等。

(3) 前人的研究为指标的提出给予了良好的借鉴与参考。通过文献调研发现,前人已针对绿色技术的评价开展了相关研究,并提出了一些评价指标,这些指标的提出为本研究构建电力行业绿色低碳评价指标体系提供了宝贵的借鉴和参考。任世华等通过研究提出了洁净煤技术评价指标,包括技术指标、经济指标、环境指标、社会指标等4个一级指标和效率、资源消耗、技术成熟度、技术适应性、企业收益、社会收益、气体污染物排放影响、固体污染物排放影响、液体污染物排放影响、对能源安全贡献、就业等11个二级指标。黄海提出了"双碳"目标下石化行业关键低碳技术评价指标,包括减排潜力、生态环境、技术成熟度、成本、安全稳定性、协同等方面。张杰和王圣认为发电行业低碳减排技术评估指标应包括定性指标和定量指标。定性指标包括技术先进性、成熟度、普适性、技术风险程度、成果转化难易程度、市场推广前景、知识产权转让等7个方面;定量指标包括能源利用指标、能源回收与节约指标、废弃物回收利用指标、温室气体排放指标、温室气体削减指标、技术投资、运行维护成本、经济效益、环境效益等9个一级指标以及综合发电煤耗、电耗、下降煤耗、能源利用效率提高比例、副产能源量、替代产品节能量等6个二级指标。李庄等开展了钢铁行业低碳技术评价选择研究,提出了技术评价、经济评价和低碳效果3个一级指标,技术评价包括技术成熟度和技术普适性2个二级指标;经济评价包括投资回收期、运行维护成本、运行电耗、投资成本等4个二级指标;低碳效果包括碳减排总量、吨钢碳排放量下降率、吨钢综合能耗下降率、二次能源回收利用率、工业生产过程原材料减少量、项目节约或产生电量等6个二级指标。易文杰等建立了水泥行业低碳技术评价指标体系,从技术评价、低碳效果、经济评价指标以及综合评价方面对不同技术进行了评价与推荐。技术评价方面主要考虑了技术成熟度和技术普适性2个指标;低碳效果主要考虑了项目二氧化铜减排总量、项目吨水泥二氧化碳排放下降率、项目废物节约替代率、项目节约或产生电量等指标;经济评价主要考虑项目投资成本、项目运行维护成本、项目投资回收期等指标。平海与符云浩通过层次分析法建立了低碳物流技术创新评估体系,从环保性、经济性和可持续发展性三个角度评估了低碳物流技术的创新能力。Yang X Y等提出了钢铁行业绿色低碳技术评价指标体系,定性指标包括技术的成熟度、先进性和稳定性。定量指标包括节能、二氧化碳减排、资源回收率、固定投资成本、运营成本、经济效益、静态投资回收期和技术推广潜力等。

(4) 对全球能源电力发展现状、趋势及技术发展特点的信息调研与分析为本研究指标的提出奠定了良好的知识基础。一方面,本研究通过对美国、欧盟及其主要成员国、英国、日本、澳大利亚及我国能源发展现状的调研,在全球层面上深度剖析了全球能源发展的格局及未来发展趋势,从宏观战略和政策层面把握了全球能源和电力未来的发展重点和方向。另一方面,本研究深入分析了电力行业绿色低碳技术的发展演进过程,阐明了电力行业"源网荷储"各阶段绿色低碳技术的特征。这些都为电力行业绿色低碳技术遴选指标体系的构建提供了有利的信息支撑。

总之,在以上依据的支持下,本研究运用综合分析方法,提出了一套科学、合理、创新、可行、定性与定量相结合的电力行业"源网荷储"绿色低碳技术遴选指标体系。

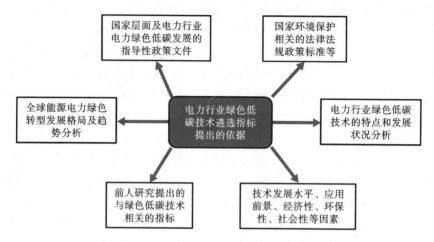

图 3.2　电力行业"源网荷储"绿色低碳技术遴选指标提出的依据

2. 指标体系的组成

新型电力系统统筹源、网、荷、储资源，以源网荷储互动及多能互补为支撑，满足电力安全供应、绿色消费、经济高效的综合性目标。本研究紧密围绕技术"绿色"＋"低碳"属性，从总体上提出覆盖整个电力系统的绿色低碳技术遴选指标体系（表3.1）。该指标体系由一级指标、二级指标、三级指标和四级指标组成，旨在从"绿色"和"低碳"角度对电力行业的技术进行全面的分析和评价。

一级指标：包括两个，分别是绿色性能指标和低碳性能指标。

二级指标：绿色性能指标包括废气排放指标、废水排放指标、固体废物处置指标、噪声排放指标 4 个二级指标。低碳性能指标包括碳排放和能耗两个二级指标。

三级指标：废气排放指标下包括一般性废气排放指标和放射性废气排放指标两个三级指标；废水排放指标下包括一般性废水排放指标和放射性废水排放指标两个三级指标；固体废物处置指标下包括一般固废处置指标和放射性固废处置指标两个三级指标；噪声排放指标下包括 0 类声环境功能区、1 类声环境功能区、2 类声环境功能区、3 类声环境功能区、4 类声环境功能区等 5 个三级指标。碳排放指标下包括低碳排 1 个三级指标；能耗指标下包括低能耗 1 个三级指标。

四级指标：一般性废气排放指标下包括烟尘、二氧化硫、氮氧化物、汞及其化合物、烟气黑度、氯化氢、铬酸雾、硫酸雾、氟化物、氯气等 31 个四级指标。放射性废气排放指标下包括惰性气体、碘、粒子（半衰期$\geqslant$8d）、^{14}C 和氚等 5 个四级指标。

一般性废水排放指标下包括总汞、烷基汞、总镉、总铬、六价铬、总砷、总铅、总镍、苯并a芘、总铍、总银等65个四级指标。放射性废水排放指标下包括氚、^{14}C和其余核素3个四级指标。一般固废处置指标下包括贮存和填埋2个四级指标。放射性固废处置指标下包括包装、暂存、近地表处置和岩洞处置4个四级指标。0类声环境功能区、1类声环境功能区、2类声环境功能区、3类声环境功能区、4类声环境功能区这几个三级指标下均各包括昼间和夜间2个四级指标。低碳排指标下包括减碳、零碳、去碳和负碳4个四级指标。减碳指在电力生产、消费和使用过程中使碳的排放量相比之前有所减少;零碳指电力生产过程中不产生碳排放;去碳指将电力生产、消费和使用过程中产生的碳排放捕获、封存和积极利用,使其不被排放到空气中,表现为碳中和特征;负碳指把大气中的二氧化碳通过某种形式捕集、贮存和利用。低能耗指标下包括节能1个四级指标。

表3.1 电力行业"源网荷储"绿色低碳技术遴选指标体系

一级指标	二级指标	三级指标	四级指标	限值	
绿色性能指标	废气排放指标	一般性废气排放指标①	烟尘	5、10、20、30(mg/m³)	
			二氧化硫	35、50、100、200、400(mg/m³)	
			氮氧化物	50、100、120、200(mg/m³)	
			汞及其化合物	0.03(mg/m³)	
			烟气黑度	1	
			氯化氢	0.25、150(mg/m³)	0.2、100(mg/m³)
				0、0.3-12、0.46-19(kg/h)	0.26-10、0.39-16(kg/h)
			铬酸雾	0.0075、0.08(mg/m³)	0.006、0.07(mg/m³)
				0、0.009-0.19、0.014-0.29(kg/h)	0.008-0.16、0.012-0.25(kg/h)
			硫酸雾	1.5、70(mg/m³)	1.2、45(mg/m³)
				0、1.8-74、2.8-110(kg/h)	1.5-63、2.4-95(kg/h)
			氟化物	20 μg/m³、11 mg/m³	20 μg/m³、9.0 mg/m³
				0、0.12-4.9、0.18-7.5(kg/h)	0.1-4.2、0.15-6.3(kg/h)

① 一般性废气排放指标中的烟尘、二氧化硫、氮氧化物、汞及其化合物、烟气黑度等指标及其限值引自强制性国家标准《火电厂大气污染物排放标准》(GB 13223—2011),其他指标及其限值引自强制性国家标准《大气污染物综合排放标准》(GB 16279—1996)。左列排放限值适用于1997年1月1日前设立的污染源,右列排放限值适用于1997年1月1日起设立的污染源。

续表

一级指标	二级指标	三级指标	四级指标	限值	
绿色性能指标	废气排放指标	一般性废气排放指标	氯气	0.5、85(mg/m³)	0.4、65(mg/m³)
				0、0.6-18、0.9-28(kg/h)	0.52-15、0.78-23(kg/h)
			铅及其化合物	0.0075、0.9(mg/m³)	0.006、0.7(mg/m³)
				0、0.005-0.39、0.007-0.6(kg/h)	0.004-0.33、0.006-0.51(kg/h)
			镉及其化合物	0.05、1.0(mg/m³)	0.04、0.85(mg/m³)
				0、0.06-2.5、0.09-3.7(kg/h)	0.05-2.1、0.08-3.2(kg/h)
			铍及其化合物	0.001、0.015(mg/m³)	0.0008、0.012(mg/m³)
				0、1.3×10⁻³-52×10⁻³、2.0×10⁻³-79×10⁻³(kg/h)	1.1×10⁻³-44×10⁻³、1.7×10⁻³-67×10⁻³(kg/h)
			镍及其化合物	0.05、5.0(mg/m³)	0.04、4.3(mg/m³)
				0、0.18-7.4、0.28-11(kg/h)	0.15-6.3、0.24-10(kg/h)
			锡及其化合物	0.3、10(mg/m³)	0.24、8.5(mg/m³)
				0、0.36-15、0.55-22(kg/h)	0.31-13、0.47-19(kg/h)
			苯	0.5、17(mg/m³)	0.4、12(mg/m³)
				0、0.6-6.0、0.9-9.0(kg/h)	0.5-5.6、0.8-7.6(kg/h)
			甲苯	3.0、60(mg/m³)	2.4、40(mg/m³)
				0、3.6-36、5.5-54(kg/h)	3.1-30、4.7-46(kg/h)
			二甲苯	1.5、90(mg/m³)	1.2、70(mg/m³)
				0、1.2-12、1.8-18(kg/h)	1.0-10、1.5-15(kg/h)
			酚类	0.1、115(mg/m³)	0.08、100(mg/m³)
				0、0.12-2.6、0.18-3.9(kg/h)	0.1-2.2、0.15-3.3(kg/h)
			甲醛	0.25、30(mg/m³)	0.2、25(mg/m³)
				0、0.3-6.4、0.46-9.8(kg/h)	0.26-5.4、0.39-8.3(kg/h)
			乙醛	0.05、150(mg/m³)	0.04、125(mg/m³)
				0、0.06-1.3、0.09-2.0(kg/h)	0.05-1.1、0.08-1.6(kg/h)
			丙烯腈	0.75、26(mg/m³)	0.6、22(mg/m³)
				0、0.91-19、1.4-29(kg/h)	0.77-16、1.2-25(kg/h)

续表

一级指标	二级指标	三级指标	四级指标	限值	
绿色性能指标	废气排放指标	一般性废气排放指标	丙烯醛	0.5、20(mg/m³)	0.4、16(mg/m³)
				0、0.61-13、0.92-20(kg/h)	0.52-11、0.78-17(kg/h)
			氰化氢	0.03、2.3(mg/m³)	0.024、1.9(mg/m³)
				0、0.18-5.5、0.28-8.3(kg/h)	0.15-4.6、0.24-7.0(kg/h)
			甲醇	15、220(mg/m³)	12、190(mg/m³)
				0、6.1-130、9.2-200(kg/h)	5.1-100、7.8-170(kg/h)
			苯胺类	0.5、25(mg/m³)	0.4、20(mg/m³)
				0、0.61-13、0.92-20(kg/h)	0.52-11、0.78-17(kg/h)
			氯苯类	0.5、85(mg/m³)	0.4、60(mg/m³)
				0、0.67-34、0.92-52(kg/h)	0.52-29、0.78-44(kg/h)
			硝基苯类	0.05、20(mg/m³)	0.04、16(mg/m³)
				0、0.06-1.3、0.09-2.0(kg/h)	0.05-1.1、0.08-1.7(kg/h)
			氯乙烯	0.75、65(mg/m³)	0.6、36(mg/m³)
				0、0.91-19、1.4-29(kg/h)	0.77-16、1.2-25(kg/h)
			光气	0.1、5.0(mg/m³)	0.08、3.0(mg/m³)
				0、0.12-1.2、0.18-1.8(kg/h)	0.1-1.0、0.15-1.5(kg/h)
			非甲烷总烃	5.0、150(mg/m³)	4.0、120(mg/m³)
				6.3-61、12-120、18-170(kg/h)	10-100、16-150(kg/h)
		放射性废气排放指标①	惰性气体	轻水堆或重水堆:6×10^{14}(Bq/年/堆)	
			碘	轻水堆或重水堆:2×10^{10}(Bq/年/堆)	
			粒子(半衰期≥8d)	轻水堆或重水堆:5×10^{10}(Bq/年/堆)	
			^{14}C	轻水堆:7×10^{11}(Bq/年/堆) 重水堆:1.6×10^{12}(Bq/年/堆)	
			氚	轻水堆:1.5×10^{13}(Bq/年/堆) 重水堆:4.5×10^{14}(Bq/年/堆)	

---

① 放射性废气排放指标及其限值引自强制性国家标准《核动力厂环境辐射防护规定》(GB 6249—2011)。

续表

一级指标	二级指标	三级指标	四级指标	限值	
绿色性能指标	废水排放指标	一般性废水排放指标①	总汞	0.05 mg/L	
			烷基汞	0 mg/L	
			总镉	0.1 mg/L	
			总铬	1.5 mg/L	
			六价铬	0.5 mg/L	
			总砷	0.5 mg/L	
			总铅	1.0 mg/L	
			总镍	1.0 mg/L	
			苯并a芘	0.00003 mg/L	
			总铍	0.005 mg/L	
			总银	0.5 mg/L	
			总α放射性	1 Bq/L	
			总β放射性	10 Bq/L	
			废水排水量	—	3.5 m³/(MW·h)
			pH值	6-9	6-9
			色度(稀释倍数)	50、80(mg/L)	50、80(mg/L)
			悬浮物	70、200、400(mg/L)	70、150、400(mg/L)
			五日生化需氧量(BOD₅)	30、60、300(mg/L)	20、30、300(mg/L)
			化学需氧量(COD)	100、150、500(mg/L)	100、150、500(mg/L)
			石油类	10、30(mg/L)	5、10、20(mg/L)
			动植物油	20、100(mg/L)	10、15、100(mg/L)
			挥发酚	0.5、2.0(mg/L)	0.5、2.0(mg/L)
			总氰化合物	0.5、1.0(mg/L)	0.5、1.0(mg/L)

① 一般性废水排放指标及其限值引自强制性国家标准《污水综合排放标准》(GB 8978—1996)。左列排放限值适用于1997年12月31日前建设的单位,右列排放限值适用于1998年1月1日起建设的单位。

续表

一级指标	二级指标	三级指标	四级指标	限值	
绿色性能指标	废水排放指标	一般性废水排放指标	硫化物	1.0、2.0(mg/L)	1.0(mg/L)
			氨氮	15、25(mg/L)	15、25(mg/L)
			氟化物	10、20(mg/L)	10、20(mg/L)
			磷酸盐(以P计)	0.5、1.0(mg/L)	0.5、1.0(mg/L)
			甲醛	1.0、2.0、5.0(mg/L)	1.0、2.0、5.0(mg/L)
			苯胺类	1.0、2.0、5.0(mg/L)	1.0、2.0、5.0(mg/L)
			硝基苯类	2.0、3.0、5.0(mg/L)	2.0、3.0、5.0(mg/L)
			阴离子表面活性剂(LAS)	5.0、10、20(mg/L)	5.0、10、20(mg/L)
			总铜	0.5、1.0、2.0(mg/L)	0.5、1.0、2.0(mg/L)
			总锌	2.0、5.0(mg/L)	2.0、5.0(mg/L)
			总锰	2.0、5.0(mg/L)	2.0、5.0(mg/L)
			元素磷	0.1、0.3(mg/L)	0.1、0.3(mg/L)
			乐果	—	0、1.0、2.0(mg/L)
			对硫磷	—	0、1.0、2.0(mg/L)
			甲基对硫磷	—	0、1.0、2.0(mg/L)
			马拉硫磷	—	0、5.0、10(mg/L)
			五氯酚及五氯酚钠(以五氯酚计)	—	5.0、8.0、10(mg/L)
			可吸附有机卤化物(以Cl计)	—	1.0、5.0、8.0(mg/L)
			三氯甲烷	—	0.3、0.6、1.0(mg/L)
			四氯化碳	—	0.03、0.06、0.5(mg/L)
			三氯乙烯	—	0.3、0.6、1.0(mg/L)
			四氯乙烯	—	0.1、0.2、0.5(mg/L)
			苯	—	0.1、0.2、0.5(mg/L)

续表

一级指标	二级指标	三级指标	四级指标	限值	
绿色性能指标	废水排放指标	一般性废水排放指标	甲苯	—	0.1、0.2、0.5(mg/L)
			乙苯	—	0.4、0.6、1.0(mg/L)
			邻-二甲苯	—	0.4、0.6、1.0(mg/L)
			对-二甲苯	—	0.4、0.6、1.0(mg/L)
			间-二甲苯	—	0.4、0.6、1.0(mg/L)
			氯苯	—	0.2、0.4、1.0(mg/L)
			邻-二氯苯	—	0.4、0.6、1.0(mg/L)
			对-二氯苯	—	0.4、0.6、1.0(mg/L)
			对-硝基氯苯	—	0.5、1.0、5.0(mg/L)
			2,4-二硝基氯苯	—	0.5、1.0、5.0(mg/L)
			苯酚	—	0.3、0.4、1.0(mg/L)
			间-甲酚	—	0.1、0.2、0.5(mg/L)
			2,4-二氯酚	—	0.6、0.8、1.0(mg/L)
			2,4,6-三氯酚	—	0.6、0.8、1.0(mg/L)
			邻苯二甲酸二丁脂	—	0.2、0.4、2.0(mg/L)
			邻苯二甲酸二辛脂	—	0.3、0.6、2.0(mg/L)
			丙烯腈	—	2.0、5.0(mg/L)
			总硒	—	0.1、0.2、0.5(mg/L)
			总有机碳(TOC)	—	20、30(mg/L)
		放射性废水排放指标①	氚	轻水堆:7.5×10^{13}(Bq/年/堆) 重水堆:3.5×10^{14}(Bq/年/堆)	
			^{14}C	轻水堆:1.5×10^{11}(Bq/年/堆) 重水堆:2×10^{11}(Bq/年/堆)	
			其余核素	轻水堆:5.0×10^{10}(Bq/年/堆) 重水堆:2×10^{11}(Bq/年/堆)	

① 放射性废水排放指标及其限值引自强制性国家标准《核动力厂环境辐射防护规定》(GB 6249—2011)。

续表

一级指标	二级指标	三级指标	四级指标	限值
绿色性能指标	固体废物处置指标	一般固废处置指标	贮存	符合强制性国家标准《一般工业固体废物贮存和填埋污染控制标准》(GB 18599—2020)
			填埋	
		放射性固废处置指标	包装	符合强制性国家标准《低、中水平放射性固体废物包安全标准》(GB 12711—2018)
			暂存	符合强制性国家标准《低、中水平放射性固体废物暂时贮存规定》(GB 11928—1989)
			近地表处置	符合强制性国家标准《低、中水平放射性固体废物近地表处置安全规定》(GB 9132—2018)
			岩洞处置	符合强制性国家标准《低、中水平放射性固体废物的岩洞处置规定》(GB 13600—1992)
	噪声排放指标①	0类声环境功能区②	昼间	50 dB(A)
			夜间	40 dB(A)
		1类声环境功能区	昼间	55 dB(A)
			夜间	45 dB(A)
		2类声环境功能区	昼间	60 dB(A)
			夜间	50 dB(A)
		3类声环境功能区	昼间	65 dB(A)
			夜间	55 dB(A)
		4类声环境功能区	昼间	70 dB(A)
			夜间	55 dB(A)

① 噪声排放指标及其限值引自强制性国家标准《工业企业厂界环境噪声排放标准》(GB 12348—2008)和《声环境质量标准》(GB 3096—2008)。

② 0类声环境功能区指康复疗养区等特别需要安静的区域。

续表

一级指标	二级指标	三级指标	四级指标	限值
低碳性能指标	碳排放	低碳排①	减碳	—
			零碳	—
			去碳	—
			负碳	—
	能耗	低能耗	节能	—

3.2.5 电力行业"源网荷储"绿色低碳技术遴选的流程

本研究提出的电力行业"源网荷储"绿色低碳技术遴选的流程如图 3.3 所示。具体流程如下。

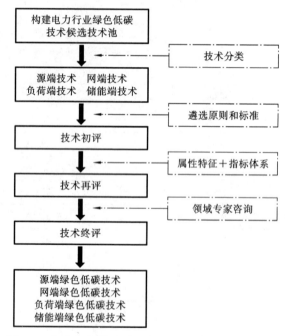

图 3.3 电力行业"源网荷储"绿色低碳技术遴选的流程

---

① 低碳排是个相对于高碳排的概念，目前国际上对于这一概念没有统一定论。本研究中的低碳排指电力系统在生产、消费和使用电能过程中相较之前产生较低的温室气体(以二氧化碳为主)排放，分为减碳、零碳、去碳和负碳四类情况。

1. 构建候选技术池

基于所调研的电力行业的相关文献、论文、报告、专利、政策等各类信息源,明确并提取其中的相关电力技术,构建含有多种技术类型的电力行业技术池。该池中的技术作为下阶段技术遴选的候选技术。

2. 技术分类

开展绿色低碳技术遴选前,将技术根据电力行业"源网荷储"各环节进行属性分类,将候选技术划分为四类:源端技术、网端技术、负荷端技术和储能端技术,以便于后续的技术遴选工作。

3. 技术初评

根据本研究提出的电力行业"源网荷储"各环节绿色低碳技术应具备的特点和特征,结合技术遴选的原则和标准以及实际的技术需求,对候选技术进行初次评选,剔除一部分技术,符合要求和原则的技术进入再评环节。

4. 技术再评

根据本研究构建的指标体系,对技术进行再次评选,遴选出初步的电力行业"源网荷储"各环节绿色低碳技术。

5. 技术终评

根据所遴选的初步的电力行业"源网荷储"各环节绿色低碳技术,制作调查问卷,并向电力行业的专家发放调查问卷,征求行业专家对所遴选技术的意见和看法。

6. 确定电力行业绿色低碳技术

回收调查问卷,分析专家意见。最终确定电力行业"源网荷储"各环节绿色低碳技术清单。

3.2.6 电力行业"源网荷储"绿色低碳技术遴选的结果

1. 电力行业源端绿色低碳技术

1)减碳技术(减少发电过程碳排放的技术)

包括:超临界发电技术,超超临界发电技术,超临界二氧化碳循环发电技术,煤气化多联产技术,重型燃气轮机发电技术,富氧燃烧发电技术,生物质气化耦合燃煤发电技术,燃煤锅炉掺氨清洁高效燃料发电技术,煤、生物质和天然气混合物燃烧技术,生物质能发电技术。

2)去碳技术(将发电过程产生的碳排捕获、封存和积极利用的技术)

包括:燃煤发电烟气碳捕集技术、天然气发电烟气碳捕集技术。

3) 零碳技术（发电过程中不产生碳排的技术）

包括：风力发电技术（陆地风电和海水风电技术）、太阳能光伏发电技术、太阳能光热发电技术、水力发电技术、核能发电技术、氢能发电技术、地热能发电技术、潮汐能发电技术、波浪能发电技术、燃料电池发电技术、零碳虚拟电厂技术。

4) 负碳技术（发电过程不仅不产生碳排，还能减少空气中二氧化碳的技术）

包括：生物质能发电 ＋ CCUS 技术。

2. 电力行业网端绿色低碳技术

包括：节能输电技术、交直流输电技术、先进并网技术、先进扩容技术、智能电网技术、数字电网技术、电网弹性增强技术、电网韧性增强技术、微电网技术。

3. 电力行业负荷端绿色低碳技术

包括：电力负荷控制技术、电力负荷端节能技术、高精度电力负荷预测技术、车-网互动技术、电动汽车大功率快充技术、电动汽车无线充电技术。

4. 电力行业储能端绿色低碳技术

包括：可再生能源（水电）＋抽水蓄能技术、可再生能源（风光）＋压缩空气储能技术、可再生能源（风光）＋重力储能技术、可再生能源（风光）＋飞轮储能技术、可再生能源（风光）＋超导储能技术、可再生能源（风光）＋超级电容器储能技术、可再生能源（风光）＋氢储能技术、可再生能源（风光）＋氨储能技术、可再生能源（风光）＋锂离子电池储能技术、可再生能源（风光）＋钠离子电池储能技术、可再生能源（风光）＋镁离子电池储能技术、可再生能源（风光）＋液流电池储能技术、可再生能源（风光）＋液态金属电池储能技术、可再生能源（风光）＋水系电池储能技术、可再生能源（风光）＋固态电池储能技术。

3.3 小　　结

由于我国具有"富煤贫油少气"的资源禀赋，煤电在我国发电端占有约 60% 的比重，是电力行业二氧化碳排放量大的主要因素。本章通过对国内外电力"源网荷储"等发展计划和重点方向的进展分析，提出在电力应用的不同环节绿色低碳技术都具有明显的具体特点，都遵循绿色低碳技术的共性特征，继而提出我国电力行业"源网荷储"绿色低碳技术的遴选原则、指标体系等，为遴选和评估具体的电力行业绿色低碳技术提供了方法指引，有助于识别电力领域不同环节的绿色低碳技术。

第 4 章 电力行业绿色低碳关键技术典型案例分析

为了充分理解电力行业绿色低碳技术,在电力行业"源网荷储"各环节中遴选出五个绿色低碳关键技术作为典型案例进行调查,分析这些技术的发展演化过程、技术水平、应用场景及未来趋势。五个典型案例分别为钒液流电池、海上风电、电力气象防灾减灾、电动汽车可控负荷、氢能储能。

4.1 不同能源技术的特点、优势及发展趋势

4.1.1 钒液流电池的特点、优势及发展趋势

液流电池是由美国科学家 Thaller 于 1974 年提出的。传统的液流电池通过正、负极电解液活性物质发生可逆氧化还原反应实现电能和化学能的相互转化。充电时,正极发生氧化反应使活性物质价态升高,负极发生还原反应使活性物质价态降低,放电过程与之相反。Thaller 提出的是铁/铬液流电池体系,尽管很多企业和研究部门开展了铁/铬液流电池的研究开发和工程验证,由于该液流电池体系存在诸多问题,至今没有得到商业化应用。20 世纪 80 年代初,澳大利亚新南威尔士大学 Skyllas-Kazacos 教授提出了全钒液流电池体系并做了全面有效的研究工作,内容涉及电极反应动力学、电极材料、膜材料评价及改性、电解质溶液制备方法及双极板的开发等,为全钒液流电池科学及技术的发展作出了重要贡献。

日本住友电工公司从 20 世纪 90 年代初开始研究并实施全钒液流电池储能技术的应用示范,后因市场和成本等原因,在 2005 年一度停止液流储能电池的研究工作。2010 年,由于中国科学院大连化学物理研究所、大连融科储能技术合作团队在全钒液流电池产业化方面取得了突破性进展,日本也重启了液流电池的研发工作,并于 2016 年在日本北海道建成了 15 兆瓦/60 兆瓦·时的储能电站。德国 Gildmester 于 2008 年开发出 10 千瓦/100 千瓦·时的电池系统,并积极拓展液流电池在偏远地区供电、通信、备用电源等领域的应用,该公司现被澳大利亚 GLEX 收购。

钒离子有四种价态，全钒液流电池正、负极电解液的储能活性物质都是钒离子，利用正、负极电解液中钒离子价态的变化来实现电能的储存和释放。由于全钒液流电池具有安全性高、储能规模大、充放电循环寿命长、电解液可循环利用、生命周期中性价比高、环境友好等优点，越来越受到世界各国的重视，全钒液流电池储能系统的研究开发、工程应用示范不断取得重要进展，发展得越来越快，技术越来越成熟，成本越来越低，已进入了产业化推广应用阶段。

全钒液流电池技术具有以下特点。

1. 全钒液流电池储能系统本征安全，运行可靠，全生命周期环境友好

全钒液流电池的电解液为钒离子的稀硫酸水溶液，只要控制好充放电截止电压，保持电池系统存放空间通风良好，即可本征安全，不存在着火爆炸的危险。电解液在密封空间内循环使用，在使用过程中通常不会产生环境污染物质，也不会受外部杂质的污染。此外，全钒液流电池中正、负极电解液储能活性物质同为钒离子，不会发生正、负极电解液活性物质的互串而导致储能容量的不可逆衰减，常年运行中由微量的副反应和正、负极电解液微量互串的累积造成的容量衰减可以通过在线或离线再生反复循环利用。电堆和系统主要是由碳材料、塑料和金属材料组装而成的，当全钒液流电池系统废弃时，金属材料可以循环利用，碳材料、塑料可以作为燃料加以利用。因此，全钒液流电池系统全生命周期内安全性好，环境负荷很小，对环境非常友好。

2. 全钒液流电池储能系统的输出功率和储能容量相互独立，设计和安装灵活，适用于大规模、大容量、长时储能

全钒液流电池储能系统的输出功率由电堆的大小和数量决定，而储能容量由电解液的体积决定。要增加输出功率，只要增大电堆的电极面积和增加电堆的数量就可实现；要增加储能容量，只要增加电解液的体积就可实现，特别适合于需要大规模、大容量、长时间储能装备的应用场合。全钒液流电池系统的输出功率通常在数百瓦至数百兆瓦，储能容量在数百千瓦·时至数百兆瓦·时。2009年大连化学物理研究所在西藏太阳能研究所实施的5千瓦/50千瓦·时全钒液流电池储能项目的储能时长是10小时。2011年融科储能在大连附近的蛇岛上实施的20千瓦太阳能光伏发电、10千瓦/200千瓦·时全钒液流电池储能项目的储能时长为20小时，充分证验了其适用于长时储能。

3. 能量转换效率高，启动速度快，无相变化，充放电状态切换响应迅速

全钒液流电池在室温条件下运行，电解质溶液在电解液储罐和电堆之间循环流动，在充、放电过程中通过溶解在水溶液中钒离子的价态变化实现电能的储存和释放,没有相变化,所以充放电状态切换响应迅速,主要是由指令信号的传递速度决定的,既可用于调幅调频、可再生能源并网,又可用于辅助服务、电网调峰及紧急备用储能电站。

4. 具有较强的过载能力和深放电能力

在储能系统运行时,电解液通过循环泵在电堆内循环,电解质溶液活性物质扩散的影响较小,并且电极反应活性高,活化极化较小。与其他电池不同,全钒液流电池储能系统具有很好的过载能力,充放电没有记忆效应,具有很好的深放电能力。

全钒液流电池也存在不足之处,有以下几点。

(1) 储能系统由多个子系统组成,系统复杂。

(2) 为使储能系统在稳定状态下连续工作,储能系统需要包括电解质溶液循环泵、电控设备、通风设备、电解液温控设备等支持设备,并要给这些储能系统支持设备提供能量,所以全钒液流电池系统通常不适用于小型储能系统。

(3) 受钒离子溶解度等的限制,全钒液流电池的能量密度较低,只适用于对体积、重量要求不高的固定储能电站,而不适合用于移动电源和动力电池。

全钒液流电池具有无毒、无副产物产生、环境友好、安全性高、能量效率高等优势,成为广泛应用的液流电池之一。目前全钒液流电池储能系统的主要应用领域包括:① 用作火力、风力、太阳能发电站的储能装置,或用作电网调峰,解决发电不连续、不稳定等问题,提高电能质量,节约能源;② 用作政府、医院、社区等重要场合的应急电源,解决用电高峰时电力不足问题;③ 用作野外军事基地、电信通信基站、铁路信息指示、数据中心供电系统,适合偏远地区用电布线困难或移动频次较高的场景。

全钒液流电池因具有功率与容量可独立设计、响应速度较快、建设周期短等特点而备受关注,相比于飞轮储能和超级电容器,其持续充放电时间更长,性能更稳定;相比于锂电池,其成本低且安全性好;相比于蓄电池,其运行维护费用低,循环寿命更长,被认为是最适合用于可再生能源出力波动平抑的储能技术之一,近年来已在国内外多项示范工程中得到应用。

全钒液流电池是一种应用广泛的储能技术,近年来得到了越来越多的关注和研究。以下是全钒液流电池的发展趋势。

(1) 提升电池性能。目前全钒液流电池的能量密度和功率密度有待提高,同时还需要提升电池的循环寿命和安全性能。

(2) 降低成本。由于全钒液流电池使用的材料比较昂贵,因此降低成本是一个需要解决的问题。采用新型材料、改进生产工艺和缩小规模等方式可能有助于降低制造成本。

（3）增强可靠性。作为一种储能技术应用于实际生产和运营中，全钒液流电池需要具备高可靠性和稳定性，需探索更加可靠的储能系统设计和运行策略，进一步提升电池的性能和可靠性。

（4）应用拓展。全钒液流电池可以应用于大规模储能系统、电网储能、分布式能源和智能电网等领域。随着新能源、智能电网和电动汽车等产业的发展，全钒液流电池的应用前景将更加广泛。

4.1.2 海上风电的特点、优势及发展趋势

近年来，海上风电具有利用小时数高、不产生温室气体排放、适宜规模化开发等特点，成为沿海国家和地区风电发展的重要方向。截至2022年底，全球累计装机容量已达64.31吉瓦。我国拥有约1.8万千米长的大陆海岸线，未来我国海上风电仍颇具开发潜力。根据世界银行估计，未来我国海上风电总容量潜力达2982吉瓦，其中近海固定式风电为1400吉瓦，远海漂浮式风电为1582吉瓦。

海上与陆上的风相比，海风通常更大。离岸10千米的海上风速比陆上风速高20％左右，同时海上很少有静风期，风力机的发电时间更长；其次海风一般不会受到地形阻力的影响。陆上的地形高低起伏，对地面的风速有很大的阻碍作用，因此陆上风机需保证足够的高度，以便利用高空相对较大的风。也正是地形问题，陆上各个高度的风速相差很大，使得风轮上下受力不均衡，导致叶片振动、疲劳乃至断裂，同时传动系统也容易损坏。海上则没有这个问题，因为海平面一般都很平，并且海上风况普遍优于陆上，风阻较小，平均风速高，并且风切变也小于陆上，再加上海上的风向改变频率也较陆上低，因而海上的风更平稳，更适合风机风轮的运行；再者海上风电具有离用电负荷近、不占陆地、不扰民等优势。我国辽阔的大西北建设的大量风电场都是通过特高压、超高压线路输送到东南沿海的用电负荷中心的，距离超过两千千米。而海上风场基本都建设在沿海一两百千米处，距离负荷中心较近，且常年有风，满足用电负荷中心的需求。此外，海上风电机组单机容量更大，发电效率更高。目前，海上6～8兆瓦机组技术已成熟，10～11兆瓦机组处于试运行阶段，13兆瓦、16兆瓦机组已并网发电，在漂浮式海上风电领域，中国海装、中海油和三峡集团等漂浮式试验样机已陆续下线。对比来说，海上风电发电效率比陆上风电高出20％～40％，利用小时数更高，能源利用效益更高。

根据作业状态的不同，海上安装平台可分为起重安装船、坐底式风电安装船和自升式风电安装平台三大类，其中自升式风电安装平台又可分为非自航式和自航式。

起重安装船由船只和起重机组成,也称浮吊,它在海上起吊作业中运用得较多。起重安装船有很多优势,在不同风机位置间快速转移,操纵性好。但由于没有固定桩腿作为支撑,起重安装船难以克服海风海浪对船身晃动的影响,依赖天气和波浪条件,在恶劣海况下施工的精度与进度很难得到保证。

坐底式风电安装船又称非自升非自航式平台,主要由型深较大的船体配备履带吊或海工吊组成。这类风电安装船主要依靠退潮或者船身自带的压载系统将船体"坐"在近海的海床上,稳定性较强,但也存在一定的局限性。这类风电安装船的灵活性较差,容易受到作业水深的限制且移位速度慢,不利于处理突发情况,对船底强度要求也较高,因此只适用于潮间带和浅水区作业。

自升式风电安装平台吊装过程稳定性好、结构相对简单、造价相对较低,根据其推进情况又可分为非自航式、自航式风电安装平台。在我国海上风电设备的安装中,非自航式安装平台被普遍采用。自升式风电安装平台也有不足,例如,它不具备自航能力,需要由拖船拖行,机动性能受限,移动需要的时间较长。目前,兼具自升式平台和浮式起重船舶优点的自航自升式安装平台出现了,该类平台集聚了多种功能,是当前海上风电安装的较好配备。

截至2022年底,我国海上风电累计装机容量达30.51吉瓦。2023年7月,由在鄂央企三峡集团投资中铁大桥局施工安装的全球首台16兆瓦超大容量海上风电机组在福建海上风电场成功并网发电。在额定工况下,单台16兆瓦海上风电机组每转动一圈可发电34.2千瓦·时,平均每年可输出超过6600万千瓦·时的清洁电能,可以满足3.6万户三口之家一年的生活用电需求。相当于节约标煤约2.2万吨,减排二氧化碳约5.4万吨。2022年,英国海上风电发电量达到45太瓦·时,满足了41%(1150万户)英国家庭的用电需求,相当于减排1700万吨二氧化碳。

未来海上风电将向大型化、规模化、深远海、多能融合方向发展。

(1)大型化是未来海上风电发展的重要趋势之一。中国新增海上风电机组平均装机容量从2017年开始逐年增长,2021年中国海上风电场主流机型平均单机容量为5.6兆瓦,相比2011年的2.7兆瓦增长一倍多。2021年底海上风电平价之后,根据沿海省份风资源等条件不同,招中标要求8兆瓦及以上偏多,广东等地区要求11兆瓦及以上。从国外大型海上风电项目投运情况来看,7~9兆瓦机组市场占比已逐渐提高,单机组平均容量逐步增大。

(2)海上风电开发建设将进一步走向规模化。2010年,上海东海大桥海上风电场由34台国产3000千瓦风电机组组成,总装机容量为10.2万千瓦;2017年,华能如东海上风电场,总装机容量为70万千瓦;2022年,三峡阳江沙扒海上风电项目,中国首个百万千瓦级风电场分五期安装,269台海上风电机组以及3座海上升压站,总装机容量为170万千瓦。随着海上风电场逐步远离海岸线并迈向深海,由于近海风场常用的固定式风机远海施工成本高及受海底地形与暗流影响大等原因,漂浮式风机将会逐步取代固定式风机,成为远海风场的主力军。

(3) 海上风电资源开发由近及远,由浅至深。风电场平均离岸距离由2016年的14.2千米逐渐增加到33~34千米,水深由30米增加至50米。目前国内离岸距离最远(95千米)、水深最深(30至50米)的汕头中澎二海上风电场项目计划于2024年9月22日建成投产,海上风电项目远海化趋势越来越明显。欧洲新建风电场也正在逐步远离海岸线。2019年,欧洲在建的海上风电项目平均离岸距离就已经达到了59千米,英国的Hornsea One风电场、德国的EnBW Hohe See和EnBW Albatros风电场离岸距离都超过了100千米,而在新开标的风电场中,最远离岸距离已达到220千米。

(4) 开展以海上风能为主体的海洋能源多能融合利用,提升风能综合利用水平。海上风电场不仅可以用于发电,还可以以"海上风电+海洋农业""海上风电+制氢""海上风电+能源岛"的形式协同发展,海洋资源的利用正在向综合化、融合化发展。

(5) 控制运维智能化,海上风电远离陆地,其运维难度、运维成本和风险等级显著提升,控制运维智能化势在必行。目前,已有多种海洋无人化智能硬件装备在海上风电场日常运维中代替人工操作,可以最大程度减小人工安全隐患,提高操作效率。智能化软件已逐步融入海上风电场日常运维与控制,可进一步提高风电场整体协同效率,减少运行成本,使效益最大化。

发展海上风电具体面临以下四大关键技术装备挑战。

(1) 大功率海上风电装备基础理论薄弱、核心部件对外依存度高。在环境方面,海上风电装备需要面对台风、盐雾、严寒、雷暴等严酷环境,这对装备的设计制造水平要求极高。在技术装备方面,国内海上风电装备仿真设计平台处于起步阶段,主要仿真设计平台(GH Bladed,SIMPACK)均来自国外,如主轴承和伺服系统等核心部件依赖进口,高精主轴承、主齿轮箱轴承进口比例达到100%;超大功率海上风电机组主控PLC和变桨伺服驱动器进口比例同样高达100%;复合材料碳纤维原丝、固化剂、风电高精轴承专用润滑脂等进口比例也有90%。此外,海上风电装备验证手段落后,缺少六自由度动态加载试验台、20兆瓦级以上大型海上风电主传动链试验台。目前,亟须提升我国大功率海上风电装备设计理论与制造水平。

(2) 海上大规模风电场集群控制技术相对落后。海上风电大规模并网依赖风电机组单机系统、风电场内部控制系统及风电场群调度平台的主动控制与支撑,以增强其对电网频率电压波动、故障、振荡等复杂工况的适应性,存在风电"机组级-风场级-场群级"多层级控制技术挑战。如大型风电机组电机线圈匝数可达1000多个、变流器功率器件可达100多个,且交叉耦合复杂、故障易扩散,实现机组故障容错运行困难;大规模风电场风机数量点多面广、运行环境复杂恶劣,且有功无功相互耦合,电网电压跌落或突升通过大规模风电汇流系统传递扩大,极端工况下风电场机群高效协同控制难度大,复杂电网环境下无法兼顾风电场内部的高效控制与稳定运行。目前,亟须提升我国海上大规模风电集群控制技术水平。

（3）海上风能综合利用率低。目前受到环境条件、装备性能、单一能源、传输方式、电网消纳、控制手段等多重因素影响,风能捕获效率不高以及海上风电场长期安全可靠运行问题凸显,设备尺寸、体积受限制,电磁、机械损耗高,导致海上风能利用率低,从而出现发电效益与投资规模不匹配、增收不增利的问题,制约了海上风电大规模发展和深远海开发。目前,亟须开展以海上风能为主体的潮流能、波浪能、洋流能等多能融合,以及以海洋牧场为代表的海上风电区域融合利用技术研究。

（4）深远海风电技术不成熟。深远海风电工程技术复杂,涉及气流动力学、结构动力学、伺服控制系统、水动力学和系泊动力学等多个学科的复杂交叉,其动力特性与传统海洋工程有本质区别,高精准度的动力全耦合仿真面临巨大挑战。

4.1.3 电力气象防灾减灾的特点、优势及发展趋势

随着社会经济的发展和人民生活水平的不断提高,社会各行业对气象信息的要求越来越高,电力行业也不例外,这是电力企业点多、面广、线长、多露天作业等特点所决定的。对电力系统稳定运行影响最大的是台风、大风、暴雨、暴雪、雷电等。在冬季,南方地区容易受天气影响,出现输电线路覆冰灾害。在夏季,台风是影响电网安全运行最主要的气象灾害。相比传统电源,"风光"等新能源发电更容易因大风、低温、暴雨、雷电等极端天气影响而出现出力锐减、发电设施受损等问题。在电网侧,极端天气引起的电网事故较多,提前预知灾害性天气是开展输变电设备防灾、减灾的基础。

强对流天气生命史短暂并带有明显的突发性,约为一小时至十几小时,较短的仅有几分钟至一小时。强对流天气造成的雷雨大风、冰雹等局部恶劣天气常常使得电力系统设备跳闸、断电,或造成倒塌甚至人员伤亡等事故,造成巨大的经济损失。输电线路发生的跳闸事故中,雷击事故占约1/3的比例。精细化的短时临近预报能为0～2小时、3～12小时的天气做出较常规预报更为精确、及时的预报,可

以做到每3小时甚至更快的每1小时更新，并且空间分辨力可以达到4千米，有效提高强对流天气的预报精度，为电网检修和基建工作计划制订、电网负荷预测等提供支持，为电力抢修维护、人员安全提供保障服务。

近年来机器学习方法被广泛应用于各个领域，包括天气预报在内也开始使用机器学习理论进行预测，例如，墨迹天气推出的短时预报功能，就是以机器学习理论为基础开展的0~2小时预报，获得了不错的预报效果，同时在用户中赢得了良好的口碑。结合各种气象预报信息不仅可知晓未来的天气状况，还可以结合机器学习技术对电网可能的灾害情况进行定量化预报。以覆冰为例，要实现电网覆冰预警，则必须提前知晓覆冰的发展趋势。导线覆冰主要受到气象要素及地形条件等的影响，可以借用机器学习的方法，根据历史的覆冰监测数据及气象观测数据，建立训练集。结合新的气象预测数据对导线覆冰量进行预测。同时，还可以将机器学习理论预测的覆冰量与监测设备监测到的覆冰数据进行相互对应，便于后期根据监测量对预报进行实时修正。

在强烈天气过程已发生且开始出现覆冰现象时，需强化对覆冰区域线路的实时监测。覆冰常出现于冻雨或雨雪天气条件下。由于人工巡检成本高、效率低，可对在线监测系统所采集的影像数据展开智能化分析，并且能运用无人机技术对偏远地区的导线线路实施实时监测。

虽然电力与气象有着千丝万缕的关系，但受气象技术和发展水平的影响，气象服务产品的精准率和专业化还不够，气象信息传递渠道不畅，电力与气象的关系缺乏深入系统的研究，电力气象服务产品实用性和利用率不高。

气象预报的技术水平直接影响中、长期天气趋势预报准确率，目前数值天气预报产品时空分辨力、局域性和突发性气象灾害预报能力与电力用户实际需求还存在一定差距，气象服务仅作为电力生产与调度的参考，不能作为电力生产的决策依据。

在电力系统中，气象灾害（如暴风雨、台风、暴雪等）可能引发供电线路的破坏、设备的故障或输电塔倒塌等问题，导致大范围的停电。为了应对这种情况，应设计和部署备用电源系统，以保证电力的持续供应。备用电源可以包括以下几种形式。

（1）发电机组：在电网中断时，发动机驱动的发电机组可以转化燃料（如柴油、天然气等）能量为电能，提供临时的紧急电力供应。

（2）备用电池系统：电池系统储存着预先充好的电能，可以在电力中断时提供一段时间的紧急电力支持。这常见于需要快速切换电源的场合，例如关键设备或紧急照明。

(3) 可再生能源设备：如太阳能板和风力发电机等,可以将可再生能源转化为电能,成为一种可靠的备用电源。

4.1.4 电动汽车可控负荷的特点、优势及发展趋势

随着电动汽车规模的增大,电动汽车接入电网对电力系统运行与控制的影响不容忽视。电动汽车作为一种可控负荷,对其进行充放电控制可以有效削弱充电负荷带来的不利影响,同时还能起到削峰填谷、促进新能源消纳的作用。电动汽车可控负荷能够响应电网或能源管理系统的指令进行充电或放电操作,并根据需求实现灵活的负荷调节。此外,通过合理调度电动汽车的充放电行为,还可以为用户提供更经济、便捷和环保的出行服务。

随着电动汽车在汽车总量中占比的增加,其充电需求在配电网负荷中的占比会越来越大。由于电动汽车的使用具有较高的同时性,其充电时间也具有较高的同时性,这将会造成电网负荷"峰上加峰"的现象。同时,电动汽车车主的用车习惯会直接影响负荷充电需求的时空分布,使电动汽车的入网时间、充电功率等都具有随机性,这会使电网的控制更加困难。

电动汽车的智能控制有利于电网运行。与传统的电力负荷不同,电动汽车具有可中断性和可灵活调度性,可以视为一种新型的可控负荷。特别是现在出现了电动汽车入网技术(Vehicle-to-Grid,V2G),能够将电动汽车的电能反向回馈给电网,让电动汽车成为一种新型的储能装置。

1. 充电负荷预测模型

目前已经有大量研究剖析了电动汽车入网对电网运行的影响,而这些研究的关键在于建立精确的充电负荷预测模型。在建立电动汽车充电负荷预测模型方面,目前主要有以下三种思路。

1) 蒙特卡罗方法

蒙特卡罗(Monte Carlo)方法也称为统计模拟法,其原理是通过大量的随机样本建立所求问题的数学模型,通过随机数的产生来获取计算问题的近似解。基于居民出行数据,通过蒙特卡罗方法来归纳并模拟电动汽车用户的用车习惯,从而建立负荷预测模型。例如,张洪财等通过停车生成率模型模拟车辆的停车需求,通过停车概率模型分析电动汽车出行特性,通过蒙特卡罗方法预测充电负荷需求的时空分布;田立亭等建立了电动汽车充电功率需求统计模型,采用蒙特卡罗方法模拟一天内的电动汽车充电功率曲线。蒙特卡罗方法综合考虑了多种因素对负荷充电需求进行模拟,可以分析电动汽车负荷入网的随机性。然而通过该方法建立充电负荷预测模型是在拥有大量居民出行数据的基础上实现的,因此该方法

对大量的样本数据具有很强的依赖性,一旦样本数据不足,就会大大降低该方法的可靠性。

2)基于出行链的时空模型

与蒙特卡罗方法相似,基于出行链的时空模型也需借助大量的样本数据。目前众多研究认为电动汽车替换传统燃料汽车并不会影响用户的出行行为,因此可以借助用户的出行特征统计模拟充电负荷需求。例如,苏小林等针对私家车建立出行链,模拟电动汽车的出行规律,基于用户的用车习惯,通过模糊推理方法分析电动汽车的空间分布,结合车辆的时间分布和空间分布预测充电负荷需求;Nie Y等将预测的充电负荷与可预测的基本电力负荷集成,转化为系统状态预测,通过用户出行转移矩阵模拟充电负荷的空间分布;Shun T等以全国家庭出行调查数据为依据,考虑了起始出行时间、行驶时间、停车时间及出行目之间的相关关系,并建立概率分布模型计算充电需求的时空分布。不同的出行链结构可以反映用户的出行目的、用车时间以及活动顺序。与蒙特卡罗方法相比,基于出行链的时空模型引入用户出行目的作为考虑因素,结合时间分布和空间分布两个层面考虑充电负荷的随机性。

3)充电负荷车-路-网模型

建立电动汽车充电负荷车-路-网模型,不仅可考虑用户充电时间对充电负荷时间分布特性的影响,还可以评估出行路径、交通状况等因素对充电负荷空间分布的影响。例如,邵尹池等基于电动汽车的空间属性和能量属性建立"车-路-网"充电负荷预测模型,综合考虑交通网络拓扑结构、用户出行路径以及电网信息等因素对充电负荷时空分布的影响;杨昕然等分析电动汽车无序入网充电对配电网稳定运行的影响,基于"车-路-网"耦合结构建立连续潮流模型,考虑了用户行为特性对充电负荷的影响,该方法可以量化在恶劣充电场景下的充电负荷需求,评估在临界情况下的电压分布特性;徐青山等考虑电动汽车和交通路况的相关性与耦合性,基于用户道路一体化模型分析了电动汽车入网对电网安全性与稳定性的影响。

2. 电动汽车智能充放电控制

1)电动汽车调度控制

针对大规模电动汽车无序充电给电网带来冲击这一问题,目前国内外已经进行了较为深入的研究,并取得了一定的研究成果。有大量研究聚焦于电动汽车与可再生能源的协同调度,这已经成为优化能源利用的一项有效措施。电动汽车与电网之间可以进行双向的信息传递和能量交互。电动汽车入网后将充电负荷信息传递给售电公司,售电公司根据负荷信息制订充放电计划并发布电价信息。电动汽车根据调度要求进行充放电。

2) 电动汽车有序充电

电动汽车无序入网充电会给电网造成不利影响,但电动汽车作为一种可控负荷,对其进行有序充电控制,不仅可以消除对电网造成的冲击,还有助于改善负荷波动,促进新能源消纳。依据控制方法,电动汽车有序充电调度策略可以分为集中式控制策略、分布式控制策略和分层式控制策略。

(1) 集中式控制策略。

集中式控制策略是指控制中心基于电网源荷信息对某一区域内的所有入网电动汽车进行统一充电调度,采用集中式控制策略,通过统一控制电动汽车实现降低网损或负荷波动等目标。电动汽车入网后,用户上传充电需求、停留时间等信息,控制中心综合考虑源荷水平和用户需求,制订并下发电动汽车有序充电计划,电动汽车根据接收的计划充电。现有研究已经趋于多目标优化,通常是最大日负荷率、最低用户用电成本以及最小负荷方差等目标相结合的多目标优化。较为典型的是以最小负荷方差和最大日负荷率为目标的优化模型。

(2) 分布式控制策略。

分布式控制策略是电动汽车用户根据电网发布的充电需求和价格信息,结合用户自身的需求自主地响应有序充电策略。在这个过程中,电网并不直接参与电动汽车充电的控制,而是根据源荷信息建立激励机制,鼓励用户参与有序充电策略。为了鼓励用户在负荷低谷期给电动汽车充电,基于用户充电行为对电价的响应提出电动汽车充电电价的制定方法。

根据自身充电需求制订并提交充电计划。电网根据源荷状况对用户提交的充电计划进行审核,参照负荷峰谷差与用户协商,以得到最优充电计划。分布式控制的激励机制主要分为基于价格的机制和基于激励的机制。基于价格的机制包括分时电价、尖峰电价和实时电价。其中分时电价是目前国内较为常见的一种电价策略,该策略主要是在用电高峰时段适当提高电价,在用电低谷时段适当降低电价,从而激励用户减少高峰时段的用电,降低峰谷差。例如,魏大钧等基于分时电价制度和电动汽车可入网的情况建立计及电网负荷波动和用户成本的多目标优化模型,对比分析分时电价与固定电价下的仿真结果及不同分时电价对调度策略的影响;常方宇等研究了电动汽车分时充电价格的制定方法,提出了基于分时充电价格的引导策略及储能系统的电动汽车有序充电引导策略,在降低运营商购电成本和用户充电费用的同时,实现智能电网中充电负荷的友好接入。

(3) 分层式控制策略。

针对集中式控制策略和分布式控制策略的不足,一些专家学者提出了分层式控制策略,并采用分层式控制策略解决大规模电动汽车无序入网给电网带来的冲击问题。分层式控制是将集中式控制和分布式控制相结合的一种控制方式。分层式控制策略将电动汽车划分为多个群体,分别由多个本地运营商控制,本地运营商向上层决策中心提交聚合电动汽车群信息,由上层决策中心协调各个本地运营商的运行。分层式控制通常分为两层,上层求解各电动汽车群的充放电控制策略,下层求解集群内各电动汽车的充放电控制策略。分层控制中各本地运营商在实现整体目标的基础上,相对独立地对电动汽车群进行控制。分层式控制策略将电动汽车分群控制,既解决了集中式控制运算维度大的问题,又降低了控制难度,可以实现整体最优,弥补了分布式控制的不足。

3. V2G 技术

V2G 技术是一种新型的电网技术,在 V2G 技术的支持下,电动汽车不仅可以消费电力,还可以在闲置时发挥自身储能作用给电网送电,实现电能在电网与电动汽车之间的双向输送。

智能 V2G 技术有助于维护电池的使用寿命。动力电池是电动汽车的主要部件,其使用寿命和性能决定了电动汽车的使用性能。并不是电动汽车的使用时间和充电次数的减少,电池寿命越高,如果电动汽车长时间处于闲置状态,没有达到最佳的充放电循环周期,电池寿命反而会受损。对电动汽车进行适当的 V2G 不仅可以降低对电池的损害,还可以为车主带来收益。V2G 是一种有效的技术,可用于优化电池的状态,使得衰减最小化,从闲置的电动汽车中获取多余的能量为电网供电,可以延长电池的使用寿命。但不能过于频繁使用 V2G 技术,否则会有损电池寿命。

4. 电动汽车有序充放电控制策略求解算法

对电动汽车进行优化调度,其本质是对未来每个时刻的入网电动汽车进行充放电功率规划,也是优化问题,因此可以采用优化算法对电动汽车充放电功率进行寻优。例如,杨春萍等通过粒子群算法寻优得到分时电价优化模型的最优解;张聪等运用自适应遗传算法对电动汽车智能充电优化数学模型进行寻优;潘振宁等为了解决大规模电动汽车实时有序充放电控制问题,建立电动汽车集群优化调度模型,通过灰狼优化算法求解各电动汽车的优化调度策略。

4.1.5 氢能储能的特点、优势及发展趋势

氢能作为新兴的零碳二次能源,是低碳驱动下全球能源转型发展的共识性解决方案。实现氢电协同可更好地促进新能源消纳利用,提高能源基础设施投资与运行效率,共同支撑能源清洁低碳转型。氢能和电能互相转化、高效协同的能源网

络,在用电低谷时将清洁能源电力制氢储存,在用电高峰时再通过氢燃料电池发电,实现电网削峰填谷。

实现电力系统与氢能的耦合发展可以突破可再生能源的发展限制,有效推动多种能源方式互联互补、源网荷储深度融合。

电氢耦合系统通过电解制氢设备将电力系统中富余的可再生能源转化为氢气,将氢气进行长距离运输与大规模储存以实现氢能在时间与空间维度上的优化配置。

近年来,很多国家高度重视电氢储能耦合发展,并将其作为各自经济去碳化的重要战略选择。欧盟利用可再生氢推动能源转型,着力推进电网、管网互联互通,重点发展可再生电力制氢及其在难以脱碳和电气化的重载运输、建筑物供能和工业过程的应用。美国利用氢能燃料电池促进能源独立和高效利用,重点将氢作为一种便携式电力储存选择,应用于分布式固定发电、载具燃料电池以及合成燃料的生产。日本将氢能经济列为国家创新发展新战略,致力于降低氢能成本和电力效率提升,重点发展家庭分散式燃料电池小规模发电和供暖,以及轻型燃料电池汽车。中国电氢耦合技术研发与产业化进程不断加快,可再生能源制氢的产业生态已在萌芽,氢能高效转存和新型储运技术不断涌现,以燃料电池技术为代表的终端应用场景正向大众商业化、多元化方向发展。

目前,氢气的制取方法主要包括电解水制氢、化石燃料制氢、生物质制氢等。在现有的氢能系统中,生产的氢气大部分来自化石燃料(约60%来自天然气和煤炭),这与氢能的低碳环保理念并不相符,因此,基于可再生能源的电解水制氢技术的开发对氢能助力能源转型以及电氢系统联合发展具有重要意义。电力系统可以向电解设备提供绿色的可再生能源,而电解制氢设备又可以作为电力系统中的可控负荷,助力新能源的消纳,电解水制氢技术实现了电能向氢能的转换。

1. 电解制氢

目前主流的四种电解制氢方式如下。

(1) 碱水电解(alkaline water electrolysis,AWE)是最早实现工业化生产,最为成熟的电解水技术,已广泛应用于工业生产之中。得益于碱性的电解环境和成熟的工业技术,AWE具有造价较低、安全性较高和可靠性高的优点,已能实现较宽负载范围内的快速响应,且使用寿命较长。但碱水电解具有氢气纯度较低、电流密度低、体积和重量大的缺点。

(2) 质子交换膜(proton exchange membrane,PEM)电解采用具有高质子传导性、低气体穿透性和薄厚度的PEM替代传统石棉。PEM良好的质子传导性使得其可以在更高的电流密度下运行(0.7~2.0安/平方厘米),对输入功率的波动做出快速的响应。PEM电解的响应速度可以达到秒级,运行功率可以在额定功率的5%~150%之间调节,能够适应具有波动特性的可再生能源。但昂贵稀有的材料和组件使得PEM的造价居高不下,宽工况运行会加速组件衰减过程,降低其使用寿命。

(3) 固体氧化物电解(solid oxide electrolysis,SOE)采用固体氧化物作为电解质。极高的工作温度抑制了电解过程中的反应过电压,降低了能量损耗,提升了电解效率。同时,其还具有可以在电解池和燃料电池之间转换的可逆运行特性。但过高的运行温度提高了对电解池材料与结构的要求,使得整体造价较高。目前SOE技术的研究已随着示范项目的推进逐步进入商业化阶段。

(4) 阴离子交换膜(anion exchange membrane,AEM)电解采用只允许阴离子通过的阴离子交换膜作为电解质。AEM的使用提升了能量转换效率和氢气纯度,避免了酸性和强碱性的反应环境,降低了对材料的要求。然而在电解反应的过程中,在AEM的表面会形成局部强碱性环境,导致膜的降解以及电导率降低,这使得运行时间和寿命成为AEM电解的一个关键瓶颈。目前,AEM电解技术的研究尚未成熟,处于实验室阶段。

2. 氢气储存技术

氢能的高效储存是氢能运输、利用的基础,也是为电力系统提供安全、稳定运行的重要支撑技术之一。以现有储能技术的经济性,电力系统仍难以大规模经济储存电能,为保持系统实时的供需平衡,利用氢能的储存技术进行能量储存。

根据氢气形态的不同,氢气的储存方式可以分为高压气态储氢、液态储氢、有机液态储氢与固态储氢四种。

高压气态储氢是目前技术最成熟、应用最广泛的储氢方式。该储氢方式的充放速度快,储存能耗低,结构相对简单,且相关技术成熟,成本较低。但储氢的效率较低,单位储氢密度小,安全性较差。

液态储氢大大提升了储氢密度,但液氢的低温(零下253 ℃)也提高了对储氢容器材料和结构的要求,液化过程需要消耗大量的能量(约占总能量的30%~40%),且挥发损失较大(0.01/d~0.02/d),整体经济性还有待提升。

有机液态储氢通过化学反应将氢气与有机介质结合,将氢气转化为液态饱和烃进行储存,有效提升了储氢密度(质量分数为6.2%~7.3%),具有储氢密度高、稳定性好、储运方便等优点。缺点是脱氢反应技术复杂、能耗大、所需温度高、整体储存效率较低。

固态储氢通过物理或化学吸附将氢气储存在固体材料之中。固态储氢避免了高压和低温条件,具有储氢密度高、储氢压力低、安全性好、放氢纯度高等优势,但主流金属储氢材料的重量导致储氢率仍偏低。

除了上述的四种短期储存方式外,氢气还可以利用枯竭的油气储藏库、地下含水层以及岩穴实现中长期大规模储存。这三种方式均是基于天然的或者已有的气室进行氢气储存的,减少了投资成本和建设周期,大规模储存经济性高(单位投资成本约在1.0元/(千瓦·时)以内),且储存容量大(可达太瓦时级别),是理想的季节性储能方式。

除了常规的储存方式外,氢还可以通过化学反应转化为氢化物以实现大规模转存。目前常用的氢化物有甲醇、氨、甲酸等,这些氢化物在标况下均为液体,可以大大减小储运难度,且甲醇、氨等氢化物已有成熟的产业链,市场需求量大,其生产、储存、运输及利用所需的各类基础设施已相对完善,这为氢气的大规模转存及后续利用提供了巨大便利。另一方面,这些氢化物的用途并不局限于氢气的储存,氢转氢化物的过程赋予了氢更多的附加值,转化为价值更高的氢化物本身就是氢气利用的经济行为,是氢气的一种消纳方式。

对电力系统而言,短期的储氢配合电解制氢装置可以促进电力系统的新能源消纳、平抑新能源带来的功率波动;与燃料电池发电装置配合时可以促进电源的稳定供能,为电力系统提供黑启动、调峰调频等辅助服务。另一方面,风电、水电等可再生能源受季节性的影响较大,资源在不同的季节之间分配不均。而氢气中长期的大规模储存可以帮助电力系统实现季节性的调峰以及大时间尺度的能源供需平衡。

4.2 对比不同典型技术在零碳-低碳-负碳方面的应用效果

4.2.1 钒液流电池应用效果

1. 大连液流电池储能调峰电站

2022年10月,由中国科学院大连化学物理研究所储能技术研究部研究员李先锋团队提供技术支撑的迄今全球功率最大、容量最大的百兆瓦级液流电池储能调峰电站正式并网发电。该项目是国家能源局批准建设的首个国家级大型化学储能示范项目,总建设规模为200兆瓦/800兆瓦·时。本次并网的是该电站的一期工程,规模为100兆瓦/400兆瓦·时,最多可存放40万度电,间接减排二氧化碳228.12吨。

本次并网的大连液流电池储能调峰电站使用大连化学物理研究所自主开发的全钒液流电池储能技术,相当于大连市的"电力银行",实现了电网系统的削峰填谷。该技术的主要功能是为电网提供调峰、调频等辅助服务,在一定程度上缓解大规模可再生能源并网带来的稳定性问题,并促进电力系统针对可再生能源发电的消纳,改善电力系统运行的经济性。大连液流电池储能调峰电站将提升可再生能源并网率、平衡电网稳定性并提高电网可靠性。

2. 120 千瓦/240 千瓦·时全钒液流电池储能系统

2023 年 7 月,天府储能与东方电气集团东方汽轮机有限公司联合研发制造的 120 千瓦/240 千瓦·时全钒液流电池储能系统,在四川德阳市高新技术产业园顺利通过并网测试。

此次研制的 120 千瓦/240 千瓦·时全钒液流电池储能系统,在设计上采用了双方联合研发的业内最高功率等级的高性能电堆(额定功率为 60 千瓦,最大功率为 80 千瓦),间接减排二氧化碳 0.14 吨。60 千瓦高功率电堆的成功研发和落地量产,将有助于降低钒电池成本,推动钒电池规模化应用。该全钒液流电池储能系统在功能上实现了有效的平抑波动,具备动态吸收和释放功率的能力,完成了对光伏发电的平滑出力。同时,系统可根据调度下发曲线控制储能出力,削峰填谷,通过通信方式远程接收指令,实现充放电运行。

3. 圣地亚哥全钒液流电池项目

日本住友电工与圣地亚哥燃气电力公司协调开展了钒液流电池试点项目,该项目源于日本新能源和产业技术发展组织与加利福尼亚州商业和经济发展办公室之间的合作伙伴关系。该液流电池提供 2 兆瓦/8 兆瓦·时的能量,间接减排二氧化碳 4.56 吨,足以为约 1000 个家庭提供电力供应,持续时间长达 4 小时。该电池已进行可靠性和性能的测试及微调,从 2018 年 12 月开始参与加州电网运营。

这个为期 4 年的试点项目旨在测试和评估最佳管理和最大化新储存技术的方法,并在商业批发市场上演示液流电池的经济性、灵活性,以及将不断增长的可再生能源集成到系统中。该示范项目的结果可以适用于未来具有高潜在需求的情况,例如,为离网地区建造具有太阳能和风力发电设施的微电网,或因发电机燃料的运输成本昂贵,需要 100% 可再生能源供应的岛屿。

4.2.2 海上风电应用效果

1. 平潭外海 16 兆瓦海上风电机组

2023 年 6 月,在平潭外海的百米高空,长达 123 米的风机叶片上的 176 颗螺栓同时插入轮毂孔位，对位精度达到毫米级。全球首台16兆瓦海上风电机组的吊装完成。

根据该海域的多年测风数据计算，单台16兆瓦机组每年可输出超过6600万千瓦·时的清洁电能，能够满足3.6万户三口之家一年的生活用电，减排二氧化碳37653吨。

2. 中广核汕尾甲子一50万千瓦海上风电项目

2022年11月，中广核汕尾甲子一50万千瓦海上风电项目顺利实现全场78台风机并网发电，标志着国内首个平价海上风电项目实现全容量并网发电，也标志着粤东地区首个百万千瓦级海上风电基地（包括中广核汕尾后湖50万千瓦、甲子一50万千瓦）正式建成投运。

甲子一项目位于广东省汕尾市陆丰市湖东镇南侧海域，是国内首个海上开工、首个并网发电、首个全容量并网发电的平价海上风电项目，离岸距离为25千米，水深30～35米，配套建设1座220千伏海上升压站，同时配套建设中广核后湖、甲子一、甲子二等3个项目共用的500千伏陆上升压站，是国内送出电压等级最高的海上风电项目。同时，该项目35千伏海缆在全国范围内创新采用防水绝缘束替代传统铅护套工艺，在广东海域率先使用外加电流基础防腐技术，有效减少了海缆寿命周期碳排放的同时，解决了施工难度大、工程造价高等难题，为推动海上风电绿色、创新、平价发展提供了技术示范。该项目投产后每年可提供清洁电能约15亿千瓦·时，减排二氧化碳约120万吨。

3. 美国首个商业规模的海上风电项目——Vineyard Wind 1

2023年，美国首个商业规模的海上风电项目——Vineyard Wind 1海上风电场开始阵列间电缆铺设工作。

Vineyard Wind 1海上风电场位于Martha's Vineyard海岸15英里（1英里＝1.61千米）处，装机容量800兆瓦，将安装62台GE Haliade-X 13兆瓦风机。

该项目建成后将为马萨诸塞州40多万户家庭和企业提供足够的电力，并创造3600个全职工作，在运营的前20年可为客户节省14亿美元，并预计每年将减少160多万吨的碳排放，相当于325000辆汽车的年排放量。

4. 英国Dogger Bank海上风电场

2023年9月，Dogger Bank海上风电场第一阶段——Dogger Bank A风电场已安装了两台海上风机。

Dogger Bank海上风电项目由SSE Renewables（40％）、Equinor（40％）和Vårgrønn（20％）合资开发，风电场位于英国沿海，总装机容量3.6吉瓦，A、B、C三

个阶段均为 1.2 吉瓦。第四阶段称为 Dogger Bank D，已经提出。

Dogger Bank A 和 Dogger Bank B 阶段均将安装 95 台 Haliade-X 13 兆瓦海上风机，Dogger Bank C 阶段将安装 87 台 Haliade-X 14 兆瓦风机。Dogger Bank 项目计划于 2026 年建成，届时将成为世界上最大的海上风电场，每年可为约 600 万户英国家庭供电。

4.2.3 电力气象防灾减灾应用效果

1. 黄冈"气象＋新能源"保障电网高效运行

针对风电、光伏等新能源发电具有间歇性、波动性、依赖天气变化等特点，黄冈市气象局将"加强气象要素与发电功率预测预报方法研究"作为抓手，多次组织开展新能源领域气象服务需求调研，深入了解服务需求，科学分析和论证，制定了黄冈电网智能调度气象服务方案，让特色气象服务更有针对性、可持续性。

2021 年 10 月，黄冈电力调度新能源发电功率预测系统在国家电网黄冈供电公司亮相，实现了每天自动对全市 47 个新能源发电站发电量的预测。2022 年 1 月，该系统正式上线运行，全过程自动化预报，满足了新型电力系统对气象服务多元化、专业化、定制化、精细化的需求。

系统投入使用后，黄冈电网调度更平稳、更高效，人力资源配置更节约、更科学。经技术检验，黄冈电网日最大负荷预测平均准确率达 97.08%，光伏发电短期预测日均准确率达 94.5%，风电短期预测日均准确率达 90.35%，远远超过国网标准。

2022 年，黄冈市经历了长时间、大范围的极端高温干旱天气，黄冈全市用电负荷屡创新高。国家电网黄冈供电公司利用电力调度新能源发电功率预测系统对气象要素与发电功率精准地预测评估，制订电网智能调度气象服务方案，在长期日供电最大负荷明显增加的情况下，保证了电网高效运行，未出现拉闸限电现象。

2. 国网四川电力新型电力气象服务体系

国网四川省电力公司与国网雷电监测预警中心、国网地质灾害预警中心、中国电力科学研究院有限公司数值天气预报中心及成都市气象服务中心等单位紧密联动，于 2023 年 7 月 10 日启用了基于中台架构的新型电力气象服务体系。该体系应用气象卫星、雷达技术和智能网格预报等智能化、集成化、网格化手段，增强气象风险早期识别能力，提高监测预警水平，实现气象灾害预警空、天、地一体化全域覆盖。

目前，新型电力气象服务体系能够实时动态监测多种气象风险，提前 5 小时发布预警。该体系的山火预警可精确到线路及杆塔区段,将因雷电损坏的电力设施故障诊断时长缩短至5分钟、定位误差缩小至200米内。此外,该体系监测的气象信息已与相关电气设备关联。气象预警信息能直接发送至一线员工,帮助运维人员及时响应处置。

据了解,自新型电力气象服务体系启用以来,国网四川电力根据预警信息主动采取避险措施8次,在500千伏线路预控潮流3条次,及时发现并消除多项隐患。

3. 国网山西电力灾害监测预警手段和应急处置

2023年1—7月,在自然灾害较上年增加的情况下,山西电网因灾引起的设备故障次数同比减少23%,"三交一直"特高压及14条500千伏外送通道平稳运行。

为解决气象监测不到位的问题,国网山西电力与省气象局共同建立全省区域气象信息数据档案,促成在重要输电通道附近新建两座气象监测站,提升气象网格化监测水平。该公司进一步优化山西电网自然灾害监测预警平台,将省气象局、自然资源厅等政府部门的数据与电网设备位置关联,建立历史极大风速、地表形变等数据库,精细化监测电力设备周围的降水、温度、湿度、风速等,实时预警气象灾害。2023年1—7月,国网山西电力累计发布气象预警1335次,超前防范恶劣天气17次。

国网山西电力持续加强灾害应急处置力量建设,针对暴雨、强对流天气等9类自然灾害,依托省市县公司三级应急指挥中心和山西电网自然灾害监测预警平台,及时发布灾害预警,形成"10分钟内预警发布、30分钟内现场核实、1小时内异常信息分析判断"的自然灾害应急管理机制。

4.2.4 电动汽车可控负荷应用效果

1. 广东电网中山供电局智慧能源示范项目

2023年1月6日,南方电网广东中山东区供电分局智慧能源示范项目揭牌仪式在东区供电分局举行。该项目由广东电网能源投资有限公司投资建设运营,与南方电网广东中山供电局携手打造,是全省首个"光伏＋储能＋智能充电(含有序充电＋有载调容＋V2G)＋换电＋空调智能化＋虚拟电厂"多功能融合智慧能源服务项目。

该项目包含五部分,分别是光伏电站、储能电站、充换电站、空调智能化、源荷聚合服务平台,能通过以上项目进行碳排放抵消,实现零碳园区。光伏电站采用"自发自用,余量上网"模式,年均发电量可超18万千瓦·时,间接减排二氧化碳102.69吨,在满足办公用电需求的同时,剩余发电量供充换电站使用。而储能电站建设规模为 86 千瓦/172 千瓦·时,可通过峰谷价差模式节约用电成本,同时也可根据市场化需求调配,缓解局部配网峰谷负荷差。

充换电站由"有序充电+有载调容+V2G"的智能充电站和换电站组成,通过车网双向能量互动,帮助电网削峰填谷、电力调频、平抑可再生能源电力波动。同时,换电站支持自动泊车换电,每日最多能服务 150 余车次。

2. 东风汽车 V2G 零碳超级场站

2023 年 2 月 21 日,集光储充放、先进充电技术、智慧能源控制于一体的现代化智能化新型充电场——东风汽车 V2G 零碳超级场站正式投入运营。

该场站占地面积 806 平方米,包括 28 个车位。其中,有 19 台交流充电桩、2 个超级快充终端、5 个 V2G 双向充放电终端、1 个直流终端和 1 个无线充电终端,可满足多种充电场景和充电需求。

该充电场不仅能够满足园区充电需求,还节能环保。其配备了双面双玻高效率光伏板车棚,光伏装机容量 118 千瓦,年发电量可达 14.5 万千瓦·时;配套 215 千瓦储能系统,每年预计可减少二氧化碳排放 110 吨。此外,通过综合能源柔性控制技术和后台能源管理算法调度,可实现光储充放能量高效协调,实际对上游电网依赖度最小仅有 0.1 兆瓦,接近零碳运行。

3. 雷蒙纳联合学区 V2G 项目

Nuvve K-12 为雷蒙纳联合学区的 V2G 项目提供技术支持。该项目在圣地亚哥启动,涉及 8 辆电动校车和 4 个组织的合作。参与合作的有 RUSD(Ramona Unified School District)、圣地亚哥煤气与电力公司(San Diego Gas & Electric)、蓝鸟(Blue Bird)和 Nuvve K-12。这些组织的共同目标是为学生和校车司机提供洁净、安静和健康的交通方式,为校车线路提供可靠的充电设施,并通过校车车队的车辆对电网的双向输电,降低学区的总拥有成本。在 2022 年 10 月,开始使用搭载了 Nuvve 的 GIVe™ V2G 技术的 8 个重型 DC 快速充电器的车队。

这些零排放车辆不仅有助于改善空气质量,还可以在停放时将电力返还到电网,以满足社区的能源需求。

Nuvve K-12 和圣地亚哥煤气与电力公司密切合作,实现了 Nuvve V2G 快速充电器与圣地亚哥煤气与电力公司电网的互连。

当电网状况和 FleetBox 参数允许时,Nuvve 的技术将以低电费率智能充电,并在电费较高时将部分多余能量收回电网。

V2G 的收入有助于学区抵消充电基础设施的前期成本和/或降低电动校车运营成本,从而在向零排放车队转型时实现经济效益,并长期节省资金。

2023年9月，美国Nuvve公司宣布了V2G的运营试点计划。该公司将与英国、新加坡、日本等的多家电力公司合作，建立若干个示范网点，为V2G技术商业化做准备。

4.2.5 氢能储能应用效果

1. 固态氢储能电氢智慧能源站

2023年，南方电网广东广州供电局打造了国内首个固态氢储能电氢智慧能源系统，也是国家重点研发计划项目的示范工程。该项目实现了从电解水制氢，到固态氢储存，再到加氢、燃料电池发电和余电并网的清洁能源转换全过程。南沙小虎岛电氢智慧能源站采用的是名为"固态储氢"的技术。其原理是将氢气与合金发生化学反应，氢原子进入金属的空隙中储存，生成了一种"氢化物"固态物质，当需要对外供氢时，通过升高这种固态物质的温度就可以释放氢气。相比于高压气态储氢和低温液态储氢，固态储氢的体积储氢密度高、充放氢压力低、安全性好、可跨季节长周期储存。固态储氢90千克，按100千瓦功率发电，可持续稳定供电至少10小时，发1000千瓦·时电，减排二氧化碳0.5703吨。小虎岛电氢智慧能源站项目总占地面积约3800平方米，是国内首个包含可再生能源发电、电解水制氢、固态储氢、静态氢压缩及氢燃料电池发电兼备加氢能力的电氢智慧能源系统。

2. 光伏制氢与电网氢储能综合示范

2023年，云南电科院承担的省重氢储能项目实施，云南首批氢动力汽车上路运行和光伏电解水制氢的成功调试，实现了可再生能源制氢-氢储能-用氢一体化示范应用，建成了国内首个具备综合热管理能力的固态合金储氢发电装置和液、固储氢技术相结合的氢储能系统，实现了氢能的安全储存和高效利用，展示了风/光能源与氢能技术结合，带动了云南地区发展绿色氢能综合应用。

云南氢储能项目创新了光伏电解水制氢系统、电解水制氢系统、低压固态储氢系统、氢气压缩加注系统以及氢燃料应急电池发电系统，实现了将光伏转化为电能进行电解水制氢，利用氢气压缩加注系统以及固态储氢系统实现氢能的稳定储存，同时解决了质子交换膜燃料电池使用过程中寿命以及抗中毒能力等问题，为安全、高效利用氢能，发展氢能经济，消纳云南可再生能源提供技术支撑。

氢储能综合运用示范工程的意义在于让氢气在低压常温状态下把能源储存起来，即使光伏发出的电量有波动也不会对电网造成冲击。昆明整个项目储存的165千克氢能，在用电高峰时可持续稳定出力23小时，发供电2300千瓦·时，减排二氧化碳1.31吨。

3. 乡村生态氢能示范工程

2022年10月,国家电网浙江丽水缙云水光氢生物质近零碳示范工程正式投运。该工程位于缙云县上湖村,是全国首个乡村生态氢能示范工程,打造了"电-氢-生物质"综合供能的乡村碳中和样本,为降低乡村用能成本和增加农民创收路径提供新思路。

该工程利用质子交换膜技术,将富余的水电、光伏等可再生能源电解水制备"绿氢"。同时利用农作物秸秆、禽畜粪污和餐厨垃圾等生物废弃物制备沼气,通过全国首台沼气加氢的甲烷化设备捕获沼气中的二氧化碳,进一步提纯天然气。利用当地富余的水电和光电制备氢气,氢气能和沼气中的二氧化碳反应生产甲烷,使沼气利用率提高至95%以上,为乡村提供清洁高效能源。

该工程构建起了"绿电—绿氢—生物质"绿色多能转换系统,预计每年可产出氢气18万标方,可供一辆氢燃料汽车行驶160万千米。合成的生物天然气每年可产出2万标方,满足100户农村家庭一年的燃气需求。这一系统对促进农村生物质能循环利用具有重要意义,进一步助力"双碳"目标实现和共同富裕。

4. 宁波慈溪氢电耦合直流微网示范工程

在宁波慈溪滨海经济开发区,园区内可再生能源资源丰富,光伏装机已超过50万千伏安,这里也是国际首个"电-氢-热"微网耦合的直流能源互联网示范工程——宁波慈溪氢电耦合直流微网示范工程所在地。2022年12月29日,该工程正式完工,工程以"电-氢-热"综合能量管理系统为中枢,通过氢能和电能互相转化,能够在用电低谷时利用清洁能源制氢储存,在用电高峰时再通过氢燃料电池发电,优化电网运行,实现电网削峰填谷,并可在电网急需时短时支撑电网运行。

在杭州大江东格力电器产业园,杭州亚运低碳氢能示范工程已进入最终调试阶段。工程充分利用江东柔性直流电源系统,灵活控制制氢和发电效率,同时兼顾电网调峰、新能源消纳、氢能利用等功能,推进园区级生产经营零碳转型。工程投运后,预计一年可减少碳排放860吨,园区单位产值能耗下降22%,每天需要的大电网负荷从6400千瓦减少到5010千瓦。

5. 美国氢能 Innovation Experience 示范项目

2022年,美国洛杉矶-南加州天然气公司在唐尼市的氢能 Innovation Experience 示范项目中现场使用生产的可再生氢气。该项目展示了可再生氢微电网的弹性和可靠性,并可实现为社区供电。氢能 Innovation Experience 示范项目的特色是在一个近2000平方英尺(185.8平方米)的住宅,可以使用可靠清洁的氢气,每天24小时,每周7天,一年365天,在晴天时从太阳能电池板获取电力,将多余的能量转化为可再生的氢气储存起来,然后根据需要通过现场的氢燃料电池转换为电能。氢气还可与天然气混合,用于家庭的无水箱热水器、干衣机、煤气炉、壁炉和烧烤架。该住宅正在按照LEED白金标准(国际上先进和具有实践性的绿色建筑认证评分体系)建造。该项目的电解槽利用太阳能分解水,生产了首个一千克可再生氢,可在太阳能无法使用时为燃料电池提供动力。一千克氢大致相当于一加仑汽油,只释放出水一种副产品。作为该示范项目的一部分,该基地的有限氢气生产是专门为了展示微电网在可靠性和弹性方面的有效性。

4.3 小　　结

本章深入分析了电力行业中五种绿色低碳关键技术的典型案例,展示了它们在推动能源转型和实现可持续发展方面的重要性和潜力。

钒液流电池具备高安全性、长循环寿命和环境友好性特点,尽管存在能量密度和系统复杂性的挑战,但它仍是解决可再生能源并网和电网调峰的有效技术方案。海上风电作为清洁能源的重要组成部分,具有巨大的开发潜力和支持沿海地区能源需求的能力,海上风电在全球范围内迅速发展,特别是在中国。电力气象防灾减灾对提高新能源发电效率和电网稳定性起到关键作用,通过精准气象服务减少能源浪费和自然灾害对电网的损害。电动汽车可控负荷通过智能管理和优化充电行为,不仅可以作为交通工具,还能作为储能单元,支持电网的供需平衡和提高能源效率。氢能储能通过电解水制氢,为可再生能源提供了一种清洁、高效的储存和转换方式,有助于构建多能互补的能源系统。

案例分析进一步证实了这些技术在实际应用中的有效性和对减少碳排放、提高能源利用效率的贡献。随着技术的不断进步和成本的降低,这些绿色低碳技术有望在未来能源领域发挥更加重要的作用。

第 5 章 总结与建议

5.1 总　　结

　　能源电力领域是推进"双碳"目标实现的关键。从全球来看，主要采取两种方式来实现"双碳"目标，一种方式是研发现有行业的碳减排技术并加快应用，例如对传统行业研发一些节能增效技术；另一种方式是加大零碳清洁能源的开发利用。欧盟、日本、美国等国纷纷推出能源中长期发展战略，加大零排放电力比例，期望到 2050 年能实现清洁能源占本国能源总量的 50% 以上，显著降低化石能源占比。2020 年，日本在《绿色增长战略》中明确以"2050 年温室气体零排放"为目标的时间规划表，计划开展海上风能、氢燃料、电动车等 14 个领域的具体行动，大力促进太阳能、海上风力、地热、生物质、海洋（波浪、潮汐）等新能源技术研发。2021 年 3 月，美国能源与商业委员会提出《清洁未来法案》，提出整个经济领域实施绿色清洁能源解决方案。德国在 2022 年提出，在 2030 年实现 80% 的可再生能源供电，2035 年争取实现 100% 可再生能源供电。

　　当前我国能源消费结构转型难度较大，对煤炭的依赖在短期内难以大幅降低，油气作为重要接替能源，其消费量将快速上涨。我国油气自主供应能力有限，大量依赖进口，并受到地缘政治、中美关系、美元政策等复杂的国际形势影响导致其供应不稳定。我国在实现碳达峰、碳中和目标时，需要结合国情，既保障能源安全，又推动绿色低碳发展，充分考虑各行业、各地区的经济发展水平、资源禀赋特点、产业与能源结构特征、社会接受程度等因素，避免指标分配"一刀切"等做法。

　　我国能源电力领域的碳减排任重道远。截至 2023 年底，我国零碳电力能源占比在 41% 以下，而含碳化石能源电力能源的占比超过 58%，但减排压力除了与各类电力能源结构有关外，还应该与电力需求总量、经济发展状况、电力消费情况等结合起来做进一步减排分析。

5.2 建　　议

随着国际社会对实现"双碳"目标达成共识,电力能源的安全供给和绿色低碳转型已经成为全球发展趋势。无论如何,在保障电力供应安全的前提下,要实现电力能源绿色低碳转型发展,重点提出以下建议。

(1) 重视能源电力结构持续优化,加强系统规划和顶层设计,对各种形式的电力能源统筹评估和布局。根据国情和国家能源资源禀赋,结合电力发展需求形势,开展能源电力优化调控。

(2) 加强绿色能源电力的研发和示范应用,重点加强零碳新能源、规模化长时储能等新技术的研发和创新示范,加快新能源电力技术的应用。

(3) 加大对新能源技术的人才培养和合作交流。尤其是加强高质量人才队伍的培养,重视和零碳新能源技术研发先进的国家开展交流合作。

参 考 文 献

[1] 张宁,朱昊,杨凌霄,等.考虑可再生能源消纳的多能互补虚拟电厂优化调度策略[J].发电技术,2023,44(5):625-633.

[2] Liu Xinghua, Wang Yubo, Tian Jiaqiang, et al. Cost Evaluation of Electric Hydrogen Energy System Based on Renewable Energy Power Generation[C]//IEEE. Proceedings of the 2022 41st Chinese Control Conference (CCC). Hefei, China: IEEE, 2022: 5271-5276.

[3] 薛振乾,谢祥,马浩铭,等.CO_2捕集、利用和封存在能源行业的应用:全球案例分析和启示[J].大庆石油地质与开发,2024,43(1):14-21.

[4] 阳平坚,彭栓,王静,等.碳捕集、利用和封存(CCUS)技术发展现状及应用展望[J].中国环境科学,2024,44(1):404-416.

[5] 赵东海.风力发电技术的应用现状与展望[J].光源与照明,2022(11):158-160.

[6] 张书博,朱曙光,陶定新,等.大型风力发电机技术综述[J].河南科技,2023,42(20):17-21.

[7] 郭凯,张秀琦,曹斌,等.海上风力发电可靠性影响因素分析及提升方法[J].内蒙古电力技术,2022,40(5):16-21.

[8] 杨威.新能源时代电力电子技术在风力发电中的应用分析[J].电气技术与经济,2023(8):54-56.

[9] 马建雄.光伏发电与风力发电的并网技术分析[J].光源与照明,2023(9):141-143.

[10] 贺志勇.风能发电技术的可持续发展策略分析[J].电子技术,2023,52(7):172-173.

[11] 高宇,张杰.关于太阳能光热发电的技术特点与应用分析[J].中国设备工程,2023(14):205-207.

[12] Wang Hao, Guo Chen, Li Fei, et al. Push-pull substituent design of fullerene dimer at the buried interface toward stable and efficient perovskite solar cells[J]. Science China Materials, 2023, 67(1): 58-66.

[13] 周静,贺伟兰,杨盛文,等.近空间升华工艺制备高晶化硒化亚锗光电薄膜及其在太阳能电池中的应用[J].复合材料学报,2024,41(5):2575-2584.

[14] 刘润鹏,宋禹飞,王宏,等.太阳能光热发电标准体系研究[J].广东电力,2023,36(10):130-136.

[15] Khalaf K A, Gamil A, Attiya B, et al. Exploring the potential of concentrating solar power technologies for vertical farming in arid regions: The case of Western Iraq[J]. Energy for Sustainable Development, 2023(12):101310.1-101310.19.

[16] 徐超,靳菲,邢嘉芯,等.太阳能高温热化学储能技术发展现状及科学问题[J].中国科学基金,2023,37(2):209-217.

[17] 王亚雄.新型太阳能热发电与储能技术[C]//内蒙古科技大学.第二届全国太阳能电池材料与器件大会论文集.中国内蒙古包头:内蒙古科技大学,2022.13.

[18] 蒋明.浅析水利发电自动化技术[J].低碳世界,2020,10(6):87-88.

[19] 胡彦明.电力技术在水利工程中的应用分析[J].科技风,2020(9):177,192.

[20] 张国平,王永豪.我国生物质转化技术应用现状及展望[J].安徽农业科学,2023,51(17):1-5,10.

[21] Elizondo-Noriega A, Tiruvengadam N, Fedler C, et al. Techno-Economic Analysis of Integrated Wastewater Treatment and Biomass Energy Generation Technologies: A Systematic Literature Review[C] // Cromarty L. Proceedings of the 2020 IISE Annual Conference: IIE Annual Conference Proceedings. Norfolk, Georgia, USA: Institute of Industrial and Systems Engineers (IISE), 2020: 610-615.

[22] Moya D, Aldás C, Kaparaju P. Geothermal energy: Power plant technology and direct heat applications[J]. Renewable and Sustainable Energy Reviews, 2018, 94: 889-901.

[23] 莫一波,黄柳燕,袁朝兴,等.地热能发电技术研究综述[J].东方电气评论,2019,33(2):76-80.

[24] 储超.基于PESTEL模型的地热能发电产业环境分析及对策研究[J].上海电力大学学报,2023,39(2):137-141.

[25] 李文清,罗棱,齐晓曼,等.海洋能技术发展现状及其在上海地区的适应性[J].电力与能源,2022,43(6):518-520.

[26] 王世明,李泽宇,于涛,等.多能互补海洋能集成发电技术研究综述[J].海洋

通报,2019,38(3):241-249.

[27] Fan Wei, Aghabalayev F, Ahmad M. The role of global collaboration in environmental technology development, natural resources, and marine energy generation technologies toward carbon neutrality in knowledge-based economies[J]. Environmental Science and Pollution Research, 2023, 30(30):75863-75878.

[28] 李佳宁,程磊,张璐,等. 美国千瓦电源空间核裂变反应堆技术现状与发展[J]. 国际太空,2021(7):32-35.

[29] 王玉晴. 中国竞逐核能利用技术制高点[N]. 上海证券报,2022-11-05(6).

[30] 谢灌江,宋明中,林玉杰,等. 氢能与氢能发电技术[J]. 中国科技信息,2022(22):111-113.

[31] 杨凯鹏. 氢能技术现状及其在储能发电领域的应用[J]. 化工设计通讯,2023,49(7):157-159.

[32] 黄赫."双碳"目标引领经济绿色低碳转型发展[N]. 中国城乡金融报,2021-10-22(A5).

[33] 王贝,李宾宾,孙广星,等. 新型储能技术与产业发展研究[J]. 能源与节能,2023(11):8-13.

[34] 潘新慧,陈人杰,吴锋. 电化学储能技术发展研究[J]. 中国工程科学,2023(6):225-236.

[35] Song Yunli, He Hailong, Yan Yunji, et al. A Toolbox for generalized pumped storage power station based on terrain in ArcGIS Environment[J]. Renewable Energy, 2024(220): 119590.

[36] IEA. Steering Electricity Markets towards a Rapid Decarbonisation[R]. Paris: International Energy Agency, 2022.

[37] 能链研究院. 国际能源署报告:2025年可再生能源发电量将占全球35%,亚洲用电量占一半[EB/OL]. 界面新闻,2023-02-09. https://www.jiemian.com/article/8872457.html.

[38] 秦炎. 德国可再生能源法再度修订,能否实现2030年目标[EB/OL]. 2020-09-15. https://www.sohu.com/a/418610601_9899283.

[39] 吴斌."2035年实现100%可再生能源供电",德国激进步伐背后的隐忧[EB/OL]. 21世纪经济报道,2022-03-02. https://baijiahao.baidu.com/s?id=1726154550362394895&wfr=spider&for=pc.

[40] 韩冰. 2030年法国可再生能源占比将提高到32%[EB/OL]. 新华网,2014-

10-16. https://news.bjx.com.cn/html/20141016/555022-1.shtml.

[41] 中国高新技术产业导报.法国2050年将实现100%可再生能源利用[EB/OL].2015-11-16. https://guangfu.bjx.com.cn/news/20151116/681731.shtml.

[42] 新睿.澳大利亚:到2030年可再生能源发电份额达到82%[EB/OL].光伏资讯,2023-04-23. https://news.solarbe.com/202304/23/367120.html.

[43] 岳芳.日本NEDO资助二氧化碳资源化利用先进技术开发[EB/OL].中国科学院科技战略咨询研究院,2022-02-07. http://www.casisd.cn/zkcg/ydkb/kjqykb/2021/202112/202202/t20220207_6352662.html.

[44] 国网能源研究院公司.中国能源电力发展展望2020[M].北京:中国电力出版社,2020.

[45] 张宁,邢璐,鲁刚.我国中长期能源电力转型发展展望与挑战[J].中国电力企业管理,2018(13):58-63.

[46] ETIPWind Executive Committee. ETIPWind Roadmap[R]. Brussels: ETIPWind,2019.

[47] European Commission. ETIP SNET, R&I Implementation Plan 2022-2025[M]. Luxembourg: Publications Office of the European Union,2022.

[48] Thaller L H. Electrically rechargeable REDOX flow cell: US, 3996064A[P]. 1976-12-07.

[49] Chieng S C, Kazacos M, Skyllas-Kazacos M. Preparation and evaluation of composite membrane for vanadium redox battery applications[J]. Journal of Power Sources,1992,39(1):11-19.

[50] Sukkar T, Skyllas-Kazacos M. Membrane stability studies for vanadium redox cell applications[J]. Journal of Applied Electrochemistry,2004,34(2):137-145.

[51] 谢聪鑫,郑琼,李先锋,等.液流电池技术的最新进展[J].储能科学与技术,2017,6(5):1050-1057.

[52] 张华民.全钒液流电池的技术进展、不同储能时长系统的价格分析及展望[J].储能科学与技术,2022,11(9):2772-2780.

[53] Huang Zebo, Mu Anle, Wu Longxing, et al. Comprehensive Analysis of Critical Issues in All-Vanadium Redox Flow Battery[J]. ACS Sustainable Chemistry & Engineering,2022,10(24):7786-7810.

[54] 魏甲明,刘召波,陈宋璇,等.全钒液流电池技术研究进展[J].中国有色冶金,

2022,51(3):14-21.
[55] 汪惟源,朱寰,高正平,等.大规模低成本电化学储能技术及应用研究进展[J].现代化工,2020,40(10):80-85.
[56] GWEC. Global Offshore Wind Report 2023[R]. Brussels:Global Wind Energy Council,2023.
[57] 彭慧.海上风电是未来新能源发展的重要方向[N].企业家日报,2023-09-07(A4).
[58] 赵姗.海上风电安装平台发展如火如荼[N].中国水运报,2023-09-13(6).
[59] 王征.英国海上风电市场动态概览[J].风能,2023(8):50,51-55.
[60] 陶建根,陈怡,黄博远.海上风电发展现状与趋势分析[J].能源工程,2023,43(4):1-9.
[61] 姚钢,杨浩猛,周荔丹,等.大容量海上风电机组发展现状及关键技术[J].电力系统自动化,2021,45(21):33-47.
[62] 方丽华,熊小伏,方嵩,等.基于电网故障与气象因果关联分析的系统风险控制决策[J].电力系统保护与控制,2014,42(17):113-119.
[63] 杨怀江,王恬.新型技术在电网微气象防灾减灾中的应用[J].城市建设理论研究(电子版),2017(21):24-25.
[64] 周勇,霍玉竹,任玮颖.浅议电力行业专业气象服务[J].中国电业,2020(12):86-87.
[65] 姜惠兰,薛静玮,李天鹏,等.含风电场电网的备用电源快速投切方式及其整定方法[J].高电压技术,2016,42(9):2768-2774.
[66] 贺瑜环,杨秀媛,陈麒宇,等.电动汽车智能充放电控制与应用综述[J].发电技术,2021,42(2):180-192.
[67] Bradley T H, Quinn C W. Analysis of plug-in hybrid electric vehicle utility factors[J]. Journal of Power Sources, 2010, 195(16):5399-5408.
[68] 胡文平,巫伟南,郝婉梦,等.含电动汽车的配电网运行风险评估[J].现代电力,2016,33(2):45-50.
[69] 李琥,周琪,史静,等.大规模电动汽车接入电网对南京市负荷特性的影响及对策[J].电力系统及其自动化学报,2016,28(S1):19-24.
[70] 张乐平,张明明,林伟斌.电动汽车与电网统一互动架构设计与探讨[J].现代电力,2014,31(1):34-39.
[71] 张洪财,胡泽春,宋永华,等.考虑时空分布的电动汽车充电负荷预测方法[J].电力系统自动化,2014,38(1):13-20.

[72] 田立亭,史双龙,贾卓.电动汽车充电功率需求的统计学建模方法[J].电网技术,2010,34(11):126-130.

[73] 苏小林,张艳娟,武中,等.规模化电动汽车充电负荷的预测及其对电网的影响[J].现代电力,2018,35(1):45-54.

[74] Nie Yongquan, Chung C Y, Xu N Z. System State Estimation Considering EV Penetration With Unknown Behavior Using Quasi-Newton Method[J]. IEEE Transactions on Power Systems, 2016, 31(6): 4605-4615.

[75] Tao Shun, Liao Kunyu, Xiao Xiangning, et al. Charging demand for electric vehicle based on stochastic analysis of trip chain[J]. IET Generation Transmission & Distribution, 2016, 10(11): 2689-2698.

[76] Huang H, Chung C Y, Chan Kawing, et al. Quasi-Monte Carlo Based Probabilistic Small Signal Stability Analysis for Power Systems With Plug-In Electric Vehicle and Wind Power Integration[J]. IEEE Transactions on Power Systems, 2013, 28(3): 3335-3343.

[77] 邵尹池,穆云飞,余晓丹,等."车—路—网"模式下电动汽车充电负荷时空预测及其对配电网潮流的影响[J].中国电机工程学报,2017,37(18):5207-5219,5519.

[78] 杨昕然,吕林,向月,等."车—路—网"耦合下电动汽车恶劣充电场景及其对城市配电网电压稳定性影响[J].电力自动化设备,2019,39(10):102-108,122.

[79] 徐青山,蔡婷婷,刘瑜俊,等.考虑驾驶人行为习惯及出行链的电动汽车充电站站址规划[J].电力系统自动化,2016,40(4):59-65,77.

[80] 吴晨曦,张杰,张新延,等.考虑电价影响的电动汽车削峰填谷水平评价[J].电力系统保护与控制,2019,47(17):14-22.

[81] 杨国清,罗航,王德意,等.分时电价与电动汽车优化调度的主从博弈模型[J].电力系统及其自动化学报,2018,30(10):55-60.

[82] O'Connell N, Wu Q, Ostergaard J, et al. Electric Vehicle (EV) charging management with dynamic distribution system tariff[C] //IEEE. Proceedings of the 2011 2nd IEEE PES International Conference and Exhibition on Innovative Smart Grid Technologies. Manchester, UK: IEEE, 2011. 1-7.

[83] Dauer D, Flath C M, Strohle P, et al. Market-Based EV Charging Coordination[C] //IEEE. Proceedings of the 2013 IEEE/WIC/ACM International Joint Conferences on Web Intelligence (WI) and Intelligent Agent Technol-

ogies (IAT). Atlanta, GA, USA: IEEE, 2013. 102-107.

[84] 魏大钧,张承慧,孙波,等.基于分时电价的电动汽车充放电多目标优化调度[J].电网技术,2014,38(11):2972-2977.

[85] 常方宇,黄梅,张维戈.分时充电价格下电动汽车有序充电引导策略[J].电网技术,2016,40(9):2609-2615.

[86] 潘振宁,张孝顺,余涛,等.大规模电动汽车集群分层实时优化调度[J].电力系统自动化,2017,41(16):96-104.

[87] 潘胤吉,邱晓燕,肖建康,等.电动汽车充电负荷的时空双层优化调度策略[J].南方电网技术,2018,12(5):62-70.

[88] 陈麒宇.泛在电力物联网实施策略研究[J].发电技术,2019,40(2):99-106.

[89] 杨春萍,赵祺,祁兵,等.基于用户利益与出行意愿的电动汽车充放电调度策略[J].电测与仪表,2018,55(8):106-112.

[90] 张聪,许晓慧,孙海顺,等.基于自适应遗传算法的规模化电动汽车智能充电策略研究[J].电力系统保护与控制,2014,42(14):19-24.

[91] Li Haiwen, Nishimiya N. Insight from Japan's Hydrogen Strategy and Activities[J]. Engineering, 2021, 7(6): 722-725.

[92] 郗捷,宋洁,王剑晓,等.支撑中国能源安全的电氢耦合系统形态与关键技术[J].电力系统自动化,2023,47(19):1-15.

[93] 俞红梅,邵志刚,侯明,等.电解水制氢技术研究进展与发展建议[J].中国工程科学,2021,23(2):146-152.

[94] 俞红梅,衣宝廉.电解制氢与氢储能[J].中国工程科学,2018,20(3):58-65.

[95] 郭博文,罗聃,周红军.可再生能源电解制氢技术及催化剂的研究进展[J].化工进展,2021,40(6):2933-2951.

[96] Carmo M, Fritz D L, Mergel J, et al. A comprehensive review on PEM water electrolysis[J]. International Journal of Hydrogen Energy, 2013, 38(12): 4901-4934.

[97] 张彦,陶毅刚,张韬,等.氢能与电力系统融合发展研究[J].中外能源,2021,26(9):19-28.

[98] 王宗松.质子交换膜燃料电池性能衰退与寿命预测研究[D].武汉:武汉理工大学,2020.

[99] 赵晨欢,张文强,于波,等.固体氧化物电解池[J].化学进展,2016,28(8):1265-1288.

[100] Kang Sunyong, Park J E, Jang G Y, et al. High-performance and durable

water electrolysis using a highly conductive and stable anion-exchange membrane[J]. International Journal of Hydrogen Energy, 2022, 47(15): 9115-9126.

[101] 王培灿,万磊,徐子昂,等.碱性膜电解水制氢技术现状与展望[J].化工学报,2021,72(12):6161-6175.

[102] Li Changqing, Baek J B. The promise of hydrogen production from alkaline anion exchange membrane electrolyzers[J]. Nano Energy, 2021, 87: 106162.

[103] 殷卓成,杨高,刘怀,等.氢能储运关键技术研究现状及前景分析[J].现代化工,2021,41(11):53-57.

[104] 郭志钒,巨永林.低温液氢储存的现状及存在问题[J].低温与超导,2019,47(6):21-29.

[105] 高金良,袁泽明,尚宏伟,等.氢储存技术及其储能应用研究进展[J].金属功能材料,2016,23(1):1-11.

[106] 曹军文,覃祥富,耿嘎,等.氢气储运技术的发展现状与展望[J].石油学报:石油加工,2021,37(6):1461-1478.

[107] 张娜,陈红,马骁,等.高密度固态储氢材料技术研究进展[J].载人航天,2019,25(1):116-121.

[108] Olabi A G, Bahri A S, Abdelghafar A A, et al. Large-vscale hydrogen production and storage technologies: Current status and future directions [J]. International Journal of Hydrogen Energy, 2021, 46(45): 23498-23528.

[109] Andersson J, Grönkvist S. Large-scale storage of hydrogen[J]. International Journal of Hydrogen Energy, 2019, 44(23): 11901-11919.

[110] 孙丹宁.百兆瓦级大连液流电池储能调峰电站并网发电[EB/OL].中国科学院大连化学物理研究所,2022-10-31. http://www.dicp.cas.cn/xwdt/kyjz/202210/t20221031_6541871.html.

[111] 电力网.120kW/240kWh! 全钒液流电池储能系统顺利并网[EB/OL]. 2023-07-18. http://www.chinapower.com.cn/chuneng/dongtai1/20230720/209591. html#:~:text=2023%E5%B9%B47%E6%9C%8817%E6%97%A5.

[112] ICS Website. Vanadium Redox Flow Battery (VRFB)[EB/OL]. https://global-sei.com/usa/ics/Energy.html.

[113] 刘倩.国内首个平价海上风电项目投运[N].南方日报,2022-11-17(A10).

[114] Aumar Frangoul. The world's largest offshore wind farm produces its first power[EB/OL]. CNBC, 2023-10-09. https://www.cnbc.com/2023/10/09/the-worlds-largest-offshore-wind-farm-produces-its-first-power.html.

[115] 伍杰,叶志文.打造产城融合低碳发展样板,中山东区智慧能源示范项目揭牌[EB/OL].南方报业传媒集团,https://baijiahao.baidu.com/s?id=1754361268174179420&wfr=spider&for=pc.

[116] 郝天娇.电车充电5分钟,行驶300多公里,东风汽车V2G零碳超级场站在汉投用[EB/OL].长江日报,2023-02-21. https://baijiahao.baidu.com/s?id=1758450241387534348&wfr=spider&for=pc.

[117] NUVVE. Nuvve K-12 Powers Ramona Unified School District V2G Project [EB/OL]. 2023-07-24. https://nuvve.com/ramona-unified-school-district-v2g/.

[118] 叶青.全国首个固态储氢项目解决"绿电"与"绿氢"转换难题[EB/OL].中国经济网,2023-04-12. http://www.sinopecnews.com.cn/xnews/content/2023-04/12/content_7063192.html.

[119] 北极星氢能网.云南首个光伏制氢与电网氢储能综合示范工程投运[EB/OL]. 2023-02-27. https://www.hxny.com/nd-85740-0-50.html.

[120] 李承韩.我国首次实现固态氢能发电并网[EB/OL].央广网,2023-03-31. https://www.sohu.com/a/661249312_362042.

[121] 沈继平.乡村氢能生态示范工程在丽水缙云正式投运[EB/OL].中国发展网,2022-11-01. http://jjdf.chinadevelopment.com.cn/cj/2022/11/1805900.shtml.

[122] 徐梓沐.国网浙江电力:多场景绿氢应用示范探路"双碳"新支柱[EB/OL].凤凰网,2023-01-12. https://i.ifeng.com/c/8MUWu8qrtVZ.

[123] 张立.美国重返《巴黎协定》:联合国期待世界实现更具雄心的气候合作和绿色复苏[EB/OL].联合国新闻,2021-01-26. https://news.un.org/zh/story/2021/01/1076512.

[124] 中国人大网.《京都议定书》[EB/OL]. 2022-08-25. https://www.ncsti.gov.cn/kjdt/ztbd/kjxxghst/202208/t20220825_95105.html.

[125] 中国能源报.欧盟"2050长期愿景":可再生能源电力将超80%[EB/OL]. 2019-02-20. https://guangfu.bjx.com.cn/news/20190220/963866.shtml.

[126] 廖琴.欧盟发布可持续投资计划推进《欧洲绿色协议》[EB/OL].中国科学

院科技战略咨询研究院,2020-06-16. https://casisd.cas.cn/zkcg/ydkb/kjzcyzxkb/2020/202003/202006/t20200616_5607440.html.

[127] 张乾志,王文涛,陈文颖. 欧盟及英国能源与气候政策及启示[J]. 中国人口·资源与环境,2023,33(02):81-91.

[128] 修勤绪. 德国气候目标及主要经验启示[J]. 中国能源,2022,44(12):65-72.

[129] 成岚. 德国出台"气候保护计划2030"[EB/OL]. 新华网,2019-09-21. http://www.xinhuanet.com/world/2019-09/21/c_1125023261.htm.

[130] 买园园. 法国《能源与气候法》的颁行、实施与挑战[EB/OL]. 人民法院报,2021-05-16. http://www.legaldaily.com.cn/fxjy/content/2021-05/06/content_8497805.htm.

[131] 孟子祺. 法国碳中和战略:目标设定、实现路径与前景分析[J]. 法国研究,2023(02):68-85.

[132] 王仲成. 英国《气候变化法》的出台及其减排路线图[J]. 林业经济,2010(03):39-42.

[133] 李岚春,陈伟,岳芳,等. 英国碳中和战略政策体系研究与启示[J]. 中国科学院院刊,2023,38(03):465-476.

[134] 刘丛丛,吴建中. 走向碳中和的英国政府及企业低碳政策发展[J]. 国际石油经济,2021,29(04):83-91.

[135] 梁晓菲. 英国"脱欧"对欧盟气候变化政策的影响[J]. 法制与经济,2016(10):39-41.

[136] IPCC. Global Warming of 1.5°C[R]. Cambridge: Cambridge University Press, 2020.

[137] Climate Watch. Finland Climate Change Data, Emissions and Policies[EB/OL]. https://www.climatewatchdata.org/countries/FIN?end_year=2021&start_year=1990.

[138] Climate Watch. Austria Climate Change Data, Emissions and Policies[EB/OL]. https://www.climatewatchdata.org/countries/AUT.

[139] Climate Watch. United Kingdom Climate Change Data, Emissions and Policies[EB/OL]. https://www.climatewatchdata.org/countries/GBR.

[140] 龙云. 法国低碳能源转型战略研究[J]. 海峡科技与产业,2020(10):10-13.

[141] 田丹宇,徐华清. 德国气候保护法立法动因、主要特点及对我国立法的启示[J]. 环境资源法论丛,2020:141-153.

[142] Climate Watch. Spain Climate Change Data, Emissions and Policies[EB/

OL]. https://www.climatewatchdata.org/countries/ESP.

[143] Climate Watch. Canada Climate Change Data, Emissions and Policies[EB/OL]. https://www.climatewatchdata.org/countries/CAN? end_year=2021&start_year=1990.

[144] Climate Watch. Portugal Climate Change Data, Emissions and Policies[EB/OL]. https://www.climatewatchdata.org/countries/PRT? end_year=2021&start_year=1990.

[145] 人民网. 哥斯达黎加积极发展可再生能源[EB/OL]. 2021-01-04. https://baijiahao.baidu.com/s? id=1687902496918226573&wfr=spider&for=pc.

[146] 陆睿. 韩国推"绿色新政"促经济转型[EB/OL]. 经济参考报, 2021-01-20. http://www.jjckb.cn/2021-01/20/c_139682198.htm.

[147] 苏苏. 哥本哈根气候变化大会前夕中美提出减排目标[EB/OL]. 联合早报, 2009-11-27. https://green.sohu.com/20091127/n268519437.shtml.

[148] 林巧婷. 中美元首气候变化联合声明(全文)[EB/OL]. 新华社, 2015-09-26. https://www.gov.cn/xinwen/2015-09/26/content_2939222.htm.

[149] 何勇. 日本《全球变暖对策基本法案》简介[J]. 气候变化研究进展, 2012, 8(06): 473-474.

[150] 刘大炜, 许珩. 日本气候变化政策的过程论分析[J]. 日本研究, 2013(04): 1-8.

[151] 魏成. 安倍主演广告倡导全民节能[EB/OL]. 东方网, 2007-06-06. https://news.sohu.com/20070606/n250416561.shtml.

[151] 张季风. 东日本大地震对日本经济的影响[EB/OL]. 中国网, 2011-03-23. http://ijs.cssn.cn/xsyj/xslw/rbjj/201508/t20150826_2606661.shtml.

[152] 杨富强. "休克"了的京都议定书第二承诺期[EB/OL]. 自然资源保护协会, 2011-06-16. http://www.nrdc.cn/news/newsinfo? id=353.

[153] 毕珍珍. 日本参与全球气候治理的研究[D]. 北京: 外交学院, 2019.

[154] 刘军红, 汤祺. 日本碳中和战略及其前景[J]. 现代国际关系, 2022(04): 18-25, 60-61.

[155] 王林. 澳大利亚减排承诺被指"空头支票"[EB/OL]. 中国能源报, 2021-11-01. http://paper.people.com.cn/zgnyb/html/2021-11/01/content_25886915.htm.

[156] 裴惠娟. 澳大利亚政府《气候解决方案》旨在启动35亿澳元的投资帮助澳大利亚兑现2030年的温室气体减排承诺[EB/OL]. 全球变化研究信息中心,

2019-04-02. http://www.tanpaifang.com/tanguwen/2019/0402/63430.html.

[157] 常青,申文君.澳大利亚提高2030减排目标[J].生态经济,2022,38(08):1-4.

[158] 陈嘉楠.国际可再生能源机构发布新版《全球能源转型:2050年路线图》[EB/OL].中国海洋发展研究中心,2019-10-14. https://aoc.ouc.edu.cn/2019/1014/c9829a271588/page.htm.

[159] 李晨曦,伍浩松.国际能源署发布《2022年世界能源展望》报告[EB/OL].国合中心 2022-12-07. https://www.icc.org.cn/publications/internationaloberservation/925.html.

[160] Sørensen B. Energy and Resources: A plan is outlined according to which solar and wind energy would supply Denmark's needs by the year 2050[J]. Science, 1975, 189(4199): 255-260.

[161] Lazarus M, Greber L, Hall J, et al. Towards a fossil free energy future: The next energy transition[R]. Netherlands: Greenpeace International, 1993.

[162] Meneguzzo F, Ciriminna R, Albanese L, et al. Italy 100% Renewable: A Suitable Energy Transition Roadmap[J]. arXiv:1609.08380, 2016.

[163] Zakeri B, Syri S, Rinne S. Higher renewable energy integration into the existing energy system of Finland-Is there any maximum limit? [J]. Energy, 2015, 92: 244-259.

[164] Hansen K, Mathiesen B V, Skov I R. Full energy system transition towards 100% renewable energy in Germany in 2050[J]. Renewable and Sustainable Energy Reviews, 2019, 102: 1-13.

[165] SRU. Pathways towards a 100% renewable electricity system[R]. Berlin: German Advisory Council on the Environment (SRU), 2011.

[166] Esteban M, Portugal-Pereira J, Mclellan B C, et al. 100% renewable energy system in Japan: Smoothening and ancillary services[J]. Applied energy, 2018, 224: 698-707.

[167] 张映红.关于能源结构转型若干问题的思考及建议[J].国际石油经济,2021,29(2):1-15.

[168] IEA. Energy system of United States[EB/OL]. 2024-06-01. https://www.iea.org/countries/united-states.

[169] bp Statistical Review of World Energy.《bp世界能源统计年鉴》(2022年

版)[EB/OL]. 2022. https://www.bp.com.cn/content/dam/bp/country-sites/zh_cn/china/home/reports/statistical-review-of-world-energy/2022/bp-stats-review-2022-full-report_zh_resized.pdf.

[170] 王新颖. 试论小布什政府中亚能源战略及影响[D]. 郑州:河南大学,2012.

[171] 叶荣泗. 美国新的能源政策法及特点[EB/OL]. 国家能源局,2005-09-05. https://www.nea.gov.cn/2005-09/05/c_131056037.htm.

[172] 于文轩. 美国能源安全法律规制及其对我国的启示[EB/OL]. 中国法学会能源法研究会,2017-05-02. https://energylaw.chinalaw.org.cn/portal/article/index/id/909.html.

[173] 伍巧芳.《2009美国复苏与再投资法案》及其对我国的启示[J]. 江西社会科学,2010(07):186-190.

[174] 龚婷. "能源独立":美国"页岩气革命"的现状与前景[EB/OL]. 2014-01-21. https://www.aisixiang.com/data/71665.html.

[175] 王祥修. 发展低碳经济的法律体系及其构建[J]. 重庆社会科学,2012(11):43-48.

[176] 中大咨询研究院双碳研究组. 我们能从美国减碳政策的制定与实施中总结出什么经验?[EB/OL]. 中大商业评论,2021-11-17. https://www.thepaper.cn/newsDetail_forward_15419838.

[177] 余晓葵. 美国"绿色经济"起步艰难[EB/OL]. 光明日报,2009-12-17. https://www.gmw.cn/01gmrb/2009-12/17/content_1023413.htm.

[178] 美国环保协会. 美国《清洁电力计划》解读[EB/OL]. 2015. https://www.cet.net.cn/zh/news/531.

[179] 曹慧. 特朗普时期美欧能源和气候政策比较[J]. 国外理论动态,2019(7):117-127.

[180] 董一凡,申青青. 从能源转型角度探析欧盟能源发展前景[J]. 国际石油经济,2023,31(4):12-19.

[181] 王学东,姚睿. "福岛核事故"以来德国的能源转向政策——兼析中国的对策[J]. 区域与全球发展,2022,6(2):98-118,158-159.

[182] 列春. 德国出台《国家生物质能行动计划》[J]. 工程机械,2009,40(12):78-79.

[183] 国际风力发电网. 风力发电不足2021年上半年德国可再生能源发电占比显降[EB/OL]. 2021-06-30. https://wind.in-en.com/html/wind-2403906.shtml.

[184] IEA. Energy system of Germany[EB/OL]. 2020-02-03. https://www.iea.org/countries/germany.

[185] 张富强,闫晓卿.法国能源战略分析及对我国的启示[EB/OL].中国能源报,2019-03-20. https://news.bjx.com.cn/html/20190320/969953.shtml.

[186] 李晨曦,伍浩松.发展核电有助于降低法碳中和目标的实现成本[J].国外核新闻,2021(11):3.

[187] IEA. Energy system of France[EB/OL]. 2021-11-01. https://www.iea.org/countries/france.

[188] Kingston S. The polluter pays principle in EU climate law: An effective tool before the courts?[J]. Climate Law, 2020, 10(1): 1-27.

[189] 程荃.欧盟新能源法律与政策研究[D].武汉:武汉大学,2013.

[190] 中大咨询研究院双碳研究组.全球主要经济体减少碳排放的政策与启示——欧盟篇[EB/OL].中大商业评论,2021-11-11. https://www.thepaper.cn/newsDetail_forward_15222720.

[191] IEA. Renewable Energy Sources Act[EB/OL]. 2014-10-08. https://www.iea.org/policies/3858-renewable-energy-sources-act-erneuerbare-energien-gesetz-eeg.

[192] 王姗,毛倩.法国绿色金融发展现状与中法绿色金融合作展望[EB/OL].2021-11-20. http://iigf.cufe.edu.cn/info/1012/4359.htm.

[193] 王曲梅.法国发布2050年低碳发展战略[EB/OL].全球变化研究信息中心,2017-02-08. http://www.tanjiaoyi.com/article-20520-1.html.

[194] 刘建亮,杨涵,王小彩.天然气在英国能源转型中的作用及启示[J].国际石油经济,2021(4):74-82.

[195] 王林.英国新版能源战略力捧油气核[EB/OL].中国能源报,2022-03-28. http://paper.people.com.cn/zgnyb/html/2022-03/28/content_25910221.htm.

[196] 李景,张凡.英国电力市场发展历程及现状[EB/OL].中国电力,2020-11-06. https://news.bjx.com.cn/html/20201106/1114384.shtml.

[197] 碳中和发展研究院.英国发布《英国能源安全战略》[EB/OL]. https://ricn.sjtu.edu.cn/Web/Show/370.

[198] 段海燕,王培博,王宪恩.日本电力行业能源结构转型及与相关产业关联性研究[J].现代日本经济,2017(4):10.

[199] 盖兆军.日本福岛核泄漏的影响和事件前后能源结构的变化[J].中国人口·资源与环境,2015(S1):296-299.

[200] 陆雯.日本核政策重大转变:拟重启17座核电站,开发下一代核反应堆[EB/OL].澎湃新闻,2022-08-24. https://www.thepaper.cn/newsDetail_forward_19595007.

[201] IEA. Energy system of Japan[EB/OL]. 2021-03-02. https://www.iea.org/countries/japan.

[202] 崔冰,马涛,何颖.加快完善我国低碳技术创新政策体系:欧日的经验借鉴[J].中国外资,2023(5):36-39.

[203] 孟浩,陈颖健.日本能源与CO2排放现状、应对气候变化的对策及其启示[J].中国软科学,2012,0(9):12-26.

[204] 罗丽.日本《全球气候变暖对策基本法》(法案)立法与启示[J].上海大学学报:社会科学版,2011,18(6):58-68.

[205] 李东坡,周慧,霍增辉.日本实现"碳中和"目标的战略选择与政策启示[J].经济学家,2022:117-128.

[206] 李丽旻.招标姗姗来迟 装机增长缓慢 市场担忧渐多——日本艰难重启海上风电[EB/OL].中国能源报,2020-07-06. http://paper.people.com.cn/zgnyb/html/2020-07/06/content_1996201.htm.

[207] IEA. Energy system of China[EB/OL]. https://www.iea.org/countries/china.

[208] 国际能源网.我国能源战略规划历程回顾及展望[EB/OL].能源研究俱乐部,2020-12-03. https://m.in-en.com/article/html/energy-2298634.shtml#.

[209] 焦兵,许春祥."十三五"以来中国能源政策的演进逻辑与未来趋势——基于能源革命向"双碳"目标拓展的视角[J].西安财经大学学报,2023,36(1):98-112.

[210] IEA. CO2 Emissions in 2022[EB/OL]. 2023-03-02. https://iea.blob.core.windows.net/assets/3c8fa115-35c4-4474-b237-1b00424c8844/CO2Emissionsin2022.pdf.

[211] BP. Energy Outlook 2023 part 2: How energy is used[EB/OL]. 2023-06-05. https://www.bp.com/en/global/corporate/news-and-insights/energy-in-focus/energy-outlook-2023-chapter-two-quiz.html.

[212] 风能专委会CWEA.EMBER《2023年全球电力评论》:风光发电量占比12%创历史新高[EB/OL].2023-04-13. https://mp.weixin.qq.com/s/gDw3mXGZ7NqgRzbVe7E8Kw.

[213] Ritchie H, Rosado P, Roser M. Energy[EB/OL]. Our world in Data,

2023. https://ourworldindata.org/energy.

[214] IEA. CO2 Emissions in 2022[EB/OL]. 2023-03-02. https://www.iea.org/reports/co2-emissions-in-2022.

[215] BP. Power sector[EB/OL]. 2024-06-10. https://www.bp.com/en/global/corporate/energy-economics/energy-outlook/power-sector.html.

[216] International Energy Agency. World energy outlook[M]. Paris：OECD/IEA，2009.

[217] IEA. Greenhouse Gas Emissions from Energy Highlights[EB/OL]. 2024. https://www.iea.org/data-and-statistics/data-product/greenhouse-gas-emissions-from-energy-highlights.

[218] 丁仲礼.中国碳中和框架路线图研究[J].中国工业和信息化，2021(8)：54-61.

[219] 方青.1992年《联合国气候变化框架公约》正式开放签字[EB/OL].中国网，2015-11-19. http://cn.chinagate.cn/news/2015-11/19/content_37108840.htm.

[220] 张亚楠.生态环境部部长黄润秋：加快发展方式绿色转型[EB/OL].中国发展高层论坛，2021-03-25. https://www.xrxxw.com/news/view/575480.html.

[221] 界面新闻.碳中和愿景下的能源转型，将带来怎样的机遇与挑战[EB/OL]. 2021-07-21. https://m.jiemian.com/article/6379708.html.

[222] 王丽娟,张剑,王雪松,等.中国电力行业二氧化碳排放达峰路径研究[J].环境科学研究,2022,35(2):329-338.

[223] 汪颖翔,黄河曲,陈远,等.中国电力消费碳排放驱动因素分析——基于LMDI分解方法[J].湖北经济学院学报：人文社会科学版,2023,20(6):38-44.

[224] 蔡博峰,李清,杨晓亮,等.《二氧化碳捕集、利用与封存环境风险评估技术指南(试行)》实施2年(2016-2018年)评估[J].环境工程,2019,37(2):1-7.

[225] 中国电力企业联合会.中电联发布2023年度全国电力供需形势分析预测报告[EB/OL]. 2023-01-21. http://www.chinapower.com.cn/xw/zyxw/20230121/184868.html.

[226] 张琬茂.绿色材料及其评价方法研究[J].科协论坛,2011,0(5):116-117.

[227] 李守泽,李晓松,余建军.绿色材料研究综述[J].中国制造业信息化:学术版,2010(6):1-5.

[228] 陈玉坤,孙丽萍.我国医疗废物资源化利用现状与分析[J].中国医院建筑与装备,2020(12):24-26.

[229] 全国建筑用玻璃标准化技术委员会.GB/T 39753—2021 光伏组件回收再利用通用技术要求[S].北京:国家标准化管理委员会,2021.

[230] 许冬梅,张兴林,荆涛.废旧热固性复合材料绿色回收利用关键技术研究——以风电行业废弃风叶片为例[J].环境保护,2019,47(20):54-56.

[231] 安宝山,王慧军,孙利.未来退役风电叶片的回收和利用[J].工程塑料应用,2011,39(6):98-101.

[232] 资源再生.再生资源绿色回收规范(征求意见稿)[J].资源再生,2018(10):42-46.

[233] 全国汽车标准化技术委员会.GB/T 19515—2023 道路车辆 可再利用率和可回收利用率要求及计算方法[S].北京:国家标准化管理委员会,2023.

[234] 生态环境部.HJ 1186—2021 废锂离子动力蓄电池处理污染控制技术规范(试行)[S].北京:生态环境部,2022.

[235] 韩旭,田培,黄建武,等.基于2009—2018年径流小区观测数据的武汉市土壤侵蚀因子定量评价[J].生态学报,2021,41(10):3878-3890.

[236] 石建华,喻理飞,孙保平.陕北地区退耕还林生态健康评价指标体系构建[J].林业资源管理,2015(3):151-155.

[237] 王乙震,郭书英,崔文彦,等.基于水功能区划的海河流域重要河湖健康评估体系[J].海河水利,2017(6):11-18.

[238] 岳峻峰,孔俊俊,李旭升.660MW 超超临界二次再热燃煤锅炉运行特性试验研究[J].热能动力工程,2023,38(11):130-140.

[239] 张振,林睿,汤翔,等.超超临界二次再热机组耦合发电系统建模与性能分析[J].电工技术,2022(11):182-187.

[240] 葛宪福,张建生,辛胜伟,等.超超临界循环流化床锅炉深度调峰技术可行性探讨[J].锅炉技术,2022,53(6):34-40.

[241] 杨硕.基于煤炭气化的洁净煤发电技术探讨[J].电工技术,2022(5):200-202.

[242] 刘淑琴,戚川,纪雨彤,等.煤炭地下气化制氢技术路径[J].洁净煤技术,2023,29(8):1-10.

[243] 王剑利,张金柱,吉金芳,等.生物质燃煤耦合发电技术现状及建议[J].华电技术,2019,41(11):32-35.

[244] 能源新观察.吃下"新食材"煤电更减排[J].能源新观察,2022(5):60-61.

[245] 赵文滔,李钊,洪培斌,等.光催化脱硫脱硝脱汞技术研究进展[J].山东化工,2022,51(1):111-116.

[246] 李卓言. MW级天然气与生物质燃料电池发电系统性能研究及技术经济评价[D]. 北京:华北电力大学,2022.

[247] 任世华,姚飞,俞珠峰. 洁净煤技术评价指标体系权重确定[J]. 洁净煤技术,2005,(01):9-12.

[248] 黄海."双碳"目标下石化行业关键低碳技术综合评估分析与减排贡献研究[J]. 当代石油石化,2022,30(2):11-17.

[249] 张杰,王圣. 发电行业低碳减排技术水平评估体系及方法[J]. 山西建筑,2013,39(34):194-196.

[250] 李庄,许友静,易文杰,等. 钢铁企业低碳技术评价选择与应用[J]. 环境科学研究,2022,35(6):1538-1546.

[251] 易文杰,李庄,罗竹燕,等. 水泥行业环境影响评价低碳技术选择与应用[J]. 环境工程技术学报,2022,12(6):1905-1914.

[252] 平海,符云浩. 基于层次分析模型的低碳物流技术创新能力评价与分析[J]. 华商论丛,2022,1(1): 23-32.

[253] Yang X Y, Wang H, Gu Y Q, et al. Comprehensive Assessment and Empirical Research on Green and Low-Carbon Technologies in the Steel Industry[J]. Process, 2024, 12, 397.